主　编　蔡　红　王　欢
副主编　张　江　张　琰　薛俊梅

尚农乐耕

高职涉农专业课程思政教学实践

上海农林职业技术学院课程思政教学研究院　组编

上册

上海交通大學出版社
SHANGHAI JIAO TONG UNIVERSITY PRESS

内容提要

本书精选上海农林职业技术学院优秀课程思政案例，共分上下两篇，上篇为教学大纲，下篇为教学设计与案例。上篇的课程标准在课程设计思路、教学目标、课程内容、实践环节、课程思政资源等方面融入了与课程相关的思政元素。下篇教学设计与案例包含课程思政设计点及具体的思政教学案例等。本书主要面向高职涉农专业教师以及对课程思政感兴趣的一般读者。

图书在版编目(CIP)数据

尚农乐耕：高职涉农专业课程思政教学实践/上海农林职业技术学院课程思政教学研究院组编；蔡红，王欢主编. —上海：上海交通大学出版社，2025.4

ISBN 978-7-313-32011-7

Ⅰ.G711

中国国家版本馆 CIP 数据核字第 2024CH8335 号

尚农乐耕——高职涉农专业课程思政教学实践

SHANGNONG LEGENG——GAOZHI SHENONG ZHUANYE KECHENG SIZHENG JIAOXUE SHIJIAN

组　　编：上海农林职业技术学院课程思政教学研究院
主　　编：蔡　红　王　欢
出版发行：上海交通大学出版社
地　　址：上海市番禺路 951 号
邮政编码：200030
电　　话：021-64071208
印　　制：上海新华印刷有限公司
经　　销：全国新华书店
开　　本：787mm×1092mm　1/16
印　　张：15.5
字　　数：325 千字
版　　次：2025 年 4 月第 1 版
印　　次：2025 年 4 月第 1 次印刷
书　　号：ISBN 978-7-313-32011-7
定　　价：78.00 元

编 委 会

前　言

青年肩负着民族复兴的使命。但他们的价值观尚在形成中，因此高校须引导其树立坚定信念和锤炼高尚品德，将思想政治教育融入人才培养全程。

党的二十大报告明确指出，培养什么人、怎样培养人、为谁培养人是教育的根本问题。习近平总书记在多个重要会议中提出，要将立德树人的成效作为评价学校工作的标准，并通过专业教师和课程育人，实现思想政治教育与专业课程的协同发展，推动课程思政的创新实践。

这要求高校进行整体规划，根据各专业人才培养的特点和专业能力素质要求，科学合理地设计思想政治教育内容。每位教师都应增强立德树人的意识，在各自的教学过程中有机地融入思想政治教育元素。高校应通过推出一系列育人效果显著的精品专业课程，创建一批课程思政示范课堂，并选拔一批在课程思政方面表现突出的优秀教师，形成专业课程教学与思想政治理论课教学紧密结合、同向同行的育人模式。

为贯彻党的教育方针，将课程思政建设落到实处，上海农林职业技术学院在2017年出台《关于实施以课程思政为重要内容的教学改革意见》的基础上，近两年又出台了《进一步加强课程思政建设实施方案》，布局新一轮课程思政教学改革方向。围绕培养学生的“尚农乐耕”精神、“大国三农”情怀和强农兴农的使命感与责任感，实施七方面举措，进一步推进课程思政建设，通过着力建设一批课程思政示范课、特色教材、典型案例、名师团队、评价体系等，形成全面覆盖、类型丰富、层次递进、相互支撑的课程思政体系，切实提升课程思政育人成效，实现思政教育有效融入课程教学全过程。经过专家评审、学校认定，最终精选出第一批优秀教学案例，将教学大纲、教学设计与案例编写成书。这些案例都饱含着教师的心血，展现了教师投身课程思政建设的专注精神和热情。

本书主编是蔡红、王欢，副主编是张江、张琰、薛俊梅，参与本书编写的老师还有：余为为、庹星婧、王金福、战晓燕、张永霞、范丽平、陈晶、王海丽、赵文旻、李林、孔黄生，排名不分先后。

本书能够顺利出版得力于上海农林职业技术学院课程思政教学研究院的大力支持，得力于各位教师的辛勤付出，以及上海交通大学出版社的大力支持，在此一并表示诚挚的谢意。

编　者

2024 年 8 月于上海

目　　录

上篇　教学大纲

上篇

教 学 大 纲

果树生产

一、课程信息

“果树生产”课程基本信息如表1-1所示。

表1-1 “果树生产”课程基本信息

课程名称	果树生产	开课部门	植物科学技术系
适用专业	园艺技术	课程类型	专业核心课
课程性质	必修	开设学期	第3、4学期
课程学分	4	课程学时	总学时:72 其中:理论20,实践52
前导课程	植物基础、植物生长与环境、园艺设施、园艺植物保护	后续课程	园艺产品贮藏与加工、园艺产品营销、园艺产品质量检测
编写人	余为为	审定人	张微微
课程设计依据	《2021级园艺技术专业人才培养方案》		

二、课程简介

“果树生产”课程的教学目标为培养学生的园艺产品生产能力,即“合理建园、优质选种、按规范培育脱毒壮苗、合理定植;合理整形修剪、花果管理;智能环控和绿色防控;适时采收和采后管理”的能力。园艺产品生产能力是园艺技术专业3个职业领域对应岗位群所必备的职业能力。

三、课程性质与定位

(一)课程性质

“果树生产”是职业院校园艺技术专业的核心课程,果树生产技术是园艺植物栽培管理不可或缺的生产技术。

(二)课程定位

本课程的前导专业基础课程有“植物生长与环境”“植物基础”“园艺设施”等,它们为本课程的开设提供了植物生长、环境调控等方面的专业基础知识。学生通过对本课程的学习，为后续“园艺产品贮藏与加工”等课程和专业技能综合实训所需的专业知识和技能做好准备。

四、课程设计思路

根据人才培养方案，结合区域性果树生产特点以及果树生产农技员、果树生产主管的岗位需求，参考果树行业规范，以果树生产实际项目为依托组织课程内容，以果树优质、高效、绿色生产为任务引领实施教学，让学生掌握不同种类果树的育苗、定植、温湿管理、肥水管理、整形修剪、花果管理、病虫害防控、采收采后等全产业链生产技术。按照“做学一体、校企合作、技术融入、多元评价”的模式组织教学，培养现代果业产业升级背景下的紧缺型工匠人才。

本课程采取模块化教学模式，着重培养学生果树生产实际工作任务应具备的职业能力，使学生具有管理果树生产的能力。本课程根据人才培养方案，结合区域性果树生产特点和岗位要求，参考行业企业规范，将典型的工作任务转化为课堂教学任务，体现实用性和可持续性，适应学生全面发展的需求。

根据校内外的实训实习资源情况，季节、天气和植物的生长状态，结合虚拟仿真平台，实施教学过程，让学生完成果树全过程生产。教学过程中融入典型的智慧农业生产案例，让学生亲身参与智慧化农业生产，提高学生的职业荣誉感和责任感。

五、课程目标

本课程要求学生具备植物生长发育和环境调控相关的基础知识，掌握果树生产的基本理论、基本技术和最新成果，掌握果树生产的育苗、定植、整形修剪、花果调控、智能环控、绿色防控等核心技术，培养现代果业产业升级背景下的紧缺型工匠人才。

（一）素质目标

培养学生热爱“三农”的意识、合作意识、沟通能力、自学能力、逻辑思维能力等基本素质和综合职业能力。

（1）培养学生“懂农业、爱农村、爱农民”的情感，树立服务“三农”的意识。

（2）加强团队协作意识，培养学生的语言表达、社会沟通、组织协调能力。

（3）使学生树立可持续发展的观念，具备安全生产、智慧管理、精准调控、绿色防控的农业可持续发展意识。

（4）加强探究型自主学习，培养学生触类旁通的思维能力。

（5）通过实践操作和反复练习，培养学生吃苦耐劳、求真务实的职业精神与精益求精的工匠精神。

（二）知识目标

掌握果树生产的建园选种、脱毒育苗、整形修剪、花果管理、智能环控、绿色防控、采收采后等知识和技能。

(1) 熟悉果树的种类与分布、生长周期。

(2) 掌握果树育苗、定植、整形修剪、花果管理知识。

(3) 掌握果树生产温湿、肥水管理知识。

(4) 掌握绿色防控的知识和方法。

(5) 掌握葡萄、桃、梨、草莓的标准化生产技术。

(三) 能力目标

培养学生具备果树全产业链生产、管理能力。

(1) 能对果树进行分类,认识常见的果树种类和品种。

(2) 能根据果树特性培育脱毒壮苗和规范生产管理。

(3) 能根据果树对环境的要求,适时对温湿度、肥水进行调控。

(4) 能及时诊断果树病虫害并进行绿色综合防控。

(5) 能组织实施果树生产计划。

六、课程内容与结构

依据果树生产全过程,明确岗位工作任务,进行岗位能力系统分析,强化专业知识与技术技能的融合、互通、内化,将典型的工作任务转化为教学内容,形成"项目导向,任务驱动"课程体系结构。本课程由走进果树、省力化梨生产、标准化葡萄生产、智慧化草莓生产、精准化蓝莓生产 5 个学习项目组成,具体课程内容与学时分配如表 1-2 所示。

(一) 课程内容

表 1-2 "果树生产"课程内容与学时分配

<table>
<tr><th colspan="3">学习项目</th><th rowspan="2">教学内容</th><th rowspan="2">学时</th><th rowspan="2">思政元素及融入途径</th><th rowspan="2">理论学时</th><th rowspan="2">实践学时</th></tr>
<tr><th colspan="2">名称</th><th>任务</th></tr>
<tr><td rowspan="3">项目1</td><td rowspan="3">走进果树</td><td>果树分类</td><td>1. 果树的定义
2. 栽培学分类
3. 果实结构的分类</td><td>2</td><td>思政元素:
因地制宜的理念
融入途径:
通过介绍家乡果树种类,引导学生树立因地制宜的理念</td><td>2</td><td>0</td></tr>
<tr><td>果树历史与文化</td><td>1. 起源于中国的果树
2. 果树历史典故</td><td>2</td><td>思政元素:
种源自信
融入途径:
通过讲解起源于中国的果树典故,增强学生的大国自信、种源自信</td><td>2</td><td>0</td></tr>
<tr><td>果树产业发展现状及趋势</td><td>1. 果树产业现状
2. 果树产业发展趋势</td><td>2</td><td>思政元素:
振兴果树产业的信心和责任感
融入途径:
通过分析果树产业的发展现状与趋势,增强学生振兴果树产业的信心和责任感</td><td>2</td><td>0</td></tr>
</table>

（续表）

学习项目			教学内容	学时	思政元素及融入途径	理论学时	实践学时
名称		任务					
项目1	走进果树	常见果树树体结构	1. 常见果树树形 2. 树体结构	2	思政元素： 创新意识 融入途径： 通过分析果树树形发展变化，引导学生树立创新意识	2	0
项目2	省力化梨生产	建园选种	1. 果园选址 2. 园区规划 3. 品种选择	2	思政元素： 因地制宜的思想 融入途径： 通过某村果园规划案例，引导学生树立因地制宜的思想	2	0
		架式选择	梨树树形介绍	2	思政元素： 创新意识 融入途径： 通过分析果树树形发展变化，引导学生树立创新意识	2	0
		整形修剪	1. 冬季修剪 2. 夏季修剪	2	思政元素： 呵护生命的意识 融入途径： 通过虚拟修剪和模型修剪，引导学生珍惜植物、呵护生命	0	2
		花果管理	1. 保花保果 2. 疏花疏果 3. 果实套袋 4. 果实品质提升	2	思政元素： 有舍有得的质量意识 融入途径： 通过分析疏花疏果的意义，引导学生树立有舍才有得的质量意识	0	2
		智能环控	果园土肥水管理	2	思政元素： 智慧高效的果园管理理念 融入途径： 通过水肥一体化增产高效的案例，引导学生树立智慧高效的果园管理理念	0	2
		绿色防控	1. 梨树常见病害识别与防治 2. 梨树常见虫害识别与防治	2	思政元素： 绿色环保的理念 融入途径： 通过讲解防治方法，引导学生树立“预防为主，综合防治”的植保理念	0	2
		冬季清园	1. 清园意义 2. 清园方法	2	思政元素： 绿色环保的理念 融入途径： 通过分析清园的意义，引导学生树立绿色环保理念	0	2

（续表）

学习项目			教学内容	学时	思政元素及融入途径	理论学时	实践学时
名称		任务					
项目2	省力化梨生产	采收评价	1. 采收 2. 评价 3. 采后处理	2	思政元素： 劳动精神 融入途径： 通过收获果实，感受丰收喜悦，树立劳动精神	0	2
项目3	标准化葡萄生产	建园选种	1. 果园选址 2. 园区规划 3. 品种选择	2	思政元素： 因地制宜的思想 融入途径： 通过某村果园规划案例，引导学生树立因地制宜的思想	2	0
		脱毒育苗	1. 脱毒育苗意义 2. 脱毒方法与流程	2	思政元素： 工匠精神 融入途径： 通过讲解脱毒组培苗的操作规范，树立精益求精的工匠精神	0	2
		整形修剪	1. 冬季修剪 2. 夏季修剪	2	思政元素： 呵护生命 融入途径： 通过虚拟修剪和模型修剪，引导学生珍惜植物、呵护生命	0	2
		花果管理	1. 保花保果 2. 疏花疏果 3. 果实套袋 4. 果实品质提升	2	思政元素： 有舍有得的质量意识 融入途径： 通过分析疏花疏果的意义，引导学生树立有舍才有得的质量意识	0	2
		智能环控	果园土肥水管理	2	思政元素： 智慧高效的果园管理理念 融入途径： 通过水肥一体化增产高效的案例，引导学生树立智慧高效的果园管理理念	0	2
		绿色防控	1. 葡萄常见病害识别与防治 2. 葡萄常见虫害识别与防治	2	思政元素： 绿色环保的理念 融入途径： 通过讲解防治方法，引导学生树立“预防为主，综合防治”的植保理念	0	2
		采收评价	1. 采收 2. 评价 3. 采后处理	2	思政元素： 劳动精神 融入途径： 通过收获果实，感受丰收喜悦，树立劳动精神	0	2

（续表）

学习项目			教学内容	学时	思政元素及融入途径	理论学时	实践学时
名称		任务					
项目3	标准化葡萄生产	直播营销	直播流程与注意事项	2	思政元素： 乡村振兴的责任意识 融入途径： 通过助农直播案例，引导学生树立乡村振兴的责任意识	0	2
项目4	智慧化草莓生产	品种选择	草莓品种介绍	2	思政元素： 因地制宜的思想 融入途径： 通过草莓栽培案例，引导学生树立因地制宜的思想	2	0
		脱毒育苗	1. 脱毒育苗意义 2. 脱毒方法与流程	2	思政元素： 工匠精神 融入途径： 通过讲解脱毒组培苗的操作规范，树立精益求精的工匠精神	0	2
		合理定植	草莓不同栽培模式定植规范	2	思政元素： 规范意识 融入途径： 通过操作，增强学生的规范意识	0	2
		授粉技术	1. 授粉意义 2. 授粉方法	2	思政元素： 规范意识 融入途径： 通过操作，增强学生的规范意识	0	2
		植株调整	草莓植株调整	2	思政元素： 呵护生命的意识 融入途径： 通过虚拟修剪和模型修剪，引导学生珍惜植物、呵护生命	0	2
		智能环控	草莓土肥水管理	2	思政元素： 智慧高效的果园管理理念 融入途径： 通过水肥一体化增产高效的案例，引导学生树立智慧高效的果园管理理念	0	2
		绿色防控	1. 草莓常见病害识别与防治 2. 草莓常见虫害识别与防治	2	思政元素： 绿色环保的理念 融入途径： 通过介绍防治方法，引导学生树立“预防为主，综合防治”的植保理念	0	2
		采收评价	1. 采收 2. 评价 3. 采后处理	2	思政元素： 劳动精神 融入途径： 通过收获果实，引导学生感受丰收喜悦，树立劳动精神	0	2

（续表）

学习项目		教学内容	学时	思政元素及融入途径	理论学时	实践学时
名称	任务					
项目5 精准化蓝莓生产	品种选择	蓝莓新优品种介绍	2	思政元素： 因地制宜的思想 融入途径： 通过蓝莓栽培案例，引导学生树立因地制宜的思想	2	0
	基质配置	1. 蓝莓生长特点 2. 基质种类与配比	2	思政元素： 追求卓越的工作态度 融入途径： 通过基质配比改良案例，培养学生追求卓越的工作态度	0	2
	苗木繁育	蓝莓育苗方法	2	思政元素： 工匠精神 融入途径： 通过讲解脱毒组培苗的操作规范，培养学生精益求精的工匠精神	0	2
	盆栽定植	1. 蓝莓盆栽优势 2. 蓝莓定植	2	思政元素： 规范意识 融入途径： 通过操作，增强学生的规范意识	0	2
	花果管理	1. 保花保果 2. 果实品质提升	2	思政元素： 有舍有得的质量意识 融入途径： 通过分析疏花疏果的意义，引导学生树立有舍才有得的质量意识	0	2
	智能环控	蓝莓土肥水管理	2	思政元素： 智慧高效的果园管理理念 融入途径： 通过水肥一体化增产高效的案例，引导学生树立智慧高效的果园管理理念	0	2
	绿色防控	1. 蓝莓常见病害识别与防治 2. 蓝莓常见虫害识别与防治	2	思政元素： 绿色环保的理念 融入途径： 通过讲解防治方法，引导学生树立“预防为主，综合防治”的植保理念	2	0
	采收评价	1. 采收 2. 评价 3. 采后处理	2	思政元素： 劳动精神 融入途径： 通过收获果实，引导学生感受丰收喜悦，树立劳动精神	0	2
合计		—	72	—	20	52

（二）实践环节

课程实践教学内容与学时分配如表 1-3 所示。

表 1-3 “果树生产”实践教学内容与学时分配

序号	实践项目名称	实践教学内容	实践教学目标		参考学时	地点安排
			德育	技育		
1	整形修剪	梨、葡萄冬季修剪和夏季修剪	呵护植物	操作规范	4	校内外实训基地
2	花果管理	梨、葡萄、草莓、蓝莓花果管理	有舍有得	操作规范	8	校内外实训基地
3	智能环控	梨、葡萄、草莓、蓝莓智能环控技术	追求卓越	操作规范	8	校内外实训基地
4	绿色防控	梨、葡萄、草莓绿色防控技术	绿色环保	操作规范	6	校内外实训基地
5	采收评价	梨、葡萄、草莓、蓝莓的采收评价	劳动精神	操作规范	8	校内外实训基地
6	冬季清园	梨冬季清园	绿色环保	操作规范	2	校内外实训基地
7	脱毒育苗	葡萄、草莓、蓝莓的脱毒育苗	精益求精	操作规范	6	校内外实训基地
8	直播营销	葡萄直播营销	创新发展	操作规范	2	校内外实训基地
9	植株调整	草莓植株调整	呵护植物	操作规范	2	校内外实训基地
10	合理定植	蓝莓、草莓的定植	劳动精神	操作规范	4	校内外实训基地
11	基质配比	蓝莓基质配置	追求卓越	操作规范	2	校内外实训基地
合计	—	—	—	—	52	—

七、课程考核

（一）评价方式

以促进学生可持续发展为目标进行多元多维教学评价，重点评价学生的过程参与度、知识掌握度、技能规范度以及素养提升度。依据项目各任务特点，结合企业生产规范，设计差异化评价表，构建智能化、多元化、过程化、可视化的评价体系。对服务“三农”和创新创业的学生特设增值评价，给予加分，培养学生的知识转化能力和社会实践能力。

（二）考核要求

课程考核符合园艺技术专业果树生产职业能力的基本需求，应能够基本完成果树的建园选种、脱毒育苗、花果管理、整形修剪、生长环境智慧管理、病虫害绿色防控等技能需求。

(1) 考核形式分为过程评价和期末评价，比例为 7∶3。

(2) 过程考核贯穿课前、课中、课后，课前由平台或教师评价自学情况，课中根据项目内容由老师、学生、平台、企业评价知识或技能掌握情况，课后平台、教师跟踪学生复习巩固和知识应用的情况，企业、教师对实践情况进行评价。

(3) 期末评价主要是课程结束后的知识测验。考核形式为闭卷考试，题型有客观题和主观题，客观题分为单选题、多选题和判断题，主观题包括案例分析题和论述题。

(三) 考核比重

按照学校要求及园艺技术专业特点，考核采取过程评价和期末评价相结合的方式，注重培养学生的综合素养，考核比重与考核内容分别如表1-4和表1-5所示。

表1-4 "果树生产"课程考核比重

<table>
<tr><th>考核类型</th><th>考核比重</th><th colspan="2">考核项目及比重</th></tr>
<tr><td rowspan="4">过程评价</td><td rowspan="4">70%</td><td>考核项目</td><td>考核比重</td></tr>
<tr><td>课前</td><td>15%</td></tr>
<tr><td>课中</td><td>60%</td></tr>
<tr><td>课后</td><td>25%</td></tr>
<tr><td>期末评价</td><td colspan="3">30%</td></tr>
</table>

表1-5 "果树生产"课程考核内容

<table>
<tr><th>项目</th><th colspan="2">评价内容</th><th>考核内容</th><th colspan="2">占比</th></tr>
<tr><td rowspan="4">过程考核</td><td colspan="2">课前</td><td>资源学习、课前测试、课前实地调查</td><td>15%</td><td rowspan="4">70%</td></tr>
<tr><td rowspan="2">课中</td><td>课堂活动</td><td>参与投票、问卷、讨论、测验等</td><td>20%</td></tr>
<tr><td>生产技术操作</td><td>果园规划、品种识别、脱毒育苗、整形修剪、花果管理、环境调控、病虫防控、采收评价、采收处理等</td><td>40%</td></tr>
<tr><td colspan="2">课后</td><td>课后作业、实践拓展、为农服务</td><td>25%</td></tr>
<tr><td>期末考核</td><td colspan="3">知识、技能考核</td><td colspan="2">30%</td></tr>
<tr><td colspan="4">合计</td><td colspan="2">100%</td></tr>
</table>

八、实施保障

(一) 教学团队

教学团队由专任教师和兼职教师组成，以行业企业技术能手、专家为主的兼职教师与专任教师之比达1∶1；专任教师中"双师"素质教师占总数的95%以上，90%以上的教师具有中级及以上的职称和硕士及以上的学位。

专任教师要求一直工作在职业教育第一线，积极承担教学、科研、基地建设、技术服务等工作任务，且为"双师型"教师。兼职教师应为一线专家或企业技术骨干人员，进行专题授课或作专题报告。

"果树生产"课程教学团队的具体要求如表1-6所示。

表 1-6 “果树生产”课程教学团队

<table>
<tr><th colspan="2">课程团队</th><th>教师专业背景与能力要求</th></tr>
<tr><td colspan="2">课程负责人</td><td>3 年以上“果树生产”教学经验
讲师及以上职称
具有果树生产全产业链栽培和管理技能
具有科学研究和教学研究能力，具有先进的职业教育理念，了解高职教育规律</td></tr>
<tr><td rowspan="2">课程教学团队</td><td>专任教师</td><td>“双师”占比 95%以上
有企业实践经历
中级和硕士学历以上占比 90%以上
2 年以上的教学经验</td></tr>
<tr><td>兼职教师</td><td>一线专家，技术骨干，有丰富果树种植和管理经验
3 年以上的企业工作经历
具备中级农艺师及以上的职称</td></tr>
</table>

(二) 课程标准开发团队

“果树生产”课程标准开发团队组成如表 1-7 所示。

表 1-7 “果树生产”课程标准开发团队

序号	姓名	工作单位	职务/职称
1	谢锦平	上海农林职业技术学院	院长、教授
2	张微微	上海农林职业技术学院	系主任、教授
3	佘为为	上海农林职业技术学院	专业负责人、课程负责人
4	卢玉金	施泉葡萄合作社	高级农艺师
5	叶正文	上海市农科院林果所	研究员
6	张华	上海农林职业技术学院	专任教师、讲师

(三) 实践教学条件

1. 校内主要实训室

“果树生产”课程校内主要实训室及开设任务如表 1-8 所示。

表 1-8 “果树生产”课程校内主要实训室及开设任务

序号	实训室名称	项目	实训任务
1	组培室	脱毒育苗	草莓、葡萄脱毒苗生产
2	分子实验室	脱毒育苗	病毒检测

2. 校内实训基地

“果树生产”课程校内主要实训基地及开设任务如表 1-9 所示。

表 1－9 “果树生产”课程校内主要实训基地及开设任务

序号	实训基地	实训任务
1	果树生产智能温室	花果管理
		整形修剪
		智能环控
		绿色防控
		授粉技术
		采收评价
		基质配置
2	果树生产实训场	冬季清园
		花果管理
		整形修剪
		肥水管理
		绿色防控
		采收评价
3	工厂化种苗生产实训场	嫁接育苗(脱毒后)

3. 校外实训基地

“果树生产”课程校外主要实训基地及开设任务如表 1－10 所示。

表 1－10 “果树生产”课程校外主要实训基地及开设任务

序号	实训基地	依托单位	项目
1	上海农林职业技术学院施泉葡萄生产实训基地	施泉葡萄专业合作社	葡萄生产
2	上海农林职业技术学院锦蓝蓝莓实训基地	上海锦蓝果蔬专业合作社	蓝莓生产
3	上海农林职业技术学院梨生产实训基地	上海市农技推广中心	梨生产
4	上海农林职业技术学院惠和种苗生产实训基地	惠和种苗有限公司	草莓生产

(四) 教材及参考资料

通过实际应用，合理选择参考教材，建议使用教育部规划教材，压缩理论比重，加强实践，鼓励学生到果树生产企业参观、在基地进行实训操作，用虚拟仿真系统辅助实操。

(1) 推荐教材：郭正兵主编，中国农业出版社 2021 年出版的《果树生产技术(南方本)》。

(2) 参考资料：①张玉星主编，中国农业出版社 2011 年出版的《果树栽培学总论》；②沈德绪主编，中国农业出版社 2022 年出版的《果树育种学》。

(五) 课程思政资源

(1) “学习通”平台。

(2) 物联网管理系统、虚拟仿真系统。

(3) 园艺技术国家教学资源库、微课资源库、动画资源库、企业生产案例等。

(4) 网络资源："中国水果网""果树种植""花果飘香"等微信公众号。

"果树生产"课程思政资源如表 1-11 所示。

表 1-11 "果树生产"课程思政资源一览

序号	学习任务	课程思政资源名称	来源
1	果树种类	影响世界的中国果树	教师拍摄
2	果树种类	阳光玫瑰葡萄带来千万财富	央视网
3	果树产业现状与发展趋势	果树与脱贫攻坚，乡村振兴	案例故事
4	果树产业现状与发展趋势	毕业生案例分享	优秀毕业生创业故事
5	果树脱毒苗	真假脱毒苗，科学严谨	新闻
6	果树嫁接育苗	合二为一，精益求精	实操反思诊改
7	果园规划建立	某村葡萄园规划设计	案例
8	果树定植	校训传承	学校自主拍摄
9	果园土肥水管理	科技强农	前沿案例
10	果园土肥水管理	节水节肥，提质增效	数据
11	梨锈病防治	绿色防控，环保生态	新闻
12	果品营销	助农直播	实操

园 林 花 卉

一、课程信息

“园林花卉”课程基本信息如表 2－1 所示。

表 2－1 “园林花卉”课程基本信息

课程名称	园林花卉	开课部门	植物科学技术系
适用专业	园林技术、园林工程技术	课程类型	专业核心课
课程性质	必修	开设学期	第 1 学期
课程学分	3	课程学时	总学时:54 其中:理论 24,实践 30
前导课程	植物基础、植物生长与环境	后续课程	植物造景、园林设计
编 写 人	张琰	审 定 人	张微微
课程设计依据	《2022 级园林技术专业人才培养方案》		

二、课程简介

本课程主要研究园林花卉的分类、识别、栽培养护以及园林应用等理论。其功能是使学生掌握园林花卉识别及应用范围的基本知识和基本技能,具备从事绿化施工与养护以及花卉苗木生产方面绿化工、花卉工岗位的相关职业能力。

三、课程性质与定位

(一) 课程性质

“园林花卉”课程是园林技术专业的理实一体的专业核心课程,对接上海都市现代园林人才需要,主动适应绿色生态的产业发展要求,结合学校尚农乐耕、为农服务的办学定位及服务园林绿化行业数字转型与技术迭代的专业目标而开设。

(二) 课程定位

本课程的前导专业基础课程有“植物生长与环境”“植物基础”,它们为本课程的开设提供了植物生长、环境等方面的专业基础知识。学生通过对本课程的学习,为后续“绿化施工与养护”“园林设计”“园林植物种苗生产”“植物造景”所需的专业知识和技能做好准备。

四、课程设计思路

（一）学情分析

本课程的授课对象是高职园林技术专业一年级学生。这些学生已学习完“植物基础”“植物生长与环境”等前导课程，具备一定的叶、花、果等植物形态的基础认知，同时已经可以根据基础认知进一步判断植物的科属及识别常见草本植物。根据课前信息反馈，学生已经初步建立起“定位科—识别种”的识别模式，但在植物的整体系统识别关键点方面还有待继续训练和提升。此外，学生能够充分利用网络及信息化手段接受新知识，但有时过度依赖网络而懒于思考，因此需要在课堂中多设置问题，引导学生积极思考与表达。

（二）课程设计依据

根据教育部《高等学校课程思政建设指导纲要》、专业人才培养目标及高职学生核心素养体系，形成“筑牢家国情怀、保护生态文明、根植三农情怀、培养职业素养、塑造核心价值”的育人目标。

（三）具体设计思路

本课程遵循“以适应社会需求为目的，以培养技术应用能力为主线”的高职教育人才知识培养目标的原则，应用“教、学、做”合一的理念，采用项目化的课程开发方法设计。依据园林花卉的观赏特性与景观应用形式、不同公园绿地植物种类重复性较高的特点，结合物候合理安排教学顺序来进行项目编排，紧紧围绕“识别”“应用”这两个中心目标组进行教学，同时为了适应学生全面发展的需求，在教学环节中贯穿团队合作、自主学习、勤于思考、吃苦耐劳等综合职业素养的培养。

五、课程目标

（一）总体目标

通过课程学习，掌握关于园林花卉的基本理论，包括作用、分类、习性、观赏特性、景观用途、花卉产业发展等，筑牢家国情怀，增强政治认同；正确识别和鉴定本地区常用园林花卉150种以上，了解传统植物文化及植物内涵，保护生态文明；辨析花卉种类，忆植物学家伟绩，根植“三农”情怀；根据不同园林花卉的观赏特性和生态习性在园林中进行应用；根据不同性质园林绿地的特性与要求，正确选择、配置园林花卉，培养职业素养，塑造核心价值，并为后续相关课程的学习打下基础。

（二）具体目标

1. 知识目标

（1）了解观赏植物的叶、花、茎、果实的识别要点及其观赏特性。

（2）掌握常见一二年生花卉的种类、识别要点、传统植物文化以及应用形式。

(3) 掌握常用宿根花卉的种类、识别要点、传统植物文化以及景观应用形式。

(4) 掌握常用球根花卉的种类、识别要点、传统植物文化以及景观应用形式。

(5) 掌握常用水生花卉的种类、识别要点、传统植物文化以及景观应用形式。

(6) 掌握常用观赏草、岩生花卉等专类花卉的种类、识别要点、传统植物文化以及景观应用形式。

(7) 掌握常用室内花卉的种类、识别要点、传统植物文化以及景观应用形式。

2. 能力目标

(1) 能识别上海及周边地区常见园林花卉150种以上，并能根据其观赏特性和生态习性在园林景观中进行正确应用。

(2) 具备在园林景观中正确合理地选择和配置园林花卉的能力，达到中高级园林绿化工、花卉工技能水平。

3. 素质目标(课程思政目标)

(1) 激发学生的民族自豪感和自信心，筑牢家国情怀。

(2) 增强学生传承花文化、保护生态环境的意识。

(3) 增强学生强农兴农、践行绿水青山的理念，根植“三农”情怀。

(4) 培养学生从事园林行业的理想信念，培养职业素养。

(5) 培养学生的专业自信和个人自信，塑造核心价值。

六、课程内容与结构

(一) 课程内容

“园林花卉”课程内容与学时分配如表2-2所示。

表2-2 “园林花卉”课程内容与学时分配

学习项目			教学内容	学时	思政元素及融入途径	理论学时	实践学时
名称		任务					
项目1	基础认知	基础认知	1. 概述 2. 起源及分类 3. 方法及术语 4. 花文化	3	思政元素： 家国情怀 融入途径： 通过中国与世界花卉产业的对比案例，筑牢家国情怀，实现文化认同	3	0
项目2	露地花卉的识别与应用	一二年生花卉 宿根花卉 球根花卉 水生花卉	1. 概念及分类 2. 园林应用 3. 花卉识别	21	思政元素： 花文化、生态文明 融入途径： 通过每种花卉的花语解读及一线实践，培养学生爱护露地花草、保护生态环境等专业意识	9	12

（续表）

学习项目			教学内容	学时	思政元素及融入途径	理论学时	实践学时
名称		任务					
项目 3	室内花卉的识别与应用	室内观花花卉 室内观果花卉 室内观叶花卉	1. 概念及分类 2. 园林应用 3. 花卉识别	3	思政元素： 花文化、产业责任感 融入途径： 通过每种花卉的花语解读及在花卉市场的现场实践，培养学生发展花卉产业、保护生态环境等专业意识	0	3
项目 4	专类花卉的识别与应用	岩生花卉 多肉植物 蕨类植物 苔藓植物 食虫植物 兰科植物 观赏草 观赏竹	1. 概念及分类 2. 园林应用 3. 花卉识别	6	思政元素： 花文化、生态文明 融入途径： 通过解读每种花卉的花语及花卉识别实践，培养学生爱护专类花卉、保护生态等专业意识	3	3
项目 5	木本花卉的识别与应用	木本花卉	1. 概念及分类 2. 园林应用 3. 花卉识别	3		0	3
项目 6	花卉分类	花卉分类	1. 松科 2. 蔷薇科 3. 菊科 4. 唇形科 5. 天南星科 6. 玄参科	3	思政元素： 大国“农匠” 融入“途径”： 通过学科“农匠”、花卉巨匠等的真实故事，培养学生根植“三农”情怀	3	0
项目 7	花卉调查	花卉调查	1. 现场调查 2. 现场汇报	6	思政元素： 协作等职业素养 融入途径： 通过现场调查，让学生具备安全意识和吃苦耐劳、团结协作等职业素养，打造美丽家园	3	3
项目 8	花卉应用设计	花卉应用设计	1. 现场基地调研 2. 方案设计 3. 项目汇报	9	思政元素： 团结协作的职业素养、专业素养 融入途径： 通过团队设计研讨及汇报，培养学生的团队协作精神及沟通能力，塑造核心价值	3	6
合计			—	54	—	24	30

(二) 实践环节

根据教学内容，明确课程实践教学的内容和目标。实践环节的内容要以实训项目为单元进行设计，并要包含综合实训项目；教学上要做到理实结合、同步进行，融“教、学、做”于一体；实践教学目标指学生通过该项目，理解相关知识、掌握相关技术技能的程度。课程实践教学内容与学时分配如表 2-3 所示。

表 2-3 “园林花卉”课程实践教学内容

序号	实践项目名称	实践教学内容	实践教学目标		参考学时	地点安排
			德育	技育		
1	露地花卉	一二年生花卉	通过花坛景观，营造整齐、大方的美感，让学生深刻感受花坛中个体与集体的辩证关系，培养学生的集体观念	熟练识别常见的一二年生花卉	3	绿地
2	露地花卉	宿根花卉	通过花境景观，了解宿根花卉种类丰富、立面错落、季相分明的特点，让学生深刻感受大自然是人类赖以生存发展的基本条件，牢固树立和践行绿水青山就是金山银山的理念，尊重自然、顺应自然、保护自然	熟练识别常见的宿根花卉	3	绿地
3	露地花卉	水生花卉	通过漂浮类花卉水葫芦生物入侵的案例分析，理解“预防生物入侵，守护水域生态，是建设美丽中国的前提”，培养学生的专业责任感	熟练识别常见的水生花卉	3	水生植物园
4	露地花卉	球根花卉	引入百合、郁金香种球陆续国产化的案例，培养学生的科技自信 运用学院球根花卉——百子莲引种培育的科研案例，认识身边的学术大咖，培养学生的科技与科研自信	熟练识别常见的球根花卉	3	绿地
5	室内花卉	室内花卉	通过对上海松江长三角花卉科创产业园室内花卉的调查与实践，让学生感受产业升级带来的市场机会，帮助学生了解上海花卉市场前沿	熟练识别常见的室内花卉	3	花卉市场
6	专类花卉	专类花卉	通过花中四君子之一的国兰在中国1000多年的栽培历史、《兰谱》、王羲之的千古名帖《兰亭集序》、民谣《兰花草》等中国兰文化，增强学生的民族自豪感，坚定文化自信	熟练识别常见的专类花卉	3	温室
7	木本花卉	木本花卉	培养学生的爱国情怀、精细操作的工匠精神	熟练识别常见的木本花卉	3	绿地
8	花卉调查	花卉的调查	通过小组分工协作完成花卉现场调查、调查报告撰写、PPT 制作及现场展示等小组任务，培养严谨细致、团结协作的职业素养，加强资料收集、信息提取与总结的能力	能正确识别当地常见园林绿地、园林花卉；具备花卉调查和探究的能力	3	绿地

（续表）

序号	实践项目名称	实践教学内容	实践教学目标		参考学时	地点安排
			德育	技育		
9	花卉设计	花卉初步设计	通过小组分工协作完成花坛、花境的初步平面设计，培养团结协作、初步设计的职业素养	能通过小组协作初步完成花坛、花境的平面设计	6	画图室
合计	—	—	—	—	30	—

七、课程考核

根据课程的性质与作用、教学目标与任务，课程考核采用“知识、能力、素养（思政）”三合一的形式，最后成绩以知识加能力占80%、素养占20%计算。教学效果评价如表2-4所示。

表2-4 “园林花卉”课程教学效果评价

评价项目	评价点	配分类型 A	配分类型 B	配分类型 C	自评	小组评	教师评
知识	➢线上测试 ➢试卷考核	50	40	20			✓1
能力	➢记录表 ➢汇报 ➢PPT成果 ➢调查报告 ➢图纸表现 ➢现场识别	30	40	60	✓1	✓2	✓3
素养（思政）	➢出勤 ➢任务点 ➢课前任务 ➢实训态度 ➢素养测试	20	20	20	✓1	✓2	✓3
	合计	100	100	100			
	得分						

等级	A	B	C	D
权重	0.9~1.0	0.8~0.9	0.6~0.7	小于0.6

（一）知识评价

（1）线上测试：包括每次上课完毕后的课堂线上测试，占知识评价的50%。

（2）期末试卷考核：学期整体知识考核，包含园林花卉基础认知、形态特征、主要识别点、园林用途、花卉分类、调查程序、花卉设计平台等，占知识评价的50%。

（二）能力评价

（1）园林花卉记录表，占能力评价的10%。

(2) 花卉调查的调查报告、调查 PPT 制作、现场汇报等，占能力评价的 25%。

(3) 花卉应用设计的调研报告、图纸表达、现场汇报、应用设计 PPT 制作等，占能力评价的 25%。

(4) 期末花卉现场识别考核：学期所学所有花卉类型，大约 150 种，占能力评价的 40%。

(三) 素养(思政)评价

(1) 出勤：每次上课出勤情况，占素养评价的 10%。

(2) 课前预习任务：线上课前预习完成情况，占素养评价的 10%。

(3) 实训态度：组间互评、组内互评、教师评价、参与度、实训室打扫完成情况等，占素养评价的 20%。

(4) 素养测试：以植物文化为主，占素养评价的 30%。

(5) 任务点："学银在线"的章节任务点完成情况，占素养评价的 30%。

八、 实施保障

(一) 教学团队

"园林花卉"课程教学团队的具体要求如表 2-5 所示。

表 2-5 "园林花卉"课程教学团队

课程团队		教师师风师德、专业背景与能力要求
课程负责人		师德师风优良 园林类、林学类相关专业背景 具有丰富的植物识别、植物应用及现场教学能力 具有课程整体设计与实施能力 本课程连续教学 5 年以上
课程教学团队	专任教师	为人师表、师德师风优良 园林类、林学类相关专业背景 具有丰富的植物识别、植物应用及现场教学能力
	兼职教师	为人师表、师德师风优良 具有丰富的植物识别、植物应用及现场教学能力 具有行业植物实践能力

(二) 实践教学条件

"园林花卉"课程校内主要实训室如表 2-6 所示。

表 2-6 "园林花卉"课程校内主要实训室

序号	实训室名称	主要实训项目	主要仪器设备
1	植物标本室	花卉形态术语、花卉分类	放大镜、显微镜、多媒体设备、数码相机
2	园林设计实训室	花卉初步设计	绘图桌、投影仪、笔尺、绘图纸等工具
备注	实训结束后要将工具复位、定期打扫实验室，培养学生"工完场清"的职业习惯		

“园林花卉”课程校外主要实训基地如表 2－7 所示。

表 2－7 “园林花卉”课程校外主要实训基地

序号	实训基地	依托单位	实训任务
1	露地花卉实训基地	辰山植物园	认识一二年生花卉、宿根花卉、球根花卉
2	露地花卉实训基地	上海植物园	认识水生花卉、专类花卉
3	室内花卉	浦南花卉市场	认识室内花卉
备注	让学生在实践中体会植物文化及“绿水青山就是金山银山”的生态文明观，实现专业知识与价值塑造的知行合一，实现实践育人		

（三）教材及参考资料

（1）使用教材：李军主编，重庆大学出版社 2020 年出版的《园林花卉》。

（2）网络资源：①中国园林网（http://www.yuanlin.com）；②园林景观图片资料库（http://yl.zhulong.com/）；③中国景观网（http://plant.cila.cn/）；④景观图库・景观中国（http://www.landscape.cn/）；⑤园林学习网（http://www.ylstudy.com/）。

（3）参考书目：①吴涤新著，中国农业出版社 1994 年出版的《花卉应用与设计》；②郭淑英、曾佑炜主编，中国水利水电出版社 2012 年出版的《园林花卉》；③刘燕主编，中国林业出版社 2009 年出版的《园林花卉学》；④张建新、许桂芳主编，科学出版社 2011 年出版的《园林花卉》。

（四）课程思政资源

“园林花卉”课程思政资源如表 2－8 所示。

课程平台：“学银在线”（https://www.xueyinonline.com/detail/232549375）。

表 2－8 “园林花卉”课程思政资源一览

序号	学习任务	课程思政资源名称	来源
1	园林花卉概述	世界与中国花卉产业发展对比	知网
2	园林花卉的分类	植物学家林奈双命名法	学科故事
3	花文化	十大名花	学科故事
4	一二年生花卉	一二年生花卉的花文化	学科故事
5	宿根花卉	花境营造出来的绿水青山就是金山银山	现场花境
6	水生花卉	水葫芦的生态入侵	新闻视频
7	球根花卉	百合、郁金香种球陆续国产化	新闻视频
8	岩生花卉	马先蒿、雪莲等种质资源	知网
9	多肉植物	“多肉产业”的发展	浦南花卉市场
10	蕨类植物	蕨类植物的进化史	自主拍摄微课

（续表）

序号	学习任务	课程思政资源名称	来源
11	苔藓植物	山区支教教师带领山区孩子们唱响《苔》的故事	歌曲视频
12	兰科花卉	中国传统十大名花、花中四君子——国兰	《兰谱》、王羲之的千古名帖《兰亭集序》、民谣《兰花草》
13	观赏草	草在人类历史上的作用	知网
14	观赏竹	中国与国际竹藤组织共同发起“以竹代塑”倡议	新闻

园林工程招投标与预决算

一、课程信息

“园林工程招投标与预决算”课程基本信息如表 3-1 所示。

表 3-1 “园林工程招投标与预决算”课程基本信息

课程名称	园林工程招投标与预决算	开课部门	植物科学技术系
适用专业	园林技术、风景园林设计	课程类型	专业核心课
课程性质	必修	开设学期	第 4 学期
课程学分	4	课程学时	总学时:72 其中:理论 24,实践 48
前导课程	园林制图、园林 AutoCAD、园林设计、园林施工图设计	后续课程	专业综合能力实训课
编 写 人	庹星婧	审 定 人	张微微
课程设计依据	《2021 级园林工程技术专业人才培养方案》		

二、课程简介

“园林工程招投标与预决算”课程根据园林施工企业承接园林工程项目的程序要求，以工程招投标工作过程为导向，按照园林工程投标任务构建课程体系；以任务与职业能力分析为依据，设定职业能力培养目标，突出动手能力的培养；以园林工程项目为载体，创设工作情景，结合职业资格证书考核要求，培养学生的实践动手能力。本课程紧紧围绕完成投标任务的需要，选取 4 个典型工作任务作为学习项目，学习内容即工作内容，在教学实施环节上采取项目教学，按照每一个项目的实际工作步骤进行“教、学、做”合一式教学，通过工作实现学习，使学习项目更加具体化，在真实性基础上构建学习性的环境，实现“社会真实”与“专业学习”的整合。

三、课程性质与定位

(一) 课程性质

“园林工程招投标与预决算”课程是园林工程技术、园林技术（五年制）、风景园林设计专业的专业核心必修课程。

(二) 课程定位

“园林制图”“园林 AutoCAD”“园林设计”“园林施工图设计”等课程在前期为本课程提供了软件应用、工程识图及分项的理论与技能基础，而本课程会与“园林工程”“园林工程施工组织与管理”等工程类并行课程一起为后续专业综合能力实践课程提供专业技能及知识支撑。本课程将价值塑造、知识传授和能力培养三者融为一体，以工程案例启迪智慧，以人物故事感知德道，以行业标准引导规范，把理想信念层面的精神引导整合到专业知识中，使思政教育和专业教育同向同行、协同高效，将新时期的民族与时代精神、社会主义核心价值观及中华民族优秀传统文化融入课程教学中，引导学生增强思想意识，培养高素质有特长的园林造价人。本课程具体功能定位分析如表 3-2 所示。

表 3-2 “园林工程招投标与预决算”课程功能定位分析

对接的工作岗位	职业素养	职业能力
园林造价员(师)	1. 较强的法治观念与规则意识 2. 较强的主观能动性与创新意识 3. 较强的组织沟通与合作能力 4. 较强的分析与解决问题能力 5. 较好的情绪调节与把控能力 6. 恪守职业道德与职业准则 7. 细致专注、精益求精的精神	1. 园林工程招标信息收集过滤 2. 园林工程施工图纸分类识读 3. 园林工程项目划分 4. 分部分项工程量计算 5. 园林工程定额选择与套用 6. 园林工程工程量清单编制 7. 广联达云计价平台的安装运用 8. 园林工程结算书编制

四、 课程设计思路

(一) 学情分析

本课程的授课对象是园林工程技术二年级学生，该年级学生已具备园林植物分类及生长特性、园林景观设计构成要素、园林工程图纸构成等专业基础知识，能较熟练运用园林 AutoCAD 软件、识读简单园林工程图纸，具备基本数字计算能力，会 excel 软件的应用，能熟练地通过教学平台、手机应用进行自主学习。学生熟悉网络资源的获取，具备信息搜集、整理的意识，但整理、分析能力不足；学生愿意表达自己的观点，有一定的表达能力，有初步的团队合作意识，但主观能动性与创新意识不足。

(二) 课程设计依据

按园林工程技术、园林技术(五年制)的人才培养方案中的教学安排开设课程。本课程围绕园林建设行业不同类型企业从业者应具备的职业能力要求而展开，结合学院专业背景特色及学生特点，充分考虑本专业学生对相关理论知识的需要，并根据行业的新规范、新技术、新工艺等实时更新教学内容，因材施教，遵循学生认知学习与职业能力发展规律，培养学生园林工程预算能力。

（三）具体设计思路

教学过程分为课前导入、课中实施及课后延展3个环节，思政元素贯穿始终。以专业教学内容为载体，通过分析教学内容特点，找准教学内容与思政教育的契合点，通过生产生活中的鲜活案例展现思政教学原理，达到“润物细无声”的教学效果。

(1) 课前：通过“学习通”平台发布课前学习任务，根据任务内容发布相关主题讨论，引导学生自主探究、独立思考，激发学习兴趣。

(2) 课中：通过任务驱动、问题引导等形式推进课堂实施，以专业教学内容的任务点为载体，通过任务导入、分析、实践及评价这一线脉络找准思政元素切入点，将其自然而然地融入专业课程教学中，分层次、有计划地达成课程思政培养目标。

(3) 课后：通过微知库、纪录片以及典型案例分享等方式，不断拓展学生对于所学知识的认知程度，以便将其进一步迁移内化，从而增强学生的专业意识以及职业认同感。

本课程主要教学方法有：讲授法、案例教学法、直观演示教学法、即时讨论法。

五、课程目标

（一）总体目标

以坚定学生理想信念，爱党、爱国、爱社会主义、爱人民、爱集体为主线，以推进习近平新时代中国特色社会主义思想、培育践行社会主义核心价值观、加强中华优秀传统文化教育、树立法治观念、重视职业理想和道德为重点，引导学生养成良好的劳动习惯，具备高度的工作责任感和敬业精神，形成较强的法治观念与规则意识，具备生态文明建设与可持续发展观念，具有爱国精神、创新精神、奉献精神、团结协作精神、工匠精神及良好的职业道德，具有较强的主观能动性及分析解决问题的能力，具备较好的情绪调节、把控能力及心理素质，具备收集及过滤知识、信息的能力与园林工程算量组价的能力等。“园林工程招投标与预决算”课程是园林建设人才培养中的重要一环，本课程通过对学生劳动观念、法治观念、职业道德、工匠精神等职业素养的进一步培养，为学生在后续专业综合实训课程及岗位见习实训中专业知识、技能及职业综合能力的提升奠定良好的基础。

（二）具体目标

1. 素质目标

(1) 坚定道路自信、制度自信，具有爱国之心。

(2) 构建传承中国传统文化、注重生态环保的园林建设理念。

(3) 树立法治观念及守法遵规的职业信念。

(4) 具备爱岗敬业、诚实守信、公平公正的职业品格与行为习惯。

(5) 树立细致专注、严谨求实、精益求精的大国工匠精神。

(6) 具有辩证能动、与时俱进的思维方式与团结合作能力。

2. 知识目标

(1) 了解工程投标书内容及编制要点。

(2) 熟悉工程投标程序及投标策略。
(3) 熟悉园林施工图纸构成及工程定额概念。
(4) 掌握预算软件安装操作步骤与工程量计算规则。
(5) 了解工程量清单概念及清单报价的方法与要点。
(6) 掌握工程竣工结算、决算概念及“三算”关系。

3. 能力目标

(1) 具备收集及过滤招标信息的能力。
(2) 具备编制资格预审文件的能力。
(3) 具备识图分项、综合算量的能力。
(4) 具备查找并选套预算定额的能力。
(5) 具备运用软件进行清单报价的能力。
(6) 具备编制工程结算书的能力。

4. 证书目标

“二级造价工程师”证书，由人力资源和社会保障局颁发。

六、 课程内容及结构

(一) 课程内容

“园林工程招投标与预决算”课程内容与学时分配如表 3-3 所示。

表 3-3 “园林工程招投标与预决算”课程内容与学时分配

学习项目			教学内容	学时	思政元素及融入途径	理论学时	实践学时
名称		任务					
项目1	园林工程标书编制	招标信息获取及投标准备工作	1. 工程招投标的相关概念 2. 园林工程招标信息收集渠道及过滤要点	4	思政元素： 法治意识、公正守信的信念 融入途径： 通过大型政论专题片《扫黑除恶——为了国泰民安》第6集《长治久安》杭州虞某某案的代入讨论分析，增强学生守法护法、严守法律底线的法治意识与公正守信的职业信念	2	2
		工程投标决策策略及资格预审文件编制	1. 投标决策及策略的相关概念 2. 投标准备工作内容及要点 3. 资格预审文件的编制	4	思政元素： 爱岗敬业、公平公正的职业品格 融入途径： 通过导入工程投标相关新闻，以违法投标新闻为铺垫，以国家政策措施为指导，代入投标活动的严肃性与法治性认知，引导学生树立爱岗敬业、公平公正的职业品格与行为习惯	2	2

（续表）

学习项目			教学内容	学时	思政元素及融入途径	理论学时	实践学时
名称		任务					
项目1	园林工程标书编制	工程投标书编制及投标程序	1. 园林工程投标程序及要点 2. 工程投标书的内容及编制方法 3. 园林工程商务标的编制	4	思政元素： 团队精神、大局意识 融入途径： 通过关于中国女排精神的故事分享，分析团队协作精神与大局意识在成事路上的不可或缺性，引导学生对个人力量和集体力量进行思考，增强合作精神与大局意识	2	2
项目2	园林工程预算编制	园林工程预算基础知识	1. 建安工程费用构成及分类 2. 园林工程图纸构成及项目划分 3. 工程定额的相关概念	6	思政元素： 与时俱进、勇于创新的职业品格 融入途径： 通过穿越千年，讲述“工程造价”的前世今生，梳理“企业定额”的来龙去脉，强调了法规政策的必要性与科学发展的必然性等，培养学生守法遵规、与时俱进、勇于创新的职业品格	2	4
		园林绿化工程预算	1. 绿化工程的概念及内容 2. 绿化工程的费用、图纸构成及施工工序 3. 绿化工程的预算编制方法与步骤	4	思政元素： 主动探究的精神 融入途径： 通过代入分析中国京张高铁工程的案例，引导学生理解主观能动性和探究精神在解决实际问题中的重要性，进一步培养他们在面对挑战时，主动行动、积极思考和勇于探索的品质	2	2
		园路及小砌体工程预算	1. 园路及小砌体工程的概念及内容 2. 园路及小砌体工程的费用、图纸构成及施工工序 3. 园路及小砌体工程的预算编制方法与步骤	10	思政元素： 规则意识、工匠精神 融入途径： 通过“身边的工匠”典型人物事迹分享，营造富含高密度当代工匠精神的“空气”，以榜样力量促使学生在心中形成自觉看齐的内驱动力，发扬严谨求实、精益求精的大国工匠精神	2	8
		综合性小庭院预算编制	1. 综合性小庭院的图纸识读与项目划分 2. 综合性小庭院的分部分项工程量计算 3. 综合性小庭院的费用组价（运用软件）	10	思政元素： 生态文明、责任意识 融入途径： 通过代入分析“美丽庭院”扮靓美丽乡村，以庭院“小美”汇聚乡村“大美”的案例，引发学生对园林建设责任的思考，增强其生态文明建设意识及专业责任意识	1	9

（续表）

学习项目			教学内容	学时	思政元素及融入途径	理论学时	实践学时
名称		任务					
项目3	园林工程工程量清单编制与计价	市场化招标清单编制、报价形式	1. 工程量清单及清单计价概念 2. 工程量清单编制的方法与步骤 3. 广联达云计价软件的运用步骤	4	思政元素： 奉献精神 融入途径： 通过代入分析港珠澳大桥建设团队的典型事迹，解读守信尽责与奉献精神在工作中的重要性，引发学生对其在工程领域中的思考，强化学生的信用观念，培养学生的奉献精神	2	2
		运用预算软件编制绿化工程工程量清单并报价	1. 绿化工程工程量清单编制（软件） 2. 绿化工程工程量清单组价	6	思政元素： 制度自信、安全意识 融入途径： 根据近5年房屋市政工程生产安全事故通报结果，结合习近平总书记对安全生产工作作出的重要指示，引导学生更深刻地理解“以人为本”的国家发展理念，提升学生建设安全及环境保护意识，并坚定道路与制度自信	2	4
		运用预算软件编制园路工程工程量清单并报价	1. 园路工程工程量清单编制（软件） 2. 园路工程工程量清单组价	8	思政元素： 规范标准、科学发展 融入途径： 通过导入“绿水青山就是金山银山”的发展理念，引导学生思考工程建设行业的新技术、新规范、新材料应用，增强其规范标准及科学发展意识	2	6
项目4	园林工程结算与竣工决算	园林工程结算	1. 工程结算概念及方式 2. 预付款及进度款支付 3. 工程施工索赔	10	思政元素： 辩证思维、风险意识 融入途径： 通过建设工程履约及造价问题，结合建设行管部门指导意见，引导学生进一步思考工程建设行业的周期性、复杂性及风险性，培养其辩证思维方式，提高其风险意识	3	7
		园林工程竣工决算	1. 工程竣工决算概念及内容 2. “三算”及其相互关系	2	思政元素： 环保意识、社会责任感、可持续发展的观念 融入途径： 通过分析上海迪士尼乐园的竣工决算这一案例，引导学生对工程竣工决算中环境保护与可持续发展问题的思考，培养学生的环保意识、社会责任感与可持续发展观念	2	0
合计			—	72	—	24	48

（二）实践环节

“园林工程招投标与预决算”课程实践教学内容如表 3－4 所示。

表 3－4 “园林工程招投标与预决算”课程实践教学内容

序号	实践项目名称	实践教学内容	实践教学目标		参考学时	地点安排
			德育	技育		
1	招标信息的收集过滤	1. 园林工程建设招标信息收集 2. 结合公司（模拟）实际经营情况进行招标信息初筛	增强守法护法、严守法律底线的法治意识，树立公正守信的职业信念	有效查阅专业网站，能收集及分析过滤园林工程招标信息	2	专业教室
2	园林工程项目投标准备工作	1. 招标文件中评标要求的分析与解读 2. 根据招标公告结合公司（模拟）实况完成投标决策与策略选择 3. 根据招标公告结合公司（模拟）实况完成资格预审文件编制	树立爱岗敬业、公平公正的职业品格和行为习惯，培养具体问题具体分析的思维方式	准确解读工程评标要求，能选择正确及适宜的投标决策或策略，能完成资格预审文件编制	2	专业教室
3	园林工程项目投标书编制	根据案例招标书结合公司（模拟）实况及资料完成投标书编制	增强集体观念，强化合作精神，提升大局意识	根据招标书要求完成工程投标书的编制及装订	2	专业教室
4	园林工程图纸识图分项与预算定额查找	1. 园林工程施工图纸分类识读 2. 园林工程项目划分（据预算定额） 3. 预算定额查找	塑造与时俱进的态度，提升创新意识，培养创新精神	分类识读园林工程图纸，能结合定额划分工程项目，能根据分项工程内容查找预算定额	4	专业教室 五库基地
5	绿化工程预算	1. 根据园林工程图纸计算（复核）绿化工程工程量 2. 根据工程计价步骤与方法计算绿化工程费用	提高主观能动性，培养探究精神	根据园林绿化工程图纸完成绿化工程量计算或复核，完成园林绿化分项工程费用计算	2	专业教室 五库基地
6	园路及小砌体工程预算	1. 根据园路及小砌体工程图纸计算园路及小砌体工程量 2. 根据工程计价步骤与方法计算园路及小砌体工程费用	提高规则意识，培养细致专注、精益求精的工匠精神	根据园路工程图纸完成园路工程量计算，完成园路分项工程费用计算	8	专业教室 五库基地
7	综合性小庭院预算书编制	1. 根据小庭院施工图纸完成小庭院工程量计算 2. 根据工程计价步骤与方法计算小庭院工程造价	提升生态文明意识，加强社会责任意识	根据庭院工程图纸完成庭院工程量计算，完成庭院工程造价计算	9	专业教室 上房园艺

（续表）

序号	实践项目名称	实践教学内容	实践教学目标		参考学时	地点安排
			德育	技育		
8	广联达云计价软件运用	1. 广联达云计价软件的安装 2. 广联达云计价软件的基本运用	树立守信尽责的态度，培养无私奉献的精神	完成广联达云计价软件的安装与基本运用	2	专业教室
9	绿化工程量清单编制与报价（软件）	1. 运用软件编制案例项目绿化工程量清单 2. 运用软件，根据工程量清单完成绿化工程费用组价	树立以人为本发展理念，提升建工安全生产意识，坚定道路自信	运用软件编制绿化工程量清单并组价	4	专业教室
10	园路工程量清单编制与报价（软件）	1. 运用软件编制案例项目园路工程量清单 2. 运用软件根据工程量清单完成园路工程费用组价	加强规范标准意识，树立科学发展观念	运用软件编制园路工程量清单并组价	6	专业教室
11	工程结算书编制	1. 工程结算资料汇总及整理 2. 工程结算书编制	提升环境保护意识，树立可持续发展理念	汇总整理工程结算文件，能运用软件编制工程结算书	7	专业教室
合计	—	—	—	—	48	—

七、课程考核

以课程教学目标为基准，依据项目任务完成的需要及学生的学习特点，在考核评价中注重过程化、多样化的原则，考核形式包括小组调查、汇报、点评反馈、个人或小组任务成果、任务过程互动等；采用过程考核与结果考核相结合、校内与校外相结合、理论考核与实际操作考核相结合的评价方法，即考核学生过程的参与态度及最后工作效果，对学生所掌握的专业知识、职业能力及职业素质进行全面评价，课程成绩评定采用综合评价，包括以下 4 个方面：

（1）专业知识：考核预习情况、课堂表现、作业完成及测试成绩，占总体评价的 40%。

（2）职业素养：考核出勤率、团结协作、工匠精神等，占总体评价的 20%。

（3）汇报总结：考核项目成果、前期准备、汇报互动及特色亮点，占总体评价的 30%。

（4）实训报告：考核实训的完成情况、数据真实性及提交时间，占总体评价的 10%。

本课程项目考核体系如表 3－5 所示。

表 3-5 “园林工程招投标与预决算”课程项目考核体系

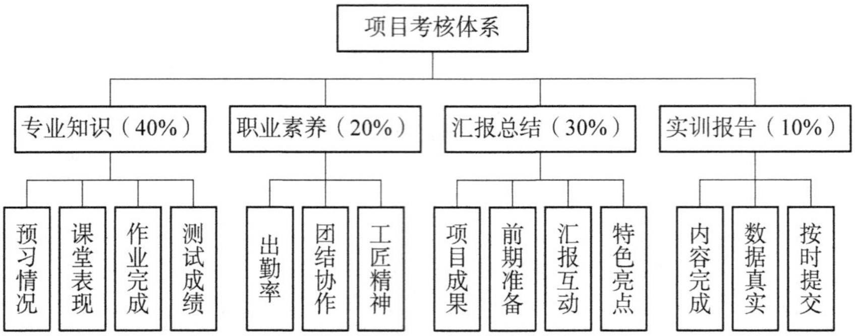

八、实施保障

（一）教学团队

本课程教学团队如表 3-6 所示。

表 3-6 “园林工程招投标与预决算”课程教师专业背景与能力要求

<table>
<tr><th colspan="2">课程团队</th><th>教师师风师德、专业背景与能力要求</th></tr>
<tr><td colspan="2">课程负责人</td><td>师德师风优良
园林类、土建类相关专业背景
具有丰富的工程预算、园林设计与施工及现场教学能力
具有课程整体设计与实施能力
连续 5 年以上讲授本课程</td></tr>
<tr><td rowspan="2">课程教学团队</td><td>专任教师</td><td>为人师表、师德师风优良
园林类、土建类相关专业背景
具有丰富的植物识别、植物应用及现场教学能力</td></tr>
<tr><td>兼职教师</td><td>为人师表、师德师风优良
具有丰富的工程预算、园林设计与施工及现场教学能力
具有行业园林工程预算实践能力</td></tr>
</table>

（二）实践教学条件

本课程实践教学可使用多媒体景观设计实训室（综合楼 406 室、407 室）、AutoCAD 中文版软件、广联达云计价软件。

本课程校内主要实训室如表 3-7 所示。

表 3-7 “园林工程招投标与预决算”课程校内主要实训室

<table>
<tr><th>实训室名称</th><th>主要实训项目</th><th>主要仪器设备</th></tr>
<tr><td>多媒体景观设计实训室</td><td>园林工程标书编制
园林工程预算编制
工程量清单编制及报价</td><td>电脑、广联达云计价平台</td></tr>
<tr><td>备注</td><td colspan="2">保持机房整洁性，清理电脑桌面文件，及时归还加密锁等</td></tr>
</table>

本课程校外主要实训基地如表 3-8 所示。

表 3-8 “园林工程招投标与预决算”课程校外主要实训基地

序号	实训基地	依托单位	实训任务
1	五厍基地	上海农林职业技术学院	分部分项工程施工内容及工序
2	上房园艺	上房园艺	综合性小庭院预算编制
备注	安全文明施工意识，保持实训场地的安全文明施工特性		

（三）教材及参考资料

（1）推荐教材：吴立威主编，高等教育出版社 2012 年出版的《园林工程招投标与预决算》。

（2）参考资料：企业内部工程资料（施工图纸、投标书、结算书等）。

（3）图书资源：①史静宇主编，中国建材工业出版社 2008 年出版的《最新园林景观工程预算及工程量清单编制操作手册》；②吴立威主编，机械工业出版社 2008 年出版的《园林工程施工组织与管理》；③中国建设监理协会组织编写，知识产权出版社 2003 年出版的《建设工程投资控制》。

（四）课程思政资源

（1）网站资源：①上海市住房和城乡建设管理委员会（https://zjw.sh.gov.cn/zwgk/index.html）；②上海市建设市场信息服务平台（https://ciac.zjw.sh.gov.cn/）；③中国建设工程造价信息网（http://www.ccost.com/）；④中国建设招标网（http://www.zhaobiao.gov.cn/）；⑤中国建设工程造价管理协会（http://www.ceca.org.cn/）；⑥建设工程造价信息网（http://zj.bitaec.com/）；⑦筑龙学社（https://bbs.zhulong.com/103010/）；⑧建筑课堂（https://jzkt.fwxgx.com/front/showcoulist）。

（2）网络资源：①微信公众号（“造价通”“造价工程师”“工程造价”“筑龙造价”“上海造价”等）；②专业论坛（“ABBS 建筑论坛”“工程造价吧”“造价吧”“广联达吧”等）。

校外主要实训基地课程思政资源如表 3-9 所示。

表 3-9 “园林工程招投标与预决算”课程校外主要实训基地课程思政资源一览

序号	学习任务	课程思政资源名称	来源
1	工程评标	礼之用，和为贵	学校自主拍摄
2	园路工程量计算	中国精度，极致匠心	学校自主拍摄
3	措施项目费计算	坚守安全生产红线，争做新时代造园人	学校自主拍摄

动物病理

一、课程信息

“动物病理”课程基本信息如表 4－1 所示。

表 4－1 “动物病理”课程基本信息

课程名称	动物病理	开课部门	动物科学技术系
适用专业	宠物医疗技术专业	课程类型	专业基础课、专业核心课
课程性质	必修	开设学期	第 3 学期
课程学分	3	课程学时	总学时:54 其中:理论 27,实践 27
前导课程	动物解剖生理、生物化学	后续课程	动物内科病、动物疫病、疾病诊断与防治
编写人	王金福	审定人	战晓燕
课程设计依据	《2021 级宠物医疗技术专业人才培养方案》		

二、课程简介

“动物病理”是研究疾病的原因和条件、疾病过程中的机能、代谢、形态结构的变化以及这些变化的发生机制的课程，是动物医学专业、宠物医疗技术专业一门重要的专业基础课，也是一门专业核心课程，是联系宠物（兽医）基础医学和宠物（兽医）临床医学的桥梁性课程。本课程主要包括动物病理解剖和动物病理生理两个部分，学习本课程主要是为了进一步理解疾病的本质，为学习疾病的预防、诊断及治疗奠定理论基础。本课程培养学生综合分析问题和解决问题的能力。同时为学生考取全国执业兽医师资格证书提供理论支撑。

三、课程性质与定位

（一）课程性质

“动物病理”课程是宠物医疗专业一门重要的专业核心课程。本课程以“动物解剖生理”“生物化学”“动物微生物与免疫”等前导课程为基础，探究疾病发生发展的基本规律及疾病过程中的机能、代谢和形态结构变化，揭示疾病的本质，为动物疾病的诊断与防治提供科学的理论依据。“动物病理”是一门既具有坚实的理论体系、稳定的技术领域，又与宠物医疗实践广泛密切联系的课程，也是一门应用性、操作性很强的课程，是为宠物医疗行业系统培养“病理诊断”技术人才的重要教学环节。

（二）课程定位

“动物病理”是联系兽医基础与临床之间的桥梁课程，在整个专业课程教学体系中起着承上启下的纽带作用。本课程的主要目的是培养学生辩证唯物主义的疾病观，让学生掌握动物疾病发生发展的基本规律，直接训练和培养学生对动物疾病的病变识别、病理分析、病例剖检等技能，为后续的“疾病诊断与防治”等专业技术课程的学习奠定良好基础，同时，本课程也是培养畜牧兽医类专业高技能人才的必备课程。在教学过程中，本课程将思政教育与病理教学相融合，做到“立德”与“育人”相结合，专业教学与育人教育相结合，将热爱祖国、关爱生命、爱护动物、遵纪守法、爱岗敬业、精益求精、人文关怀、感恩奉献等工匠精神贯穿始终，潜移默化地培养学生的职业素养和职业技能。本课程具体功能定位分析如表 4－2 所示。

表 4－2 “动物病理”课程功能定位分析

对接的工作岗位	对接培养的岗位职业能力
兽医临床基本诊断	1. 病变识别能力
	2. 病变收集、归纳、汇总能力
兽医临床实验室基本检验	1. 病理材料的采集能力
	2. 基本病理涂片的制备、镜检辨别能力
兽医临床细胞学判读	1. 细针抽吸能力
	2. 正常细胞、病变细胞、肿瘤细胞的基本判读能力
兽医病理剖检诊断	1. 常见动物尸体的剖检能力
	2. 尸体剖检记录能力

四、课程设计思路

（一）学情分析

本课程的授课对象是宠物医疗技术专业高职二年级上学期的学生。此阶段的学生擅长形象思维，抽象思维能力不强，喜欢动手操作，不喜欢理解记忆，具有一定的收集、获取信息的能力和独立思考问题的能力，也具有较强的自尊心、自信心。在知识结构上，他们已经有了一定的专业基础知识，已经学过了动物解剖生理、动物生物化学等专业基础课程。根据课前信息反馈，学生已掌握了动物解剖、动物生理、生物化学等相关专业知识，对动物疾病的发生、发展和转归等知识充满了好奇。本次课程学习就是要让学生理解疾病发生发展的一般规律，探索疾病发生的根本原因，为今后更好地识别病理变化、认识疾病做好铺垫。此阶段的学生具备较强的动手能力，接受新事物、新思想的能力强，可塑性强。

（二）课程设计依据

本课程依照宠物医疗技术专业人才培养方案的要求进行课程设计。

（三）具体设计思路

本课程按照专业培养目标，根据学生的学习认知规律，坚持以就业为导向，以岗位为标准，以能力为本位，本着理论知识"够用、适用、能用"的原则，打破传统的教学模式，形成以教师为主导、以学生为主体、以"学中做，做中学，学中用"为宗旨的基于工作过程的"教—学—做—用"一体化的模块化课程开发与设计。本课程面向区域经济发展需要，突出本地区需要的教学内容，突出技能训练，强化工作岗位应用性，为行业一线培养高素质的动物病理技能型实用人才（见图 4－1）。

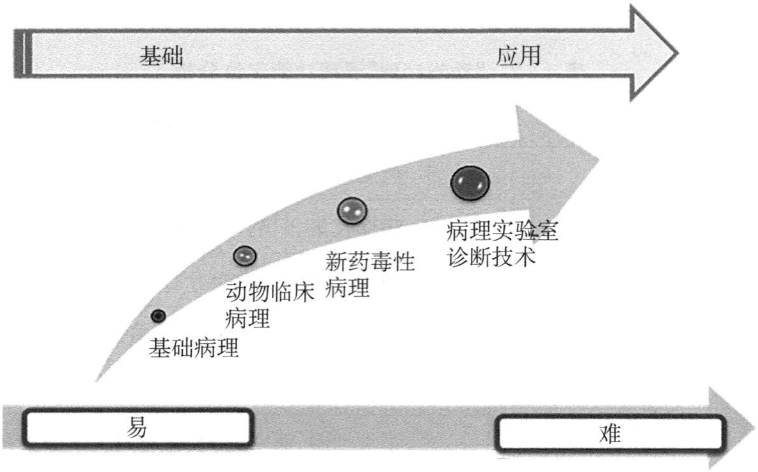

图 4－1 "动物病理"课程设计思路

本课程的设计思路是在行业调研的基础上，紧紧围绕动物医学行业的需求和岗位需要，参照行业职业资格标准以及行业发展趋势来优化重构教学内容，确定课程目标定位，明确所需知识框架。以职业能力培养为重点，积极营造基于工作过程的"教—学—做—用"一体化的教学模式。突出体现其职业性、实践性和开放性的特点，实现理论和实践的完美对接。

五、课程目标

（一）总体目标

依据宠物医疗技术专业人才培养方案要求，学生通过对本课程的学习，要明了基本的病理变化特点和病理过程，掌握动物组织器官常见的病理变化。在课程教学过程中选取能引起学生共鸣的思政元素，将其“润物细无声”地融入课堂教学内容，做到“立德”与“育人”相结合，专业教学与育人教育相结合。让热爱祖国、关爱生命、爱护动物、遵纪守法、爱岗敬业、精益求精、人文关怀、感恩奉献等工匠精神贯穿教学过程，潜移默化地培养学生的职业素养，锻炼学生的职业技能。

（二）具体目标

1. 素质目标

（1）提高热爱专业、关心他人的意识。

（2）做事有耐心、细心和责任心。

（3）树立精益求精的工匠精神。

（4）形成关爱生命、尊重健康的动物福利意识。

（5）形成较强的沟通能力和团队合作能力。

（6）具备不怕脏、不怕累的吃苦耐劳品质。

（7）发展较强的职业竞争能力。

2. 知识目标

（1）掌握疾病的概念和发生原因。

（2）了解疾病的机理和转归。

（3）掌握常见病的基本病理过程和病理变化。

（4）了解和掌握动物组织器官常见病变。

（5）掌握动物的尸体剖检术式、剖检注意事项、剖检记录的编写和病理材料的采取、保存、送检方法。

3. 能力目标

（1）能识别疾病常见的眼观病理变化，了解病理大体标本的制作和保存技术。

（2）能识别组织器官常见的病理组织学变化，了解组织切片制作技术。

（3）能观察和分析疾病状态下动物机体机能和代谢的变化。

（4）能独立进行常见动物的尸体剖检，并能综合分析病变，对疾病做出初步诊断。

（5）能编写剖检记录和填写病理剖检报告。

（6）能对微生物学检验材料、病理组织学检验材料和毒物检查材料进行采取、保存和送检。

六、课程内容及结构

（一）课程内容

本课程内容与学时分配如表 4－3 所示。

表 4-3 “动物病理”课程内容与学时分配

学习项目			教学内容	学时	思政元素及融入途径	理论学时	实践学时
名称		任务					
项目1	说课加认识疾病	说课	说课	1	思政元素： 爱心、责任心、敬业精神 融入途径： 通过关于新生儿关键的 24 小时的新闻报道，培养学生的爱心、责任心以及敬业精神	1	0
		疾病基本知识	1. 疾病概念 2. 发病时期与特点 3. 病因	2	思政元素： 文化自信 融入途径： 通过尸体剖检发展历史故事，增强学生的文化自信	2	0
项目2	血液循环障碍病变观察与识别	充血	1. 充血的病变 2. 淤血的病变	4	思政元素： 健康中国 融入途径： 通过《以人民健康为中心——解读健康中国行动》新闻，引导学生践行健康中国理念	2	2
		血栓形成	1. 血栓形成的条件、过程、类型 2. 栓子的运行途径	5	思政元素： 人文关怀 融入途径： 通过临床护士给长期患病卧床患者按摩的故事，引导学生增强人文关怀意识	3	2
项目3	水肿与脱水病变观察与识别	水肿	1. 水肿的发生机制 2. 肺水肿病变观察与识别	3	思政元素： 家国情怀 融入途径： 通过青藏铁路建设者高原病“零死亡”这一医学奇迹，让学生感知党和国家对人民健康和生命无微不至的关怀关爱，培养学生的家国情怀和民族荣誉感	2	1
项目4	细胞与组织损伤	变性	1. 细胞肿胀 2. 脂肪变性 3. 透明样变性 4. 淀粉样变性	3	思政元素： 绿色中国 融入途径： 通过推动绿色发展建设美丽中国的新闻，引导学生倡导绿色中国发展理念	2	1
		坏死	1. 凝固性坏死 2. 液化性坏死 3. 坏疽	5	思政元素： 生命至上 融入途径： 通过汶川地震时救援人员连续奋战抢救生命的故事，增强学生的生命至上意识	3	2

（续表）

<table>
<tr><th colspan="2">学习项目</th><th rowspan="2">任务</th><th rowspan="2">教学内容</th><th rowspan="2">学时</th><th rowspan="2">思政元素及融入途径</th><th rowspan="2">理论学时</th><th rowspan="2">实践学时</th></tr>
<tr><th colspan="2">名称</th></tr>
<tr><td rowspan="2">项目5</td><td rowspan="2">适应与修复</td><td>适应</td><td>1. 萎缩
2. 增生
3. 肥大
4. 化生</td><td>3</td><td>思政元素：
爱国、敬业
融入途径：
通过热血青年参军从戎到边疆的新闻，增强学生的爱国、敬业意识</td><td>2</td><td>1</td></tr>
<tr><td>修复</td><td>1. 再生
2. 创伤愈合</td><td>3</td><td>思政元素：
热爱生活、自强不息
融入途径：
通过张海迪的励志故事，引导学生树立热爱生活、自强不息的生活态度</td><td>2</td><td>1</td></tr>
<tr><td rowspan="2">项目6</td><td rowspan="2">炎症病变识别</td><td>炎症基本知识</td><td>1. 炎症局部表现
2. 炎症基本病变
3. 炎症细胞
4. 炎症介质</td><td>6</td><td>思政元素：
法制意识
融入途径：
通过“伤寒玛丽”的故事，增强学生的法制意识</td><td>3</td><td>3</td></tr>
<tr><td>炎症的分类</td><td>1. 增生性炎
2. 渗出性炎</td><td>6</td><td>思政元素：
无私奉献、爱岗敬业、医者仁心的职业精神
融入途径：
通过学习肝脏病理学家吴孟超院士的先进事迹，培养学生无私奉献、爱岗敬业、医者仁心的职业精神</td><td>3</td><td>3</td></tr>
<tr><td rowspan="2">项目7</td><td rowspan="2">肿瘤病变识别</td><td>肿瘤基本知识</td><td>1. 概念
2. 一般特征
3. 异型性
4. 转移途径
5. 良性与恶性的区别</td><td>4</td><td>思政元素：
医学人文
融入途径：
通过钟南山强调“人文精神是医学的核心价值”的新闻，增强学生在今后执业过程中的医学人文意识</td><td>3</td><td>1</td></tr>
<tr><td>肿瘤病变观察与识别</td><td>1. 肿瘤的命名
2. 常见肿瘤病理变化特征</td><td>3</td><td>思政元素：
精益求精
融入途径：
通过抗癌专家黄海涛的新闻，引导学生养成精益求精的工匠精神</td><td>2</td><td>1</td></tr>
<tr><td>项目8</td><td>尸体剖检诊断技术</td><td>动物尸体剖检基础知识</td><td>1. 尸体变化
2. 剖检前的准备与注意事项</td><td>3</td><td>思政元素：
文化自信
融入途径：
通过学习宋慈所著的《洗冤集录》，增强学生的文化自信</td><td>2</td><td>1</td></tr>
</table>

（续表）

学习项目			教学内容	学时	思政元素及融入途径	理论学时	实践学时
名称		任务					
项目8	尸体剖检诊断技术	病料采集与记录	1. 剖检术式 2. 病料采集与记录	3	思政元素： 尊重生命 保护生态安全 融入途径： 通过饲养场人员感染布氏杆菌的新闻，引导同学们增强生态安全意识	1	2
合计			—	—	—	—	—

（二）实践环节

“动物病理”课程实践教学内容如表4-4所示。

表4-4 “动物病理”课程实践教学内容

序号	实践名称	实践教学内容	实践教学目标		参考学时	地点安排
			德育	技育		
1	肺血液循环障碍病变的观察	临床大体病理组织图片、视频及动画肺组织、肺充血、肺淤血切片观察	理解局部与整体的关系，养成“工完场清”的职业习惯	识别出肺充血、淤血的病理变化，理解其发生原因和机能变化	3	动科楼408室
2	肝血液循环障碍病变的观察	临床大体病理组织图片、视频及动画肝组织、肝淤血切片观察	理解系统论与矛盾论的关系，养成“工完场清”的职业习惯	识别肝淤血的病理变化，理解其发生原因和机能变化	3	动科楼408室
3	组织细胞变性与坏死病变观察	临床病例、图片、视频、动画及肝脂肪变性、肾脏颗粒变性、肝坏死切片观察	理解量变到质变的过程，养成“工完场清”的职业习惯	识别脂肪变性、颗粒变性和坏死的病理变化	3	动科楼408室
4	炎性细胞的观察与识别	常见炎性细胞图片及临床病例血液图片观察	认识从抽象到具体，养成“工完场清”的职业习惯	识别常见的炎性细胞类型，可熟练地进行血液涂片制作与观察	3	动科楼408室
5	组织炎症病变的观察	临床病例视频、图片及肺炎、肝炎、肾炎、肠炎等病理学习	养成不怕脏的习惯，增强生物安全意识，养成“工完场清”的职业习惯	识别炎症的基本病理变化和炎症的分类，并掌握肺炎、肝炎、肾炎、肠炎的病理变化特征	3	动科楼408室
6	肿瘤组织病变的观察	临床病例视频、图片及脂肪瘤、纤维瘤、肥大细胞瘤、淋巴瘤等切片观察	养成精益求精的工匠精神和人文关怀意识，养成“工完场清”的职业习惯	识别肿瘤细胞的基本病理特征，能对常见的淋巴瘤、纤维瘤、脂肪瘤等病理特征进行正确识别	3	动科楼408室

（续表）

序号	实践名称	实践教学内容	实践教学目标		参考学时	地点安排
			德育	技育		
7	皮肤病理涂片的观察	临床病例视频、图片及犬皮肤病临床病理图片制备与观察	具有关爱生命、尊重健康的意识，养成“工完场清”的职业习惯	进行皮肤触片、刮片、拔毛压片的制作，并能识别出病理变化，为临床诊断与治疗提供依据	3	动科楼408室
8	细针抽吸	临床病例操作视频及肿块细针抽吸、制片、染色与观察	养成“工完场清”的职业习惯	熟练地进行细针抽吸操作，并对材料进行处理与观察，为临床诊断提供依据	3	动科楼408室
9	病理剖检技术	常见动物尸体病理剖检视频 病死犬尸体剖检	具备生物安全意识，具有感恩奉献精神，能客观、真实地记录病理变化，具有较强的逻辑分析能力，养成“工完场清”的职业习惯	对常见动物尸体进行病理剖检、病料采取、记录及初步诊断，养成良好的生物安全意识	3	动科楼408室
合计	—	—	—	—	27	—

七、课程考核

（一）评价方式

本课程评价分为形成性考核与终结性考试两种方式。形成性考核成绩占课程总成绩的40%（平时成绩占5%、实验成绩占10%、笔记成绩占15%、云平台成绩占10%），终结性考试（期末闭卷考试）成绩占课程总成绩的60%。

（二）考核要求

平时成绩主要包括课前提问、课中回答问题、课堂纪律等方面的分值。本部分考核主要为规范学生课堂纪律，鼓励学生课中积极学习，提高注意力，提升课堂效率。

实验成绩主要包括实验操作、实验答疑、实验报告等方面的分值。本部分考核主要为考核学生对实验操作技能的掌握情况，并予以评判，鼓励学生积极投入实验，较好掌握实验技能。

笔记成绩主要包括理论知识的笔记分数。本部分考核主要为提高学生对烦冗知识点的掌握度，巩固已学知识，加强学生课后总结知识的能力，同时增强记忆力，培养较好的学习习惯，提升学习效率。

云平台成绩主要包括课中抢答、测试等分数以及课后习题、查看课件及学习资料的在线学习分数。本部分考核主要为及时获取学生掌握知识的程度，了解学生的学习动态，巩固已学知识，加强学生课后对知识点的理解能力，同时增强对知识的记忆力。

终结性考试是在形成性考核的基础上，对学生学习情况和学习效果进行的一次全面检测。终结性考试依据学院考试命题规定和课程教学标准的要求进行命题考核。

八、实施保障

（一）教学团队

本课程教学团队如表 4-5 所示。

表 4-5 “动物病理”课程教学团队

课程团队		教师师风师德、专业背景与能力要求
课程负责人		熟悉宠物医疗行业的发展趋势，具有宠物医疗行业服务经验，并长期在宠物医疗临床一线工作。具有扎实的专业临床知识，能熟练地应用动物病理技术开展疾病的诊疗工作。具有课程建设经验，并获得市级精品课程建设成果
课程教学团队	专任教师	具有动物医学专业教育教学背景，专业知识扎实，临床操作能力强，喜欢小动物，富有爱心。具有课程建设经历
	兼职教师	具有动物医学专业教育背景，长期在宠物医疗行业一线从事病理相关专业工作，责任心强，喜欢教学工作

（二）实践教学条件

本课程校内主要实训室如表 4-6 所示。

表 4-6 “动物病理”课程校内主要实训室

序号	实训室名称	主要实训	主要仪器设备
1	动物标本馆室	大体病理变化识别	犬、猫、猪、牛、羊等组织病理标本
2	动物病理实验实训室	组织病理变化观察	多种组织病理切片、生物显微镜、切片机、包埋机、染色设备等

本课程校外主要实训基地如表 4-7 所示。

表 4-7 “动物病理”课程校外主要实训基地

序号	实训基地	依托单位	实训任务
1	五厍实训基地	上海育耕有限公司	活体病理变化观察与识别、动物病理尸体剖检
2	附属教学动物医院	沪农动物医院	临床活体病理变化识别

（三）教材及参考资料

（1）推荐教材：本课程目前使用的教材是由於敏、周铁忠主编，由中国农业出版社出版的《动物病理》（第 5 版），该教材是全国高等职业院校“十三五”规划教材，以高职高专人才培养目标为指导，突出高级技能型职业能力培养特色。以宠物医疗技术人才培养目标为指导，结合宠物医疗技术专业培养目标和学生学习认知规律，以能力为本位，以理实一体为设计宗旨，选取模块化内容并优化组合，突出临床兽医师助力职业能力培养特色。该教材语言通俗简洁，图文并茂，理论和实践内容都比较丰富，思路清楚，语言简明，适合学生自学和复习使用。

（2）参考资料：①王金福主编，中国农业出版社 2016 年出版的《动物病理》；②周铁忠、陆桂平主编，中国农业出版社 2006 年出版的《动物病理》（第 2 版）；③张荣臻主编，中国农业出版社 2002 年出版的《家畜病理学》（第 2 版）；④陆桂平主编，中国农业出版社 2001 年出版的《动物病理》；⑤张旭静主编，中国农业出版社 2003 年出版的《动物病理学检验彩色图谱》；⑥李家瑞主编，中国农业大学出版社 2009 年出版的《动物病理》；⑦马学恩主编，中国农业出版社 2007 年出版的《家畜病理学》（第 4 版）；⑧张书霞主编，中国农业出版社 2005 年出版的《兽医病理生理学》（第 3 版）；⑨陈怀涛主编，中国农业出版社 2006 年出版的《兽医病理解剖学》（第 3 版）；⑩佘锐萍主编，中国农业出版社 2007 年出版的《动物病理学》；⑪赵德明主编，中国农业大学出版社 2005 年出版的《兽医病理学》（第 2 版）；⑫朱坤熹主编，中国农业出版社 2000 年出版的《兽医病理解剖学》（第 2 版）；⑬陈怀涛、许乐仁主编，中国农业出版社 2004 年出版的《兽医病理学》（第 1 版）。

（四）课程思政资源

网络资源："动物病理"是上海市 2014 年精品课程，建有超星网络课程平台（https://mooc1.chaoxing.com/course-ans/ps/221290150）。网络课程平台主要包括课程简介、课程设计、教师团队、教学资源、教学方法、教学条件、教学效果、参考教材等窗口。网络教学资源丰富，架构合理，主要有收集整理的临床病理图片、病例视频、教学动画、教学课件、执业兽医师真题等。

"动物病理"课程思政资源如表 4－8 所示。

表 4－8 "动物病理"课程思政资源一览

序号	学习任务	课程思政资源名称
1	认识疾病	尸体剖检技术的起源
2	血栓形成	初心永驻，玉兰花开
3	再生	张海迪的励志故事
4	炎症	"伤寒玛丽"的故事
5	水肿	青藏铁路建设者实现高原病"零死亡"
6	肿瘤	抗癌专家黄海涛：精益求精，做一名有温度的医生
7	休克	列文·虎克的故事

宠物内科疾病诊疗技术

一、课程信息

“宠物内科疾病诊疗技术”课程基本信息如表 5-1 所示。

表 5-1 “宠物内科疾病诊疗技术”课程基本信息

课程名称	宠物内科疾病诊疗技术	开课部门	动物科学技术系
适用专业	动物医学专业 宠物医疗技术专业	课程类型	专业教育课
课程性质	必修	开设学期	第 2 学期
课程学分	4 学分	课程学时	总学时:72 其中:理论 36,实践 36
考核方式	考试	授课班级	动物医学(中高贯通)191
前导课程	动物解剖生理、兽医临床实验室检查技术、兽医临床检查技术、兽医临床治疗技术	后续课程	综合实训、顶岗实习
编写人	战晓燕	审定人	钟登科
课程设计依据	《2019 级动物医学(中高贯通)专业人才培养方案》		

二、课程简介

“宠物内科疾病诊疗技术”课程以宠物内科疾病诊疗的典型工作任务为主线，主要讲授宠物临床常见的消化系统疾病、呼吸系统疾病、心血管系统疾病、泌尿系统疾病、神经系统疾病、内分泌系统疾病和营养与代谢性疾病、中毒性疾病的诊断、治疗及护理的相关理论与技能，培养学生对宠物临床内科疾病的诊疗思路，为学生以后从事宠物临床诊疗工作奠定理论和技能基础。

三、课程性质与定位

(一) 课程性质

“宠物内科疾病诊疗技术”课程是高职动物医学(中高贯通)专业、宠物医疗技术专业的一门专业核心课程，也是全国执业兽医师资格考试的重要支撑课程。本课程以“动物解剖生理”“兽医临床实验室检查技术”“兽医临床检查技术”“兽医临床治疗技术”“动物影像技术”等专业课程为基础，旨在帮助学生掌握宠物常见内科疾病的诊断思路，并能够运用专业知识与专业技能正确治疗临床常见内科疾病。

（二）课程定位

“宠物内科疾病诊疗技术”课程在高职二年级讲授，本课程以理论讲授为主，技能操作为辅，培养学生宠物临床内科疾病诊疗的专业能力和职业素养，为学生将来走向宠物医院的兽医师助理及临床兽医师等工作岗位，从事宠物临床疾病的诊断、治疗、护理等工作打下扎实的基础。本课程具体功能定位分析如表 5－2 所示。

表 5－2 “宠物内科疾病诊疗技术”课程功能定位分析

对接的工作岗位	对接培养的岗位职业能力
宠物医院兽医助理、宠物养殖场疾病防治员、宠物保健护理员	1. 宠物常见内科疾病的诊断能力
	2. 宠物常见内科疾病的治疗能力
	3. 宠物常见内科疾病的护理能力
动物疫病防控中心实验室检验员、宠物医院实验室检验员	1. 动物疫病实验室检测及分析能力
	2. 宠物疾病实验室检测及分析能力
宠物用品、医疗器械销售员	1. 宠物日常养护与保健能力
	2. 宠物临床医疗器械使用能力

四、 课程设计思路

“宠物内科疾病诊疗技术”课程以培养学生专业能力和职业素养为重点，突出实践性和应用性，其按照“岗位为目标、技能为轴线、生产任务驱动”的原则，根据宠物疾病诊疗岗位的任职要求和工作过程需要，对往届毕业生和国内外宠物医院进行调研，参照全国执业兽医师考试大纲，结合高职学生的特点，围绕宠物医院的兽医师助理及临床兽医师的工作岗位设计教学内容，以培养具有国际意识的宠物临床高素质、高技术技能人才。

本课程通过课程理论讲授、案例模拟分析、临床宠物医院实践，将“教、学、做”一体化融入教学全过程，实现所学与临床实践的无缝对接。同时结合兽医行业生产一线的岗位需要，以就业岗位的知识、技能和素质要求为依据进行课程的全面开发和设计，较好地体现了职业性、实践性和开放性的课程设计理念。在教学过程中，让学生掌握宠物内科疾病诊疗的核心理论和关键技能，同时通过课程思政，将以“爱动物、爱科学、爱岗位、爱祖国”为主线的兽医职业道德教育、生物安全教育、爱岗敬业教育、爱国主义教育等融入课堂教学之中，实现科学素养与人文素养的相互贯通，帮助学生树立正确的人生观、世界观和价值观，促进学生全面发展。

五、课程目标

在本课程的学习过程中，学生通过对消化系统、呼吸系统、心血管系统、泌尿系统、神经系统、内分泌系统、营养与代谢性疾病、中毒性疾病等 8 个模块下各个任务的学习与实施，经过理论讲授、案例分析、临床病例实践等一系列教学活动，牢固掌握宠物临床上常见的内科疾病的基本诊疗思路，为今后从事临床兽医工作奠定坚实的基础。

（一）素质目标

（1）培养学生热爱祖国、热爱农业、热爱专业的情感。

（2）培养学生爱护动物、尊重生命的职业道德。

（3）培养学生爱科学、精益求精的职业素养。

（4）培养学生爱岗位、不怕脏、不怕累的职业精神。

（5）培养学生分析问题、总结归纳问题及严谨求实的工作能力。

（二）知识目标

（1）掌握宠物内科疾病的内容及宠物内科疾病的特点。

（2）掌握宠物常见消化系统疾病的诊断要点、治疗措施、预防与护理要点。

（3）掌握宠物常见呼吸系统疾病的诊断要点、治疗措施、预防与护理要点。

（4）掌握宠物常见心血管系统疾病的诊断要点、治疗措施、预防与护理要点。

（5）掌握宠物常见泌尿系统疾病的诊断要点、治疗措施、预防与护理要点。

（6）掌握宠物常见神经系统疾病的诊断要点、治疗措施、预防与护理要点。

（7）掌握宠物常见内分泌系统疾病的诊断要点、治疗措施、预防与护理要点。

（8）掌握宠物常见营养代谢性疾病的诊断要点、治疗措施、预防与护理要点。

（9）掌握宠物常见中毒性疾病的诊断要点、治疗措施、预防与护理要点。

（三）能力目标

（1）能正确认识宠物内科疾病的特点。

（2）能正确进行宠物口腔的检查。

（3）能正确进行宠物脱水状态的检查、补液量计算及补液操作。

（4）能正确进行宠物胰腺炎快速检测。

（5）能正确进行宠物肺脏的听诊。

（6）能正确进行宠物心音的听诊。

（7）能正确进行宠物的输血配型。

（8）能正确进行宠物的膀胱冲洗。

（9）能正确进行宠物的血糖检查。

（10）能正确宠物的内分泌检查。

（11）能正确进行宠物的体况评分。

（12）能正确进行宠物的催吐。

六、课程内容

(一)教学内容

本课程教学内容与学时分配如表5-3所示。

表5-3 “宠物内科疾病诊疗技术”课程内容与学时分配

学习项目		教学内容	学时	思政元素及融入途径	理论学时	实践学时
名称	任务					
项目1:消化系统疾病诊疗	消化系统疾病的一般诊治原则	1. 消化系统疾病的常见病因 2. 消化系统疾病的常见临床症状 3. 消化系统疾病的常见诊断方法 4. 消化系统疾病的常见的治疗措施	2	思政元素: 关爱动物,严防“病从口入” 融入途径: 以宠物临床消化系统疾病的发生病因(不恰当的饮食)引入,引导学生关爱动物,精心饲喂,严防“病从口入”	2	0
	口炎的诊疗	1. 口炎的病因 2. 口炎的临床症状 3. 口炎的诊断方法 4. 口炎的治疗措施 5. 宠物的口腔检查	3	思政元素: 关爱动物,精心呵护动物 融入途径: 宠物的口炎常导致宠物采食障碍,患宠需要细心护理及饲喂,引导学生关爱动物,做到精心呵护	1	2
	胃肠炎的诊疗	1. 胃肠炎的病因 2. 胃肠炎的临床症状 3. 胃肠炎的诊断方法 4. 胃肠炎的治疗措施 5. 宠物的输液治疗	3	思政元素: 精益求精的职业精神 融入途径: 宠物临床上多使用静脉留置针进行胃肠炎的输液治疗,以减少动物痛苦,引导练习输液技能,培养他们精益求精的精神	1	2
	胰腺炎的诊疗	1. 胰腺炎的病因 2. 胰腺炎的临床症状 3. 胰腺炎的诊断方法 4. 胰腺炎的治疗措施 5. 宠物胰腺炎快速检测	4	思政元素: 关爱动物,谨防“富贵病” 融入途径: 宠物胰腺炎多由饮食不当,尤其是一次性过量摄入高脂食物引发,引导学生关爱动物,让宠物合理饮食,有效预防此类疾病的发生	2	2
项目2:呼吸系统疾病的诊疗	呼吸系统疾病的一般诊治原则	1. 呼吸系统疾病的常见病因 2. 呼吸系统疾病的常见临床症状 3. 呼吸系统疾病的常见诊断方法 4. 呼吸系统疾病的常见治疗措施	1	思政元素: 认真严谨的职业素养 融入途径: 呼吸系统疾病临床诊断时要进行肺脏听诊,但呼吸音的听取需要长期实践,引导学生培养关爱动物、认真严谨的职业素养	1	1

（续表）

<table>
<tr><th colspan="2">学习项目</th><th rowspan="2">教学内容</th><th rowspan="2">学时</th><th rowspan="2">思政元素及融入途径</th><th rowspan="2">理论学时</th><th rowspan="2">实践学时</th></tr>
<tr><th>名称</th><th>任务</th></tr>
<tr><td rowspan="2">项目2:呼吸系统疾病的诊疗</td><td>上呼吸道感染的诊疗</td><td>1. 上呼吸道感染的病因
2. 上呼吸道感染的临床症状
3. 上呼吸道感染的诊断方法
4. 上呼吸道感染治疗措施
5. 宠物的诱咳</td><td>3</td><td>思政元素：
关爱动物，加强防寒保暖
融入途径：
由幼龄动物和老年动物常因天气突变而罹患呼吸道感染引入，引导学生关爱动物，特别是加强对幼龄及老年动物的防寒保暖措施</td><td>1</td><td>2</td></tr>
<tr><td>大叶性肺炎的诊疗</td><td>1. 大叶性肺炎的病因
2. 大叶性肺炎的临床症状
3. 大叶性肺炎的诊断方法
4. 大叶性肺炎的治疗措施
5. 宠物肺脏的听诊</td><td>4</td><td>思政元素：
关爱动物，防微杜渐
融入途径：
大叶性肺炎可由支气管肺炎没有及时治疗引起，引导学生关爱动物，密切观察患宠病情，防止疾病加重</td><td>2</td><td>2</td></tr>
<tr><td rowspan="3">项目3:心血管系统疾病的诊疗</td><td>心血管系统疾病一般诊治原则</td><td>1. 心血管系统疾病的常见病因
2. 心血管系统疾病的常见临床症状
3. 心血管系统疾病的常见诊断方法
4. 心血管系统疾病的常见的治疗措施</td><td>1</td><td>思政元素：
关爱动物，细心呵护
融入途径：
临床上老年动物多发心脏病，其无特别有效的治疗方法，平时精心护理是帮助动物减少痛苦、维持正常生活的重要条件，由此引导学生关爱动物，精心呵护动物</td><td>1</td><td>0</td></tr>
<tr><td>心力衰竭的诊疗</td><td>1. 心力衰竭的病因
2. 心力衰竭的临床症状
3. 心力衰竭的诊断方法
4. 心力衰竭的治疗措施
5. 心音的听诊</td><td>6</td><td>思政元素：
关爱动物，锤炼技能
融入途径：
心力衰竭的诊断及分级需要利用听诊、X光、心超、实验室检查等多种诊断方法，由此引导学生关爱动物、严谨认真、熟练掌握诊断技能</td><td>2</td><td>4</td></tr>
<tr><td>贫血的诊疗</td><td>1. 贫血的病因
2. 贫血的临床症状
3. 贫血的诊断方法
4. 贫血的治疗措施</td><td>1</td><td>思政元素：
关爱动物，精准辨症
融入途径：
贫血的原因主要有四种，但临床表现相似，由此引导学生关爱动物，学好专业知识和技能，精准辨症，做到准确治疗</td><td>1</td><td>0</td></tr>
</table>

（续表）

学习项目		教学内容	学时	思政元素及融入途径	理论学时	实践学时
名称	任务					
项目4：泌尿系统疾病诊疗	泌尿系统疾病的一般诊治原则	1. 泌尿系统疾病的常见病因 2. 泌尿系统疾病的常见临床症状 3. 泌尿系统疾病的常见诊断方法 4. 泌尿系统疾病的常见治疗措施	1	思政元素： 关爱动物，精心饲养 融入途径： 临床上泌尿系统疾病——尿石症或因饲粮质量不达标导致，引导学生注意关爱动物，购买合格的、正规的宠物饲粮产品，避免引发宠物疾病	1	0
	急性肾衰竭的诊疗	1. 急性肾衰竭的病因 2. 急性肾衰竭的临床症状 3. 急性肾衰竭的诊断方法 4. 急性肾衰竭的治疗措施 5. 宠物透析	3	思政元素： 关爱动物，防止误食 融入途径： 宠物临床急性肾衰竭常由食物中毒引起，由此引导学生关爱动物、了解宠物习性，严防吃不适宜食物导致的疾病	1	2
	尿石症的诊疗	1. 尿石症的病因 2. 尿石症的临床症状 3. 尿石症的诊断方法 4. 尿石症的治疗措施 5. 宠物的膀胱冲洗	1	思政元素： 关爱动物，精准思“源” 融入途径： 不同部位的尿石症的治疗需要采用不同的方法，由此引导学生关爱动物，掌握诊断技能，精准找到病因，准确治疗	1	0
	猫泌尿系统综合征的诊疗	1. 猫泌尿系统综合征的病因 2. 猫泌尿系统综合征的临床症状 3. 猫泌尿系统综合征的诊断方法 4. 猫泌尿系统综合征的治疗措施 5. 案例讨论	3	思政元素： 关爱动物，避免应激 融入途径： 猫泌尿系统综合征的发生常由猫对环境、用具等的改变的应激引起，由此引导学生关爱动物，精心照料，避免应激因素的产生	1	2
项目5：神经系统疾病的诊疗	神经系统疾病的一般诊治原则	1. 神经系统疾病的常见病因 2. 神经系统疾病的常见临床症状 3. 神经系统疾病的常见诊断方法 4. 神经系统疾病的常见治疗措施	2	思政元素： 关爱动物，尊重生命 融入途径： 癫痫病不能根治，且反复性发作，由此培养学生尊重生命、关爱动物、不要随意丢弃动物的素养	2	0
	脑炎的诊疗	1. 脑炎的病因 2. 脑炎的临床症状 3. 脑炎的诊断方法 4. 脑炎的治疗措施	2	思政元素： 关爱动物，精准用药 融入途径： 脑炎的治疗依赖于能够透过血脑屏障的药物，由此引导学生关爱动物，及时诊断动物疾病，精准应用合适的治疗药物	2	0

（续表）

学习项目		教学内容	学时	思政元素及融入途径	理论学时	实践学时
名称	任务					
项目5：神经系统疾病的诊疗	日射病和热射病的诊疗	1. 日射病和热射病的病因 2. 日射病和热射病的临床症状 3. 日射病和热射病的诊断方法 4. 日射病和热射病的治疗措施 5. 案例讨论	4	思政元素： 关爱动物，防暑降温 融入途径： 日射病和热射病的发生与高温密切相关，由此引导学生关爱动物，尤其是注意高温季节毛发较长的动物的防暑降温情况	2	2
项目6：内分泌系统疾病诊疗	内分泌系统疾病的一般诊治原则	1. 内分泌系统疾病的常见病因 2. 内分泌系统疾病的常见临床症状 3. 内分泌系统疾病的常见诊断方法 4. 内分泌系统疾病的常见治疗措施	1	思政元素： 关爱动物，细心观察 融入途径： 犬的甲减病例多发生于中老年犬，特征性症状不明显，由此引导学生诊断时注意问诊，注意细心观察宠物状态，培养学生全面仔细的兽医职业素养	1	0
	甲状腺功能低下的诊疗	1. 甲状腺功能低下的病因 2. 甲状腺功能低下的临床症状 3. 甲状腺功能低下的诊断方法 4. 甲状腺功能低下的治疗措施 5. 案例讨论	3	思政元素： 关爱动物，坚持治疗 融入途径： 甲状腺功能低下的治疗一般需要长期或终生给患宠用药，由此引导学生关爱动物，做到让患宠按时按量治疗	1	2
	肾上腺功能亢进的诊疗	1. 肾上腺功能亢进的病因 2. 肾上腺功能亢进的临床症状 3. 肾上腺功能亢进的诊断方法 4. 肾上腺功能亢进的治疗措施	1	思政元素： 关爱动物，定期复查 融入途径： 肾上腺功能亢进属于内分泌系统疾病，具有病程长、恢复慢、用药时间长的特点，由此引导学生关爱动物，做好患宠的定期复查，根据病情发展进行用药调整	1	0
	糖尿病的诊疗	1. 糖尿病的病因 2. 糖尿病的临床症状 3. 糖尿病的诊断方法 4. 糖尿病的治疗措施 5. 案例讨论	3	思政元素： 关爱动物，善用处方粮 融入途径： 糖尿病是宠物的慢性病之一，科学合理的饮食管理对于控制病情至关重要，由此引导学生关爱动物，正确运用处方粮控制患宠的病情	1	2

（续表）

<table>
<tr><th colspan="2">学习项目</th><th rowspan="2">教学内容</th><th rowspan="2">学时</th><th rowspan="2">思政元素及融入途径</th><th rowspan="2">理论学时</th><th rowspan="2">实践学时</th></tr>
<tr><th>名称</th><th>任务</th></tr>
<tr><td rowspan="3">项目7：营养代谢性疾病的诊疗</td><td>营养代谢性疾病的一般诊治原则</td><td>1. 营养代谢性疾病的常见病因
2. 营养代谢性疾病的常见临床症状
3. 营养代谢性疾病的常见诊断方法
4. 营养代谢性疾病的常见治疗措施</td><td>1</td><td>思政元素：
关爱动物，适度为宜
融入途径：
以宠物临床上犬的肥胖症，引导学生注意宠物饲喂要适量、营养要均衡，预防因饮食引起的疾病</td><td>1</td><td>0</td></tr>
<tr><td>犬低血糖症的诊疗</td><td>1. 犬低血糖症的病因
2. 犬低血糖症的临床症状
3. 犬低血糖症的诊断方法
4. 犬低血糖症的治疗措施
5. 案例讨论</td><td>3</td><td>思政元素：
关爱动物，呵护幼小
融入途径：
犬低血糖常见于初生不久的幼犬，特别是未能及时得到喂养或未能摄入母乳的个体，由此引导学生关爱动物，重视幼龄动物的细致照料</td><td>1</td><td>2</td></tr>
<tr><td>异嗜症的诊疗</td><td>1. 异嗜症的病因
2. 异嗜症的临床症状
3. 异嗜症的诊断方法
4. 异嗜症的治疗措施
5. 宠物体格评分</td><td>4</td><td>思政元素：
关爱动物，科学饲喂
融入途径：
宠物的异嗜症多由饲粮营养不均衡导致，由此引导学生关爱动物，科学饲喂，根据生长阶段选用正规公司生产的全价犬猫粮，预防营养元素缺乏导致的疾病</td><td>1</td><td>3</td></tr>
<tr><td rowspan="3">项目8：中毒性疾病的诊疗</td><td>中毒性疾病一般诊治原则</td><td>1. 中毒性疾病的常见病因
2. 中毒性疾病的常见临床症状
3. 中毒性疾病的常见诊断方法
4. 中毒性疾病的常见治疗措施</td><td>1</td><td>思政元素：
关爱动物，守护安全
融入途径：
引入宠主看护不利导致宠物误食鼠药或中毒老鼠的案例，引导学生注意家养宠物的看护及做好文明养宠宣传</td><td>1</td><td>0</td></tr>
<tr><td>有机磷中毒的诊疗</td><td>1. 有机磷中毒的病因
2. 有机磷中毒的临床症状
3. 有机磷中毒的诊断方法
4. 有机磷中毒的治疗措施
5. 宠物的催吐</td><td>5</td><td>思政元素：
关爱动物，特效解毒
融入途径：
宠物有机磷中毒需紧急采用特效解毒药进行救治，由此引导学生关爱动物，学会及时诊断病情，尽早应用特效解毒药物</td><td>1</td><td>4</td></tr>
<tr><td>异嗜症的诊疗</td><td>1. 洋葱中毒的病因
2. 洋葱中毒的临床症状
3. 洋葱中毒的诊断方法
4. 洋葱中毒的治疗措施</td><td>2</td><td>思政元素：
关爱动物，此“食”彼“毒”
融入途径：
食用洋葱可引发犬类溶血，由此引导学生关爱动物，牢记犬类亦有饮食禁忌，如应避免喂食洋葱、大葱等食物，谨记“此食物于犬或成毒物”</td><td>2</td><td>0</td></tr>
<tr><td colspan="2">合计</td><td>—</td><td>72</td><td>—</td><td>36</td><td>36</td></tr>
</table>

（二）教学组织

“宠物内科疾病诊疗技术”课程围绕培养国际化高素质技术技能应用型人才目标，对传统教学模式进行了设计创新，建立了“虚实交替、线上线下”混合教学模式。本课程理论性较强，在教学过程中，将重点应用虚拟仿真系统，探索线上线下混合式的教学模式。除了网络课程的资源外，充分应用虚拟仿真宠物医院系统，让学生们沉浸在宠物医院就诊环境中，面对真实的病例，运用实验室检查、影像检查等手段进行疾病检查，实现患病动物的疾病诊断及治疗等整个过程。虚拟仿真系统实现了课堂教学知识的场景化应用，使学生身临其境，对疾病的症状及诊疗过程有了充分的认识，较好地掌握宠物内科疾病诊疗的思路，提升了学生的学习兴趣和学习成效；线下则通过学生学习小组的演示、讨论及教师的讲解对课程的难点及重点进行梳理，同时对宠物内科疾病临床诊疗的必备技能进行实训，从而使学生牢牢掌握宠物临床诊疗的理论与技能，实现人才培养质量的提高。

另外，本课程注重利用现代教学法如项目教学法、角色扮演教学法、病例现场教学法等各种有效的教学手段进行教学，将“教、学、做”一体化融入教学全过程，充分体现做中学、学中做，德技并修、工学结合的职业教育特点。在教学中以工作任务为载体开展教学活动，将学习过程模拟成工作过程，实现教学和临床宠物医院的接轨。同时，建设及整合数字化教学资源，根据知识技能体系，基于教学需要拍摄具有示范性的教学视频，开发微课、动画或交互式课件，设计随堂测验、单元测试题，整合临床案例（病例图片、声音、视频），设计实训手册，加强学习多样性、针对性和有效性。在教学过程中，将课程思政元素以“入脑、入手、入心”的方式融入课程教学中，达到课程思政育人的目的。

在教学中运用以下教学方法：

(1) 案例教学法：通过典型案例分析激发学生学习兴趣，给学生以启发，提高学生对宠物疾病诊断的认识。

(2) 任务驱动法：根据实际工作需要，先给学生布置工作任务，讲解学习完成任务所需的知识，然后探讨解决问题、完成任务的方法（可以教师引导共同进行，也可以学生分组讨论，独立进行），在学习过程中始终让学生带着明确的任务，让学生动脑动手去完成任务，最后由教师进行评价总结。

(3) 分组讨论法：针对诊疗中出现的突出问题，设置不同的讨论热点，让学生分组讨论练习，旨在提升学生的口才，增进其相互交流，便于所学知识的积累。

(4) 角色扮演法：学生在教师的指导下，扮演“宠物主人”或“兽医”等角色，根据各自岗位的工作要求进行实景锻炼，将疾病诊疗知识技能运用于其中，可使全体学生全身心地参与，提高学生学习的效果。

(5) 微课视频法：通过短而小的微课视频，使学生清楚专业技能原理，掌握某项专业技能，同时对于细节、注意事项，可引导学生反复观察，并进行练习实践。

（三）实践环节

“宠物内科疾病诊疗技术”课程实践教学内容如表 5-4 所示。

表 5-4 "宠物内科疾病诊疗技术"课程实践教学内容

序号	实践项目名称	实践教学内容	实践教学目标		参考学时	地点安排
			德育	技育		
1	宠物的输液治疗	评估宠物机体水合状态,计算补液量及进行补液操作	培养学生认真严谨的职业素养及爱护动物的意识	能正确进行宠物脱水状态检查,计算补液量及进行补液操作	4	虚拟仿真实训室、动物诊疗实训室
2	宠物胰腺炎快速检测	宠物胰腺炎的快速检测	培养学生认真严谨的职业素养、爱护动物的意识和生物安全意识	能正确进行宠物胰腺炎的快速检测	2	动物医学临床教学实训中心
3	宠物肺脏的听诊	宠物肺脏正常呼吸音及病理呼吸音的听诊	培养学生认真严谨的职业素养及爱护动物的意识	能正确进行宠物肺脏呼吸音的听诊	2	虚拟仿真实训室
4	宠物诱咳的操作	宠物诱咳的操作及结果判定	培养学生认真严谨的职业素养、正确分析问题的能力以及组织协调、团队合作的能力	能正确进行宠物诱咳的操作及结果判定	2	虚拟仿真实训室
5	宠物心音的听诊	宠物正常心音的听诊及病理性心音的听诊	培养学生认真严谨的职业素养及爱护动物的意识	能正确进行宠物心音的听诊	4	动物医学模型实验室
6	宠物透析视频观看	宠物透析的原理、适应症及透析方法	培养学生认真严谨的职业素养和正确分析问题的能力	能正确理解宠物透析的原理、适应症及透析方法	2	虚拟仿真实训室
7	泌尿系统疾病案例讨论	宠物泌尿系统疾病临床案例的诊断与治疗讨论	培养学生认真严谨的职业素养、正确分析问题的能力以及组织协调、团队合作的能力	能正确掌握宠物泌尿系统疾病的诊断思路及治疗要点	2	虚拟仿真实训室
8	宠物血糖的检查	宠物血糖的检测	培养学生认真严谨的职业素养及爱护动物的意识	能正确进行宠物血糖的检测	4	动物诊疗实训室
9	宠物内分泌系统疾病案例讨论	宠物内分泌系统疾病临床案例的诊断与治疗讨论	培养学生认真严谨的职业素养、正确分析问题的能力以及组织协调、团队合作的能力	能正确掌握宠物内分泌系统疾病的诊断思路及治疗要点	3	虚拟仿真实训室
10	宠物神经系统疾病案例讨论	宠物神经系统疾病临床案例的诊断与治疗讨论	培养学生认真严谨的职业素养、正确分析问题的能力以及组织协调、团队合作的能力	能正确掌握宠物神经系统疾病的诊断思路及治疗要点	2	虚拟仿真实训室

（续表）

序号	实践项目名称	实践教学内容	实践教学目标		参考学时	地点安排
			德育	技育		
11	宠物体况评分	宠物整体外表的标准化评估	培养学生认真严谨的职业素养及爱护动物的意识	能正确进行宠物体况的评分	3	虚拟仿真实训室
12	宠物营养代谢性疾病案例讨论	宠物营养代谢性疾病临床案例的诊断与治疗讨论	培养学生认真严谨的职业素养、正确分析问题的能力以及组织协调、团队合作的能力	能正确掌握宠物营养代谢性疾病的诊断思路及治疗要点	2	虚拟仿真实训室
13	宠物洋葱中毒案例讨论	宠物洋葱中毒案例讨论	培养学生认真严谨的职业素养、正确分析问题的能力以及组织协调、团队合作的能力	能正确掌握宠物洋葱中毒的诊断思路及治疗要点	2	虚拟仿真实训室
14	宠物的催吐	宠物的催吐方法	培养学生认真严谨的职业素养以及爱护动物的意识，养成不怕脏的习惯	能正确进行宠物的催吐	2	虚拟仿真实训室
合计	—	—	—	—	36	—

七、课程评价考核

（一）评价方式

本课程采用多元化的评价方式，建立形成性评价和终结性评价相结合、定量评价和定性评价相结合的评价体系。在两种评价中均设置职业素养和德育内容的考核，教师、学生、企业共同参与评价。具体来讲，根据本课程性质、教学目标与任务，本课程考核拟采取平时考核、实践考核和理论考核相结合的综合考核形式，按 3∶3∶4 的比例组成总评成绩，决定合格与否。

（二）考核要求

平时考核主要对学生的出勤记录、课堂互动、作业完成情况及学习态度等德育情况进行评价；实践考核以实训操作与实践表现为主要考核内容，尤其注重对学生专业技能熟练度的考核，并同步评估其在实践过程中展现出的团结协作、实事求是的精神，吃苦耐劳的品质，关爱动物意识以及尊重生命态度的职业素养。理论考核以宠物内科疾病诊疗的基础理论知识为主，融入爱国教育、职业素养及职业道德等德育元素，以综合考量学生的全面发展。

八、实施保障

（一）教学团队

本课程教学团队如表5－5所示。

表5－5 “宠物内科疾病诊疗技术”课程教学团队

课程团队		教师专业背景与能力要求
课程负责人		具有动物医学或兽医专业研究生学历，具有良好的师德师风，热爱教学工作；有兽医临床实践经历，具备“双师”素质；具有较强的组织管理和协调能力，较好的合作和敬业精神；具有一定学术造诣和较高教学水平，治学严谨；长期承担该课程或相关课程的教学任务，能统筹把握课程教学内容及教学重难点，教学效果好
课程教学团队	专任教师	专业领域为动物医学或兽医专业，具备良好的师德师风；具有“双师”素质或拥有兽医临床企业实践经历，能够积极进行课程教学及课程改革研究
	兼职教师	来自兽医临床一线，具有本科以上学历，职业素养良好，热爱教育工作，具有长期兽医临床的工作经验，能够遵守相关教学制度

（二）实践教学条件

本课程校内主要实训室如表5－6所示。

表5－6 “宠物内科疾病诊疗技术”课程校内主要实训室

序号	实训室名称	主要实训项目	主要仪器设备
1	动物医学虚拟仿真实训室	1. 宠物肺脏的听诊 2. 宠物心音的听诊 3. 宠物各种内科疾病诊疗	虚拟宠物医院平台
2	兽医临床综合实训室	1. 宠物的输液治疗 2. 宠物诱咳 3. 宠物体况评分 4. 宠物的催吐	实验犬
3	动物诊疗实训室	1. 宠物肺脏的听诊—动物模型 2. 宠物心音的听诊—动物模型	动物输液模型 动物肺脏听诊模型 动物心音听诊模型
4	动物医学临床教学实训中心	1. 宠物胰腺炎快速检测 2. 宠物血糖的检测	血常规分析仪 血液生化仪 血糖仪
备注	实训时穿好实验服，戴口罩和手套，做好安全防护 爱护动物，注意动物福利，禁止对动物造成不必要的伤害 实训结束，设施归位，废物分类投放，做到“工完场清”		

本课程校外主要实训基地如表 5 - 7 所示。

表 5 - 7 “宠物内科疾病诊疗技术”课程校外主要实训基地

序号	实训基地	依托单位	实训任务
1	宠物临床诊疗基地	上海鹏峰宠物诊所	宠物内科疾病诊疗观摩
2	宠物临床诊疗基地	上海岛戈宠物医院	宠物内科疾病诊疗观摩
3	宠物临床诊疗基地	上海顽皮家族宠物医院	宠物内科疾病诊疗观摩
4	宠物临床诊疗基地	上海爱侣宠物医院	宠物内科疾病诊疗观摩
5	宠物临床诊疗基地	上海萌宠医馆	宠物内科疾病诊疗观摩
6	宠物临床诊疗基地	上海派菲尔德宠物医院	宠物内科疾病诊疗观摩
备注	遵守企业规章制度，不迟到，不早退 做好安全防护，不经允许，不准随意触碰、逗弄顾客的宠物 做好学习记录，及时总结，整理相关学习资料		

（三）教材及参考资料

（1）使用教材：本课程使用的教材为“十三五”职业教育国家规划教材，高等职业教育农业农村部“十三五”规划教材《宠物内科病》（第 3 版），由范作良主编。该教材根据宠物内科病的临床实际，以典型工作任务为线索，内容涵盖了宠物内科病预防与诊治的新知识、新技术与新方法，适用于学生对宠物内科疾病知识与技能的学习。

（2）参考资料：①Richard W. Nelson 和 C. Guillermo Couto 主编，夏兆飞、陈艳云、王姜维翻译，中国农业大学出版社 2019 年出版的《小动物内科学》；②范作良主编，中国农业出版社 2019 年出版的《宠物内科病》（第 3 版）；③侯加法主编，中国农业出版社 2015 年出版的《小动物疾病学》（第 2 版）；④陈玉库、孙维平主编，化学工业出版社 2016 年出版的《宠物疾病诊治》（第 2 版）；⑤郭定宗主编，高等教育出版社 2010 年出版的《兽医内科学》（第 2 版）；⑥石田卓夫主编，任晓明翻译，中国农业科学技术出版社 2014 年出版的《动物医院临床检查技术指南》。

（四）课程思政资源

按照宠物诊疗行业需求、职业岗位能力要求、执业兽医师考试大纲，并结合高职学生学情，本课程进行了教学内容、教学资源的整理、细化与建设，除了完成了与教学内容相配套的视频、微课、PPT、动画等数字化资源的建设，还对本课程的课程思政资源进行了挖掘与设计。本课程建立题库，便于学习者自测、强化练习及复习。本课程设置讨论区，及时解答学生学习中的疑问，为其提供全方位的支持。同时，本课程开发了配套的虚拟仿真宠物医院软件，可以更直观地了解宠物内科疾病诊疗的工作场景、疾病检查过程、治疗方法及护理等诊疗流程，使学生掌握内科疾病的诊疗思路及感受宠物医院进行疾病诊疗的全过程，更好地掌握相关知识与技能。目前已形成了较为完整、系统的在线开放课程的资源。

"智慧职教"平台上的在线开放课程网址如下：https://www.icve.com.cn/portal_new/courseinfo/courseinfo.html?courseid=daj9agosokhkkcact0gzw。

"宠物内科疾病诊疗技术"课程思政资源如表5-8所示。

表5-8 "宠物内科疾病诊疗技术"课程思政资源一览

序号	学习任务	课程思政资源名称	来源
1	消化系统疾病、消化系统疾病的一般诊疗原则	关爱动物，严防"病从口入"	宠物临床消化系统疾病案例
2	消化系统疾病、宠物输液治疗	关爱动物，精益求精	宠物临床留置针的使用案例
3	呼吸系统疾病、呼吸系统疾病的一般诊疗原则	关爱动物，锤炼技能	宠物临床疾病预防案例
4	心血管系统疾病、心血管系统疾病的一般诊疗原则	关爱动物，细心呵护	宠物临床老年动物心脏疾病护理案例
5	泌尿系统疾病、泌尿系统疾病的一般诊疗原则	关爱动物，精心饲养	宠物临床尿结石预防案例
6	神经系统疾病、神经系统疾病的一般诊疗原则	关爱动物，尊重生命	宠物临床癫痫案例
7	营养代谢性疾病、营养代谢性疾病的一般诊疗原则	关爱动物，适度为宜	宠物临床肥胖案例
8	中毒性疾病、中毒性疾病的一般诊疗原则	关爱动物，守护安全	宠物临床中毒案例
9	内分泌系统疾病、内分泌系统疾病的一般诊疗原则	关爱动物，细心观察	宠物临床甲减案例

生 物 化 学

一、课程信息

“生物化学”课程基本信息如表 6-1 所示。

表 6-1 “生物化学”课程基本信息

课程名称	生物化学	开课部门	生物医药与健康系
适用专业	药品生物技术	课程类型	专业基础课
课程性质	必修	开设学期	第 3 学期
课程学分	4	课程学时	总学时:72 其中:理论 36,实践 36
前导课程	无机与分析化学	后续课程	基因工程、发酵技术、 药理与毒理、生物药物检测
编 写 人	张永霞	审 定 人	代书玲
课程设计依据	《2020 级药品生物技术专业人才培养方案》		

二、课程简介

生物化学是生命的化学,是利用化学的理论和方法研究生物体的化学组成和性质及这些物质在生命活动中的化学变化和能量转换的一门学科,即研究生物体的化学组成、营养、代谢、分子病等生命现象。通过本课程的教学,学生能系统地掌握蛋白质、核酸、酶、维生素的结构性质和生物学功能及三大物质在体内的代谢过程和生物医药相关生化知识,学会使用离心机、电泳仪等设备,学会 ELISA、PCR、电泳技术等基本的实验技术。课程开发采用校企合作方式,按照工作岗位所需要的生化知识点和技能来设计教学内容,基于学情,创立以学生为主体的“双环四段混合式”课堂教学模式,将学生培养成从事生物检测相关工作的可持续发展的技能型人才。

三、课程性质与定位

(一) 课程性质

本课程为理实一体化课程,是药品生物技术、生物产品检验检疫等专业的一门专业基础课程，为学生学习“发酵技术”“基因工程”等后续课程提供必需的生化知识和技能。本课程是面向典型岗位的课程，以生物医药行业中新药研发动物实验、疾病动物模型制作等岗位必需的生化知识、技能和职业操守为核心教学内容，让学生学习相关生化检测与分析的知识和技能，培养学生团队协作和爱岗敬业的精神、生物安全意识、生态环保意识等，并为学生考取药物检验员等相关资格证书奠定基础。

(二) 课程定位

根据调查，近年来，生物化学知识和技能被广泛地应用在新药研发动物试验、疾病动物模型制作、核酸检测、医疗器材营销、生物制品生产与检测工作中。本课程为学生学习“生物药物检测”“细胞培养”“基因工程”“发酵技术”“药理与毒理”等后续课程奠定生化知识和技能基础，有效培养新药研发机构、疾病动物模型制作企业、核酸检测机构、医疗器材营销企业、生物制品生产与检测机构所需的专业技术人才。本课程功能定位分析如表 6－2 所示。

表 6－2 “生物化学”课程功能定位分析

对接的工作岗位	职业素养	职业能力
新药毒性检测岗位	1. 工匠精神 2. 生态环保意识 3. 实验安全意识 4. 遵纪守法 5. 严谨态度和学术诚信	1. 新药肝毒性动物试验的临床生化分析 2. 新药肾毒性动物试验的临床生化分析
疾病动物模型制作	1. 团队协作精神 2. 有付出才能有收获 3. 生态文明 4. 关爱患者，养成良好的生活习惯 5. 严谨态度和学术诚信	1. 脂肪肝动物模型的临床生化分析 2. 糖尿病动物模型的临床生化分析 3. 肿瘤动物模型的临床生化分析
生物制品的生产与检测	1. 美丽中国，生态文明 2. 科学的判断能力 3. 严谨态度和学术诚信 4. 遵守职业道德	1. 蛋白质等生物大分子的提取 2. 生物制品的生化检测 3. ELISA 技术
医疗器材营销	1. 定量实验数据处理的严谨性 2. 诚信销售	1. 生化仪器使用 2. 规范实验操作

四、 课程设计思路

(一) 学情分析

学生已系统地学习了“无机与分析化学”等课程。通过分析在线平台成绩、作业情况、线上问卷得知：95％的学生具备基础化学操作知识和技能，但有 5％的同学基础比较弱，85％的同学喜欢在实操中获取知识和技能，有 20％的学生参加过相关竞赛。

(二) 课程设计依据

依据药品生物技术人才培养方案设计课程，本课程培养目标如表 6－3 所示。

表 6-3 “生物化学”课程人才培养目标

	内　容	
素质目标	诚实守信，具有较好的质量意识、责任意识、安全意识、团队意识和合作精神	
知识目标	生物化学常用知识 掌握三大营养物质的性质、体内代谢过程和生物学功能 掌握酶、维生素、核酸的种类、功能 掌握新药动物试验和动物模型制作中相关的临床生化指标	
能力目标	掌握生物技术基本操作技能，能进行核酸提取、PCR、电泳和 ELISA 检测等相关操作	
	生物产品检测岗位	DNA、RNA 提取操作，PCR 操作，ELISA 检测，蛋白电泳等分子操作技术，蛋白质、酶、维生素的检测
	生物产品生产岗位	蛋白质、酶、卵磷脂的提取
	生物试验及辅助研发岗位	新药的动物试验中常检测的蛋白质指标、酶指标、脂类指标等生化指标

（三）具体设计思路

培养具有爱国情怀、民族自信心和自豪感，热爱专业，关心他人，社会适应力强，做事耐心、细心，有生物安全和职业防护的意识，具有细心操作、细心观察和缜密思考的能力，具有生态环保理念，有良好的职业道德素养和高度的责任感，有团队合作意识，不怕脏、不怕累的药品生物技术专门人才。

本课程的设计理念是：

（1）按照岗位要求设计教学内容。

（2）教学情境设计突出以学生为主体的“教—学—做”一体化的模块化教学模式。

（3）渗入药品生物技术专业后续课程和顶岗实习岗位对生化知识和技能的需求，为学习后续课程及直接从事相关生化检测工作做好准备。

（4）按照思想政治工作规律、教书育人规律和学生成长规律，结合岗位特点，全方位、全过程、润物细无声地融入课程思政元素，做到主题鲜明，严密贴合教学内容，对课程教学起到画龙点睛的作用。

（5）按照本课程教学项目确定的素质目标（爱岗敬业、吃苦耐劳、团队合作），围绕生态教育（实验室垃圾分类）、爱国教育（工匠精神）、职业操守教育和安全教育（生物安全、实验室安全）、学术诚信教育（实验结果数据分析）等主线，设计与任务相对应的思政教育案例。

（6）本课程着重介绍我国生物化学发展历程及前沿进展，强化社会主义道路自信；通过生物化学科学家的真实事例，培养学生正确的社会价值观，传承爱国主义情怀；以生物化学操作为契机，注重树立生物安全意识，培养良好的团队协作精神和爱岗敬业精神；贯彻健康教育，把敬重生命理念植入人心；强化生化实验中的规范意识和创新意识，将诚信精神融入职业发展，最终实现价值塑造、理论知识传授、实践能力和创新能力的全程并重培养。

五、课程目标

（一）总体目标

依据人才培养方案，通过本课程的教学，使学生系统地掌握蛋白质、核酸、酶、维生素的结构性质和生物学功能及三大物质在体内的代谢过程和生物医药相关生化知识；学会使用离心机、电泳仪等设备；学会电泳技术、ELISA、PCR 等基本的实验技术。

（二）具体目标

1. 素质目标

(1) 提高爱国情怀，民族自信心和自豪感。

(2) 树立良好的职业道德素养和高度的责任感，培养爱岗敬业和使命担当精神。

(3) 形成较强的团队协作精神。

(4) 形成生物安全、职业防护以及节约意识。

(5) 形成严谨态度和工匠精神，培养学术诚信及职业诚信意识。

(6) 树立遵纪守法的意识。

(7) 提高积极创新的能力，热爱劳动，不怕脏、累。

(8) 树立生态文明理念，培养垃圾分类和生态环保意识。

(9) 形成良好的饮食习惯。

2. 知识目标

(1) 掌握三大营养物质的性质、体内代谢过程和生物学功能。

(2) 掌握酶、维生素、核酸的种类、功能。

(3) 掌握疾病动物模型制作中的临床生化指标。

(4) 掌握新药动物试验的临床生化指标。

3. 能力目标

(1) 能运用微量滴定、ELISA、PCR 等基本生化实验技能。

(2) 能使用天平、分光光度计、离心机、电泳仪、酶标仪等设备。

(3) 能进行核酸检测及临床生化分析操作。

(4) 能进行生物制品的生化检测及生物大分子的提取。

（三）证书目标

由上海市人力资源和社会保障局颁发的“药物检验员高级工证书”。

六、课程内容及结构

（一）教学内容

本课程教学内容与学时分配如表 6－4 所示。

表 6-4 “生物化学”课程内容与学时分配

学习项目			教学内容	学时	思政元素及融入途径	理论学时	实践学时
	名称	任务					
项目1	新药肝、肾毒性动物试验中常检测的蛋白质指标	说课;生化基本概念	1. 说课 2. 掌握生物化学的研究内容 3. 了解生物化学的发展阶段	2	思政元素: 爱国情怀,民族自信心和自豪感,工匠精神 融入途径: 介绍生物化学的发展阶段,谈到我国生物化学家的贡献时,通过屠呦呦的案例深化学生的爱国情怀、民族自信心和自豪感,培养工匠精神	2	0
		生化基本技能训练	1. 掌握移液枪的使用 2. 掌握溶液配制	2	思政元素: 化学实验安全教育 融入途径: 通过列举高校实验室事故案例,强调生化实验室规则,引导学生重视实验安全	0	2
		蛋白质的基本知识	1. 理解蛋白质的元素组成 2. 掌握氨基酸分类及性质 3. 理解蛋白质的结构功能和应用	6	思政元素: 诚信意识,遵纪守法意识 融入途径: 讲解蛋白质的元素组成的实际应用——凯氏定氮技术时,通过三聚氰胺事件案例,增强学生诚信与遵纪守法的意识	6	0
		双缩脲法测定蛋白质含量	1. 理解双缩脲法测定血清中蛋白质含量的原理 2. 掌握测定方法 3. 掌握测定结果分析方法 4. 学会小结 5. 掌握实训报告书写	2	思政元素: 严谨的态度,学术诚信意识 融入途径: 规范实验操作和定量实验数据处理中,通过数据造假的案例增强学生的严谨态度和学术诚信意识	0	2
		BCA 蛋白法含量测定	1. 理解 BCA 蛋白法含量测定原理 2. 掌握测定方法 3. 掌握测定结果分析方法 4. 学会小结 5. 掌握实训报告书写	2	思政元素: 严谨的态度,学术诚信意识 融入途径: 规范实验操作和定量实验数据处理中,通过数据造假的案例增强学生的严谨态度和学术诚信意识	0	2
		醋酸纤维素薄膜电泳分离血清蛋白质	1. 理解醋酸纤维素薄膜电泳分离血清蛋白质的原理 2. 掌握分离方法 3. 掌握结果分析方法 4. 学会小结 5. 掌握实训报告书写	2	思政元素: 环保意识 融入途径: 电泳染色液的规范处理时,通过实验室垃圾分类的案例,增强学生的环保意识,为建设美丽中国做贡献	0	2

（续表）

学习项目			教学内容	学时	思政元素及融入途径	理论学时	实践学时
名称		任务					
项目2	新药肝毒性和致癌性动物试验中常检测的酶指标	酶的基本知识	1. 理解酶的概念、组成、结构与功能 2. 掌握酶反应速度的影响因素 3. 了解酶知识的应用	6	思政元素： 健康生活的意识 融入途径： 酶知识的应用中，通过喝酒就脸红的原因是缺乏乙醛脱氢酶的案例，培养学生健康生活的意识	6	0
		血清转氨酶测定	1. 理解血清转氨酶含量测定的原理 2. 掌握测定方法 3. 掌握结果分析方法 4. 学会小结 5. 掌握实训报告书写	2	思政元素： 健康生活的意识 融入途径： 通过肝功能损伤导致转氨酶升高的案例，培养学生健康生活的意识	0	2
		淀粉酶活性观察	1. 理解淀粉酶活性观察实训的原理 2. 掌握测定方法 3. 掌握结果分析方法 4. 学会小结 5. 掌握实训报告书写	2	思政元素： 团队协作和统筹协调的能力 融入途径： 通过天津工业生物所首次实现二氧化碳到淀粉的人工合成的案例，增强学生团队协作和统筹协调的能力	0	2
		酵母蔗糖酶的粗酶制备	1. 理解酵母蔗糖酶的粗酶制备的原理 2. 掌握制备方法 3. 掌握结果分析方法 4. 学会小结 5. 掌握实训报告书写	2	思政元素： 耐心与细心 融入途径： 通过酵母蔗糖酶的粗酶制备过程，培养学生做事的耐心与细心	0	2
		ELISA技术	1. 掌握ELISA技术的原理 2. 掌握测定方法 3. 掌握结果分析方法 4. 学会小结 5. 掌握实训报告书写	2	思政元素： 严谨态度和学术诚信意识 融入途径： 通过规范实验操作和定量实验数据处理过程，增强学生的严谨态度和学术诚信意识	0	2
项目3	糖尿病动物模型制作中检测的生化指标	糖的基本知识	1. 理解糖类的消化吸收及转运 2. 了解呼吸链 3. 理解糖原的合成与分解 4. 掌握糖的分解代谢和合成代谢 5. 了解糖知识的应用	6	思政元素： 团队协作精神 融入途径： 通过介绍呼吸链的组成，培养团队协作精神 思政元素： 有付出才能有收获 融入途径： 通过介绍无氧氧化“先耗能，再产能”的特点，培养学生有付出才能有收获的意识	6	0

（续表）

学习项目			教学内容	学时	思政元素及融入途径	理论学时	实践学时
	名称	任务					
项目3	糖尿病动物模型制作中检测的生化指标	血糖含量测定	1. 理解血糖含量测定的原理 2. 掌握测定方法 3. 掌握结果分析方法 4. 学会小结 5. 掌握实训报告书写	2	思政元素： 养成良好的生活习惯 融入途径： 通过血糖含量测定对于诊断糖尿病的意义，引导学生养成良好的生活习惯	0	2
		还原糖含量测定	1. 理解还原糖含量测定的原理 2. 掌握测定方法 3. 掌握结果分析方法 4. 学会小结 5. 掌握实训报告书写	2	思政元素： 严谨的态度和学术诚信意识 融入途径： 通过规范实验操作和定量实验数据处理过程，强化严谨态度和学术诚信	0	2
		肝糖原的提取鉴定	1. 理解肝糖原的提取鉴定的原理 2. 掌握提取方法 3. 掌握结果分析方法 4. 学会小结 5. 掌握实训报告书写	2	思政元素： 耐心与细心 融入途径： 通过肝糖原的提取鉴定过程，培养学生做事的耐心与细心	0	2
项目4	脂肪肝动物模型中检测的生化指标	脂类的基本知识	1. 了解脂类概述 2. 掌握脂肪的分解代谢与合成代谢 3. 掌握脂类知识的应用	4	思政元素： 奉献精神 融入途径： 讲解酮体的肝内合成肝外利用时，通过给水团团长李国安的事迹强化学生的奉献精神	4	0
		卵磷脂的提取与鉴定	1. 理解卵磷脂的提取与鉴定的原理 2. 掌握提取方法 3. 掌握结果分析方法 4. 学会小结 5. 掌握实训报告书写	2	思政元素： 耐心与细心 融入途径： 通过卵磷脂的提取与鉴定过程，培养学生做事的耐心与细心	0	2
项目5	核酸检测中常用的生化技术	核酸的基本知识	1. 掌握核酸的种类、分布及化学组成 2. 理解核酸的代谢 3. 掌握核酸的理化性质 4. 了解 DNA、RNA 的生物合成	6	思政元素： 中华传统文化的继承与发展 融入途径： 讲解 DNA 的半保留复制时，通过中国传统孝老爱亲的故事，引导学生弘扬中华传统美德、做孝老爱亲的好青年	6	0

（续表）

<table>
<tr><th colspan="2">学习项目</th><th rowspan="2">教学内容</th><th rowspan="2">学时</th><th rowspan="2">思政元素及融入途径</th><th rowspan="2">理论学时</th><th rowspan="2">实践学时</th></tr>
<tr><th>名称</th><th>任务</th></tr>
<tr><td rowspan="2">项目5 核酸检测中常用的生化技术</td><td>DNA 的提取与鉴定</td><td>1. 理解 DNA 提取与鉴定的原理
2. 掌握提取方法
3. 掌握结果分析方法
4. 学会小结
5. 掌握实训报告书写</td><td>2</td><td>思政元素：
爱岗敬业和创新进取的时代楷模精神
融入途径：
在 DNA 的提取与鉴定实训中，通过王逸平的案例，培养学生爱岗敬业和创新进取的时代楷模精神</td><td>0</td><td>2</td></tr>
<tr><td>RNA 的提取</td><td>1. RNA 的提取的原理
2. 提取方法
3. 掌握结果分析方法
4. 学会小结
5. 掌握实训报告书写</td><td>2</td><td>思政元素：
维护生物安全，强化职业防护
融入途径：
通过余修中核酸检测的案例培养学生维护生物安全、强化职业防护的意识</td><td>0</td><td>2</td></tr>
<tr><td rowspan="4">项目6 生物产品生产与检测中常用的生化技术</td><td>维生素与氨基酸代谢</td><td>1. 掌握维生素的基本知识和应用
2. 掌握氨基酸代谢的基本知识和应用</td><td>6</td><td>思政元素：
环保意识
融入途径：
尿素循环时，通过介绍垃圾变废为宝的案例，让学生养成环保意识，建设美丽中国</td><td>6</td><td>0</td></tr>
<tr><td>维生素 C 含量的测定</td><td>1. 理解维生素 C 含量测定的原理
2. 掌握测定方法
3. 掌握结果分析方法
4. 学会小结
5. 掌握实训报告的书写</td><td>2</td><td>思政元素：
科学判断
融入途径：
通过介绍维生素 C 药片和维生素 C 保健品，培养学生科学的判断能力</td><td>0</td><td>2</td></tr>
<tr><td>蛋白质的提取与鉴定</td><td>1. 理解蛋白质提取与鉴定的原理
2. 掌握提取方法
3. 掌握结果分析方法
4. 学会小结
5. 掌握实训报告书写</td><td>3</td><td>思政元素：
严谨态度，学术诚信
融入途径：
在规范实验操作和定量实验数据处理中，培养严谨态度和学术诚信</td><td>0</td><td>3</td></tr>
<tr><td>亚硝酸盐含量测定</td><td>1. 理解亚硝酸盐含量测定的原理
2. 掌握测定方法
3. 掌握结果分析方法
4. 学会小结
5. 掌握实训报告书写</td><td>3</td><td>思政元素：
商业诚信
融入途径：
通过亚硝酸盐中毒的案例引出商业诚信的重要性</td><td>0</td><td>3</td></tr>
<tr><td colspan="2">合计</td><td>—</td><td>72</td><td>—</td><td>36</td><td>36</td></tr>
</table>

(二) 实践环节

“生物化学”课程实践教学内容如表 6－5 所示。

表 6－5 “生物化学”课程实践教学内容

序号	实践项目名称	实践教学内容	实践教学目标		参考学时	地点安排（具体场所）
			德育	技育		
1	生化基本技能训练	移液管、天平等基本生化器皿的使用训练及溶液配制的方法	培养学生做事的耐心与细心	掌握移液管、天平等基本生化器皿的使用及溶液配制的方法	2	生化实验室
2	双缩脲法测定蛋白质含量	双缩脲法测定血清中的蛋白质含量	培养学生的严谨态度和学术诚信	掌握双缩脲法测定样品中蛋白质含量的方法	2	生化实验室
3	醋酸纤维素薄膜电泳分离血清蛋白质	醋酸纤维素薄膜电泳分离血清蛋白质	培养学生的生态环保意识	掌握醋酸纤维素薄膜电泳分离血清蛋白质的方法	2	生化实验室
4	BCA 法测定蛋白质含量	BCA 法测定蛋白质含量	培养学生的严谨态度和学术诚信	掌握 BCA 法测定蛋白质含量的方法	2	生化实验室
5	血清转氨酶	测定动物体内的谷草转氨酶	培养学生健康生活的习惯、团队合作意识和系统思考的能力	掌握测定动物体内的转氨酶的方法，理解其临床意义	2	生化实验室
6	淀粉酶活性观察	测定唾液淀粉酶的活性	培养学生做事的耐心与细心、团队合作意识和系统思考的能力	掌握测定唾液淀粉酶的活性的方法	2	生化实验室
7	酵母蔗糖酶的粗酶制备	制备酵母蔗糖酶粗酶	培养学生独立观察、分析问题和解决问题的能力，团队合作意识和系统思考的能力	学会制备酵母蔗糖酶粗酶	2	生化实验室
8	ELISA 技术	用 ELISA 试剂盒检测某种物质的含量	培养学生做事的耐心、细心和安全节约的意识	掌握 ELISA 技术的测定方法	2	生化实验室
9	血糖含量测定	测定血液中的葡萄糖含量	培养学生的健康生活意识和团队合作意识	掌握测定血液葡萄糖含量的方法	2	生化实验室
10	还原糖含量测定	测定还原糖含量	培养学生的严谨态度和学术诚信	掌握测定还原糖含量的方法	2	生化实验室
11	肝糖原的提取鉴定	肝糖原的提取鉴定	培养学生做事的耐心、细心和安全节约的意识	掌握肝糖原的提取鉴定方法	2	生化实验室

（续表）

序号	实践项目名称	实践教学内容	实践教学目标		参考学时	地点安排（具体场所）
			德育	技育		
12	卵磷脂的提取与鉴定	提取和鉴定鸡蛋黄中的卵磷脂	培养学生独立观察、分析问题和解决问题的能力，团队合作意识和系统思考的能力	掌握提取和鉴定鸡蛋黄中的卵磷脂的方法	2	生化实验室
13	DNA的提取与鉴定	从动物组织中提取DNA	培养学生爱岗敬业和创新进取的时代楷模精神	掌握组织中DNA的提取方法	2	生化实验室
14	RNA的提取与鉴定	从动物组织中提取RNA	培养学生生物安全、职业防护、爱岗敬业的意识	掌握组织中RNA的提取方法	2	生化实验室
15	维生素C含量测定	测定维生素C的含量	引导学生养成科学的判断能力	掌握测维生素C制剂的含量的方法	2	生化实验室
16	蛋白质的提取与鉴定	微生物中蛋白质的提取与鉴定	培养学生的严谨态度和学术诚信	掌握微生物中蛋白质的提取与鉴定的方法	3	生化实验室
17	亚硝酸盐含量的测定	食品中亚硝酸盐含量的测定	培养学生的诚信意识和团队合作意识	学会食品中亚硝酸盐含量的测定方法	3	生化实验室
合计	—	—	—		36	—

七、课程考核

（一）评价方式

（1）期末考核部分占50%。

（2）“智慧职教”考核部分占20%。

（3）职业基本素质与思政素养考核部分占30%。

本课程思政素养考核及考核明细分别如表6-6、表6-7所示。

表6-6 “生物化学”课程思政素养考核

环保意识（10分）	学术诚信意识（10分）	职业纪律与生物安全意识（20分）	团队协作意识（20分）	实验安全与节约意识（10分）	劳动意识（20分）	工匠精神与创新性（10分）
实验垃圾分类投放	实验数据的真实记录与分析	手套、口罩与实验服的穿戴与佩戴	实验小组的配合情况	不浪费实验耗材，实验后及时关闭电源与水	实验后实验台的整理与清洁	实验过程操作细致认真，喜欢探究

表 6-7 “生物化学”课程思政素养考核明细

序号	项目	分项目 1	分项目 2	分项目 3	分项目 4
1	职业纪律与生物安全意识(20 分)	穿实验服(5 分)	戴手套(5 分)	戴口罩(5 分)	出勤情况(5 分)
2	环保意识(10 分)	普通固体废物和有害固体废物分类投放(4 分)	普通液体废物处置(2 分)	有害液体废物处置(2 分)	通风橱使用(2 分)
3	学术诚信意识(10 分)	实验数据的真实记录(5 分)	实验数据的分析(5 分)	—	—
4	团队协作意识(20 分)	组内打分(5 分)	组间打分(5 分)	教师打分(5 分)	小组汇报(5 分)
5	实验安全与节约意识(10 分)	不浪费实验耗材(5 分)	实验后及时关闭电源与水(5 分)	—	—
6	劳动意识(20 分)	实验后实验试剂归位(5 分)	实验后实验仪器归位(5 分)	实验桌面清洁(5 分)	实验椅子归位(5 分)
7	工匠精神与创新性(10 分)	实验过程操作细致认真(5 分)	实验探究精神(慕课讨论)(5 分)	—	—

(二) 考核要求

结合后续课程及日后工作中对相关生化技能和知识点的要求,重点考核学生在工作任务中的操作与结果分析等职业能力,并对学习和应用上态度认真有创新的学生加以鼓励。在平时技能操作的过程中重点对学生的纪律性、认真程度、分析解决问题的能力、报告书写的水平、团队协作能力、做事的耐心与细心、安全节约意识、环保意识、学术诚信意识、劳动意识、生物安全意识和工匠精神等思政目标进行考核。

八、 实施保障

(一) 教学团队

本课程教学团队如表 6-8 所示。

表 6-8 “生物化学”课程教学团队

<table>
<tr><th colspan="2">课程团队</th><th>教师师德师风、专业背景与能力要求</th></tr>
<tr><td colspan="2">课程负责人</td><td>生物技术相关领域,副教授以上职称。担任多年本课程教师,具有一定的企业实践经历,有多年教学经验,师德师风良好。教学成果积累丰富,教学改革意识强</td></tr>
<tr><td rowspan="2">课程教学团队</td><td>专任教师</td><td>团队结构合理,具有“双师”资格,师德师风优良,教学表现力和亲和力强,教学改革意识强,信息素养高</td></tr>
<tr><td>兼职教师</td><td>企业技术专家,有多年企业实践经验,师德师风良好</td></tr>
</table>

（二）实践教学条件

1. 校内主要实训室

本课程校内主要实训室如表 6 - 9 所示。

表 6 - 9 “生物化学”课程校内主要实训室

实训室名称	主要项目	主要仪器设备
生化实验室	生化基本技能训练	移液管、天平、移液枪
	血清中蛋白质含量的测定	移液枪、分光光度计
	醋酸纤维素薄膜电泳分离血清蛋白质	醋酸纤维素薄膜、电泳仪、电泳槽
	BCA 蛋白法含量测试	移液枪、分光光度计、水浴锅
	血清转氨酶的测定	移液枪、分光光度计、水浴锅
	淀粉酶活性观察	试管、水浴锅、比色板
	酵母蔗糖酶的粗酶制备	坩埚、水浴锅
	ELISA 技术	ELISA 试剂盒、96 孔板、移液枪和酶标仪
	血糖含量测定	移液枪、分光光度计、水浴锅
	还原糖含量测定	移液枪、分光光度计、水浴锅
	肝糖原的提取鉴定	水浴锅、试管、离心机
	卵磷脂的提取与鉴定	烧杯、蒸发皿、试管
	DNA 的提取与鉴定	高速离心机、移液枪、离心管
	RNA 的提取与鉴定	高速离心机、移液枪、离心管
	维生素 C 含量测定	滴定管、三角瓶、研钵
	蛋白质的提取与鉴定	烧杯、漏斗、三角瓶、滤纸
	亚硝酸盐含量的测定	分光光度计、移液枪、离心管
备注	实训期间需要穿好实验服，戴乳胶手套和口罩，节约实验耗材，注意生物安全防护、实验室安全操作、实验室垃圾分类、实验数据处理科学客观	

2. 校外实训基地

本课程校外实训基地如表 6 - 10 所示。

表 6 - 10 “生物化学”课程校外主要实训基地及开设任务

实训基地	依托单位	实训任务
上海农林职业技术学院校外实训基地	上海创宏生物科技有限公司	核酸提取和荧光定量 PCR
备注	实训期间需要注意学习生物安全操作知识和技能，遵守企业组织纪律，注重学习企业文化、提升核酸提取和检测岗位素质	

（三）教材及参考资料

（1）使用教材：张永霞主编，中国农业出版社 2017 年出版的《动物生物化学》。

（2）网络资源：慕课学院。

（3）其他资源：①夏未铭主编，中国农业出版社 2007 年出版的《动物生物化学》；②刘莉主编，中国农业出版社 2001 年出版的《动物生物化学》；③沈同、王镜岩主编，高等教育出版社 2001 年出版的《生物化学》。

（四）课程思政资源

在“智慧职教”的慕课学院中本课程包括：

（1）微课：包含知识点微课和实操微课。每个微课都包含微课件、微视频、微教材、微测试和微拓展，共计 130 个微资源。

（2）试题库：包含关于学习情境的知识点和技能的 600 多道题目及答案。

（3）教学动画：自制动画 5 个。

（4）知识窗：包含临床生化指标检测等 8 个资源。

（5）教材资源：包含电子教材 1 部、知识点教材 35 本、实训指导书 1 本、学习指南 1 本。

（6）课件：知识点课件 35 个。

（7）教学资源库建设：课程的所有资源，包括全部的微课、课件、教材及试题库均已传到“智慧职教”的资源库中，并且生成了标准化课程，供广大学生、教师和社会学习者学习。“职教云”上建立了课程，授课过程中真正做到了线上线下相结合。

“生物化学”课程思政资源如表 6－11 所示。

表 6－11 “生物化学”课程思政资源一览

序号	教学内容	课程思政资源名称	来源
1	说课：生化基本概念	屠呦呦：一辈子专注青蒿素	共产党员网
2	生化基本技能训练	高校化学实验室安全事故“警示录”	化工仪器网
3	蛋白质的基本知识	三聚氰胺事件	百度百科
4	双缩脲法测定蛋白质含量	天津市某技术检测有限公司涉嫌伪造监测数据案	中国质量新闻网
5	BCA 法测定蛋白质含量	生态环境检测机构监测数据造假典型案例	陕西省生态环境厅官网
6	醋酸纤维素薄膜电泳分离血清蛋白质	实验室垃圾分类及废弃物处理方法	百度文库
7	酶的基本知识	团队精神	百度教育
8	血清转氨酶测定	22 岁女孩长期熬夜、吃烧烤确诊肝癌	澎湃网
9	淀粉酶活性观察	从“0 到 1”的突破！天津工业生物所首次实现二氧化碳到淀粉的人工合成	北方网
10	酵母蔗糖酶的粗酶制备	农场主悬赏美元寻找他丢失在谷仓里的一只名贵手表	百度文库

（续表）

序号	教学内容	课程思政资源名称	来源
11	ELISA 技术	汤姆·霍普金斯的故事	百度百科
12	糖的基本知识	团队合作	百度百科
13	血糖含量测定	糖尿病健康饮食	百度百科
14	还原糖含量测定	钱学森：对待科学必须严格、严肃和严谨	《钱学森精神读本》
15	肝糖原的提取鉴定	订票姑娘	千学网
16	脂类的基本知识	李国安：上不愧党，下不愧民	新华网
17	卵磷脂的提取与鉴定	罗蒙诺索夫勤学成才	百度教育
18	核酸的基本知识	十大传统美德：传承千年的精神瑰宝	新浪网
19	DNA 的提取与鉴定	王逸平被追授“时代楷模”称号，曾研发新药造福千万人	人民日报
20	RNA 的提取	1967 德国马尔堡病毒实验室感染事件	百度百科
21	维生素与氨基酸代谢	IEEPA 案例：瑞典哈马碧生态城垃圾循环理念及模式	澎湃湃客
22	维生素 C 含量的测定	怎样培养精准的判断力？成为少数聪明人，6 个技巧让你提升判断力	专栏文章
23	蛋白质的提取与鉴定	学术诚信是科学精神的基底	中国青年报
24	亚硝酸盐含量测定	2021 年“诚信兴商十大案例”发布	人民咨讯

微生物检测

一、课程信息

"微生物检测"课程基本信息如表 7－1 所示。

表 7－1 "微生物检测"课程基本信息

课程名称	微生物检测	开课部门	生物医药与健康系
适用专业	农产品加工与质量检测	课程类型	专业核心课
课程性质	必修	开设学期	第 3、4 学期
课程学分	6 学分	课程学时	总学时：108 学时 其中：理论 36，实践 72
前导课程	食品微生物	后续课程	专业综合实训
编写人	范丽平	审定人	陈晶
课程设计依据	《2020 级农产品加工与质量检测专业人才培养方案》		

二、课程简介

微生物检测主要通过微生物的分离培养、生理生化试验、显微镜检查、抗原抗体反应和特异性片段扩增等方法对微生物种类和数量进行检测，以便对食品的质量及加工过程中的卫生情况给出可靠的评价。

课程教学以立德树人为根本，致力于增强学生的岗位适应性，促进学生自主学习和可持续发展。教学内容产教融合、"岗课赛证"融通，不断适应农产品与食品产业升级调整，求实求新。课程资源以 PPT 为主，辅以示范操作视频、微课视频、课程思政案例视频等资源，图文并茂、动静结合，使学习过程直观易懂，促进操作规范性，打破时空限制，利于学生自主学习。教学组织上采用项目导向、任务驱动的理实一体的教学模式。

三、课程性质与定位

（一）课程性质

"微生物检测"是高等职业院校农产品加工与质量检测专业的专业核心课程。

(二) 课程定位

微生物检测与农产品质量检测、农产品安全检测共同支撑检测岗位群。本课程学生应具备“食品微生物”课程学习基础。经过学习，学生应适应农产品与食品产业升级调整，能够依据标准规范地进行各类农产品、食品及原辅料中的各微生物项目的检测工作，具备诚实守信、依规守法的职业精神，安全检测、规范操作、坚守细节的职业素养以及善于学习、健康生活、知行合一的发展能力。

四、 课程设计思路

(一) 学情分析

学生学习本课程的过程中存在使命感不足、操作欠规范、自主学习能力欠佳等问题，具体表现在如下 3 个方面：

(1) 学生在教师引导下能进行方法解读，但因生源不同基础有差异，部分学生未吃透微生物特性，对检测步骤不能深入理解，存在知其然不知其所以然的问题。

(2) 学生喜欢动手操作，模仿性强，但易忽视细节。

(3) 学生能在教师引导下开展样品检测，但面对异常结果，缺乏自主探究、分析问题、解决问题的能力。

(二) 课程设计依据

贯彻落实《高等学校课程思政建设指导纲要》《国家职业教育改革实施方案》(国发[2019]4 号，又称“职教二十条”)、《高等职业学校专业教学标准》以及《2020 级农产品加工与质量检测专业人才培养方案》等相关文件精神，设计“岗课赛证”融通的教学内容，采取理实一体的教学模式，培养现代食品生产第一线需要的“会技术、有素质、能发展”的高等职业教育食品微生物检验技能型人才。

(三) 具体设计思路

(1) 产教融合、“岗课赛证”融通，教学内容求实求新。

分析微生物检验职业岗位能力和典型工作任务，确定知识、技能以及职业素养要求，融入“全国高职食品营养与安全检测技能大赛食品微生物检测项目”和“1＋X”粮农食品安全评价考核要求，“岗课赛证”融通。采用最新国家标准、行业标准并增加生物荧光法和 PCR 技术等微生物快检新方法、新技术，重构项目任务式教学内容，突出能力培养，使得学生循序渐进地学习微生物检验技术。

(2) 项目导向、任务驱动，教学模式理实一体。

深耕 8 个项目、18 个任务，构建产品标准引领方法标准的新形式，学生在实践中明晰微生物检验的工作内容、流程和标准要求。融微生物特性、检验原理、方法步骤于检验操作之中，理实一体，知其然知其所以然。

(3) 以德为本、德技并修，思政设计多维度系统化。

以专题嵌入、画龙点睛等方式将食品安全检测人员的劳动精神、劳模精神、工匠精神和传统文化融入课程，培养学生“至诚、至精、至善”的职业精神，“乐学、善学、协作”的发展品质，“安全、规范、无菌”的检验素养，以检验项目为载体培根铸魂。

五、课程目标

（一）总体目标

通过本课程的学习，学生能理解和掌握微生物检测的一般步骤，应用微生物特性分析问题，合理地制定微生物检测计划，全面地准备微生物检测物品，规范地完成微生物检测操作，如实地填写原始记录，计算结果并完成报告。在知识积累、技能培养的过程中培养学生“至诚、至精、至善”的职业精神、“乐学、善学、协作”的发展品质、“安全、规范、细致”的检验素养。

（二）具体目标

1. 素质目标

（1）认识资源共享意义，践行学习资源共享。

（2）认识责任和担当对工作、企业和行业发展的重要性，在食品或农产品微生物检验过程中落实责任，体现担当。

（3）坚守细节，于检验操作中考究、落实操作细节，提高检验准确性。

（4）在项目检验操作过程中熟悉步骤，认识微生物的生物学特性，做学合一、理实融通，知其然知其所以然。

（5）培养严谨求实的检验作风及操作安全意识和无菌意识。

（6）树立生态平衡观，引领健康生活。

（7）树立系统的食品质量安全观，培养整体意识、创新思维，提高解决问题的能力。

2. 知识目标

（1）掌握微生物检测的基本理论知识，包括：微生物检测的范围、样品的采集原则、样品的制备方法、细菌生化试验的方法及阴阳性结果的现象等。

（2）了解微生物检测的意义、各检测项目表征的食品安全状况，掌握常见致病菌的生物学特性。

（3）掌握微生物检测常检项目（菌落总数、大肠菌群、乳酸菌、霉菌、酵母菌、沙门氏菌、金黄色葡萄球菌、生产环境）的检测操作流程。

（4）掌握微生物检测项目结果的统计方法，包括菌落总数、大肠菌群、霉菌、酵母菌、乳酸菌、金黄色葡萄球菌、生产环境检测项目结果的统计方法。

（5）掌握微生物检测室的选址要求、级别划分、功能区划分以及实验室管理要求。

3. 能力目标

（1）能够根据要求查阅产品标准，包括国家标准、行业标准和团体标准等。

（2）能够根据产品标准确定各检测项目所应采用的方法标准，并制定检测实施计划。

（3）能够根据检测实施计划完成检测物品的准备，包括各检测项目融合后器皿的准备

(清洗、烘干、包扎与灭菌等)、培养基与试剂的准备、检测用菌株的准备(活化、纯化等)、其他常用物品(接种环、酒精棉、记号笔、酒精灯等)的准备。

(4) 能够根据产品的物理状态及检测项目选择合适的方法完成样品的制备。

(5) 能够融合性地完成待检产品各检测项目的检测操作,包括梯度稀释、倾注培养、糖发酵试验、分离培养、血清学试验等操作。

(6) 具备各检测项目检测结果的分析能力。

(7) 能够完成检测原始记录及检测报告单的填写,判断产品是否符合要求。

(8) 能够正确使用微生物检测常用仪器设备(高压蒸汽灭菌锅、干燥箱、拍击式均质机等)并制定仪器设备使用说明书;能够根据相关标准进行检测操作规程的制定;能够制定并修改检测原始记录单;能够规划微生物检测室,进而具备微生物检测室的日常管理能力及建设能力。

4. 证书目标

"'1+X'粮农食品安全评价中级证书",由中农粮信(北京)技术服务有限公司颁发。

六、 课程内容及结构

(一) 课程内容

本课程基于"三寓三式"范式,将农产品、食品产业和微生物检测岗位相关的劳模事迹和传统文化等思政素材融于教学过程中(见图 7-1),学生在实践操作中掌握微生物检测的工作内容、流程和标准要求,树立职业精神,养成职业素养,提升自我发展能力。

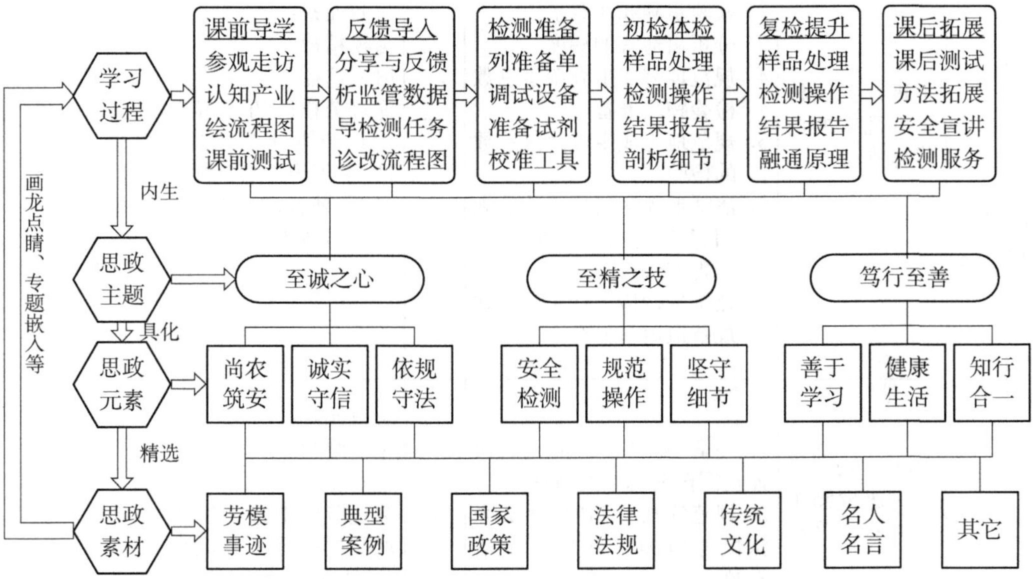

图 7-1 "微生物检测"课程教学过程

课程内容包括菌落总数检验等8个项目、平板计数法检验生乳中菌落总数等18个任务。教学内容与课时分配如表7-2所示。

表7-2 “微生物检测”课程内容与学时分配

<table>
<tr><th colspan="3">学习项目</th><th rowspan="2">教学内容</th><th rowspan="2">学时</th><th rowspan="2">思政元素及融入途径</th><th rowspan="2">理论学时</th><th rowspan="2">实践学时</th></tr>
<tr><th colspan="2">名称</th><th>任务</th></tr>
<tr><td rowspan="2">项目1</td><td rowspan="2">认知微生物检验工作</td><td>认知微生物检验工作内容</td><td>1. 认识微生物检验意义，明晰微生物检验就业去向
2. 了解微生物检验工作流程
3. 熟悉食品微生物检验范围、微生物检验相关标准
4. 正确地选择、规范地穿戴个人防护用具</td><td>2</td><td rowspan="2">思政元素：
共享合作的精神
融入途径：
通过标准制定过程中的共享合作事例，让共享合作的精神内化于心
借助传统文化“画龙点睛”的故事，促进共享合作的精神外化于行。让学生搜集近两年微生物检验员的招聘信息，多角度了解岗位工作要求，引导学生进行信息资源共享，促进共同成长</td><td>1</td><td>1</td></tr>
<tr><td>认知微生物检验工作环境</td><td>1. 规范地对无菌室和设施进行杀菌和消毒处理
2. 监测无菌室的无菌程度
3. 掌握废物处置方法
4. 无菌室环境条件控制</td><td>4</td><td>1</td><td>3</td></tr>
<tr><td rowspan="2">项目2</td><td rowspan="2">菌落总数的测定</td><td>平板计数法检验生乳中的菌落总数</td><td>1. 了解生乳菌落总数限量要求
2. 清晰地表达出菌落总数的检验步骤和注意事项
3. 分析出适宜的梯度
4. 规范地完成生乳菌落总数检验物品准备
5. 规范地完成生乳菌落总数的检验
6. 清晰地表达出菌落计数规则、菌落总数计算和结果报告方法
7. 熟练进行检验结果计算并规范地填写报告</td><td>10</td><td>思政元素：
劳模精神
融入途径：
通过劳模陈历俊事迹，让学生认识责任和担当的重要性，引用传统文化“德厚者流光，业勤者流芳”，涵养学生的担当品质</td><td>3</td><td>7</td></tr>
<tr><td>ATP生物荧光法快速检测生乳中的菌落总数</td><td>1. 理解ATP生物荧光法快速检测菌落总数的原理
2. 规范完成ATP生物荧光法快速检测生乳中的菌落总数</td><td>2</td><td>思政元素：
坚守细节
融入途径：
通过劳模事迹，将注重细节的品质内化于心，借传统文化“天下大事，必作于细”助推细节入行</td><td>1</td><td>1</td></tr>
</table>

（续表）

学习项目			教学内容	学时	思政元素及融入途径	理论学时	实践学时
名称		任务					
项目3	大肠菌群计数	MPN计数法检验红曲米中的大肠菌群	1. 了解红曲米、冷冻饮品和消毒餐（饮）具大肠菌群检验时采用的具体方法及限量要求 2. 清晰地表达出大肠菌群MPN计数法的检验步骤 3. 列出大肠菌群MPN法检验物品清单并完成检验前的准备工作 4. 规范、有序地完成大肠菌群计数MPN法初发酵试验和复发酵试验 5. 会判断大肠菌群发酵阳性管 6. 掌握MPN表的使用方法 7. 能查MPN表报告MPN值，能根据疑似菌落数和证实试验结果计算大肠菌群数	6	思政元素： 安全操作，谨防烫伤 融入途径： 通过高校实验室安全事故警示宣传增强安全意识。解读分析操作实例结晶紫中性红胆盐培养基灭菌方法，提高安全操作能力	2	4
		平板计数法检验冰激凌中的大肠菌群	1. 掌握大肠菌群生物学特征，认识其在VRBA平板上形成的特征菌落 2. 清晰地表达出大肠菌群平板计数法的检验步骤 3. 列出大肠菌群平板计数法检验物品清单并完成检验前的准备工作 4. 规范、有序地完成大肠菌群平板计数法发酵试验和证实试验 5. 能在VRBA平板上挑选出大肠菌群疑似菌落 6. 理解大肠菌群检验原理 7. 能根据疑似菌落数和证实试验结果计算大肠菌群数	4		1	3
		测试片法快速检测餐具表面的大肠菌群	1. 清晰地表达出大肠菌群纸片法的检验步骤 2. 规范地进行餐（饮）具表面微生物的采集、餐饮具表面大肠菌群的快速检测和计数	2		1	1

（续表）

学习项目			教学内容	学时	思政元素及融入途径	理论学时	实践学时
名称		任务					
项目4	乳酸菌检验	平板计数法检验发酵乳中的乳酸菌总数	1. 了解GB4789.35检验要求 2. 掌握发酵乳乳酸菌的检测方法、操作步骤、生化反应及结果计算 3. 能列出发酵乳中乳酸菌检验物品清单，规范地完成物品准备 4. 能规范地进行采样并完成乳酸菌的检验 5. 能规范地填写检验报告	6	思政元素： 责任担当 融入途径： 在介绍乳酸菌产业发展过程中引入劳模事迹，让学生体会他们让国人享中国好菌的初心，一路坚持小菌种筛选、研究和产业化	2	4
		益生菌粉中双歧杆菌检验	1. 掌握益生菌粉中双歧杆菌的检测方法、操作步骤、生化反应及结果计算 3. 能列出益生菌粉中双歧杆菌检验物品清单，规范地完成物品准备 4. 能规范地进行样品处理并完成双歧杆菌的检验 5. 能规范地填写检验报告	6		2	4
项目5	霉菌、酵母菌计数	平板计数法检验霉菌数和酵母菌数	1. 了解果冻和番茄酱中的霉菌和酵母的限量要求 2. 清晰地表达出霉菌和酵母计数的操作步骤，包括固体样品的制备、梯度稀释和倾注培养 3. 列出霉菌酵母检验物品清单，规范地完成物品准备 4. 规范地完成霉菌和酵母计数	3	思政元素： 问题意识 融入途径： 在菌落识别和观察过程中嵌入抗生素的发现事例，引导学生重视发现问题、探究问题	1	2
		直接镜检计数法检验霉菌	1. 理解直接镜检计数法检验霉菌数的原理 2. 清晰地表达出直接镜检计数法的操作，包括视野校正、涂片、观测等 3. 熟练完成直接镜检计数法检测霉菌数 4. 熟练地进行结果计算，规范地进行结果报告	3		1	2

（续表）

学习项目			教学内容	学时	思政元素及融入途径	理论学时	实践学时
名称		任务					
项目6	金黄色葡萄球菌检验	增菌法检验发酵酒中的金黄色葡萄球菌	1. 了解发酵酒中的金黄色葡萄球菌的限量要求 2. 了解金黄色葡萄球菌的生物学特性和致病性 3. 认识血平板和BP平板上金黄色葡萄球菌的菌落特征 4. 理解血浆凝固酶试验原理 5. 熟悉金黄色葡萄球菌增菌法的检验步骤 6. 规范地完成发酵酒中的金黄色葡萄球菌的检验，包括增菌、分离、初步鉴定和确证鉴定	9	思政元素： 知其然知其所以然 融入途径： 通过列子学射的典故，启发学生知行合一。借助“不可去名上理会，须求其所以然”，引导学生做到做学合一、理实融通	3	6
		平板计数法检验速冻水饺中的金黄色葡萄球菌	1. 了解速冻水饺中的金黄色葡萄球菌的限量要求 2. 熟悉金黄色葡萄球菌平板计数法的检验步骤 3. 规范地完成速冻水饺中的金黄色葡萄球菌的检验，包括样品制备、梯度稀释、涂布培养、确认试验 4. 会进行金黄色葡萄球菌的平板计数法结果计算	9		3	6
		PCR法快速检测金黄色葡萄球菌	1. 理解PCR法快速检测金黄色葡萄球菌的原理，熟悉操作步骤 2. 熟练完成PCR法快速检测熟食中的金黄色葡萄球菌的检测	6		2	4
项目7	沙门氏菌检验	国标法检验蛋制品中的沙门氏菌	1. 了解蛋与蛋制品中的沙门氏菌的限量及检验要求 2. 掌握沙门氏菌检验步骤，包括样品处理方法、预增菌、增菌、分离、生化鉴定和血清学试验 3. 规范地完成沙门氏菌的检验，包括样品制备、增菌、分离、生化鉴定和血清学试验，并得出检验结论	12	思政元素： 实事求是 融入途径： 融入传统文化和党的优良传统，嵌入《食品安全法》条款，提升学生依规守法意识，引导学生养成实事求是的品质	3	9

（续表）

学习项目			教学内容	学时	思政元素及融入途径	理论学时	实践学时
名称		任务					
项目7	沙门氏菌检验	ELISA法快速检测熟肉中的沙门氏菌	1. 理解ELISA法快速检测沙门氏菌的原理和检测操作步骤 2. 熟练地完成ELISA法快速检测沙门氏菌并填写检测报告	6	思政元素： 实事求是 融入途径： 融入传统文化和党的优良传统，嵌入《食品安全法》条款，提升学生依规守法意识，引导学生养成实事求是的品质	3	3
项目8	生产环境微生物检验	婴幼儿配方乳粉生产清洁作业区空气微生物检验	1. 了解婴幼儿配方乳粉生产作业区空气微生物的控制要求 2. 理解空气中浮游菌和沉降菌检测的原理，清晰地表达出浮游菌和沉降菌的测定步骤，包括样品采集和培养 3. 能根据生产环境的具体情况，规范地进行浮游菌和沉降菌的采样布点 4. 会使用浮游菌采样器，完成生产环境空气中浮游菌的采样 5. 规范地完成生产环境空气中沉降菌的采样	6	思政元素： 创新精神，安全意识 融入途径： 通过劳模团队探索生物菌株溯源，保障婴儿乳粉生产加工安全的事例	2	4
		婴幼儿配方乳粉生产清洁作业区表面微生物检验	1. 了解婴幼儿配方乳粉表面微生物的控制要求 2. 清晰地表达出表面微生物样品采集方法和检测操作 3. 能用棉拭子规范地完成生产环境中表面微生物的采样 4. 清晰地表达出表面微生物检测结果计算方法和报告要求 5. 能熟练地进行菌落计数和结果计算并填写检测报告	6		2	4
合计			—	108	—	36	72

（二）实践环节

对应8个学习项目下的18个学习任务安排实践教学，实践教学采取虚实结合的方式。

“微生物检测”课程实践教学内容及目标如表7-3所示。

表 7-3 “微生物检测”课程实践教学内容及目标

序号	实践项目名称	实践教学内容	实践教学目标		参考学时	地点安排（具体场所）
			德育	技育		
1	认知微生物检验工作	监测无菌室的无菌程度 生物安全防护	认识资源共享意义，践行学习资源共享	无菌程度检测能力 生物安全防护能力	4	微生物理实一体化教室 无菌室 灭菌室 培养室
2	菌落总数的测定	平板计数法检验生乳中的菌落总数 ATP 生物荧光法快速检测生乳中的菌落总数	认识担当精神对企业、行业发展和对人民健康的重要性	规范地完成菌落总数的检验，包括样品制备、梯度稀释和倾注培养操作 熟练地完成 ATP 生物荧光法快速检测乳中的菌落总数	8	
3	大肠菌群计数	MPN 计数法检验红曲米中的大肠菌群 平板计数法检验冰激凌中的大肠菌群 测试片法快速检测餐具表面的大肠菌群	严谨求实的检验作风及微生物操作安全意识和无菌意识	规范、有序地完成大肠菌群计数 MPN 法初发酵实验和复发酵实验，平板计数法发酵试验和证实试验	8	
4	乳酸菌检验	平板计数法检验发酵乳中的乳酸菌总数 益生菌粉中的双歧杆菌检验	树立生态平衡观，引领健康生活	规范地完成乳酸菌检验	8	
5	霉菌、酵母菌计数	平板计数法检验霉菌数和酵母菌数 直接镜检计数法检验霉菌	培养创新思维和发展能力	规范地完成霉菌和酵母计数，包括样品制备、梯度稀释和倾注培养操作	4	
6	金黄色葡萄球菌检验	增菌法检验发酵酒中的金黄色葡萄球菌 平板计数法检验速冻水饺中的金黄色葡萄球菌 PCR 法快速检测金黄色葡萄球菌	实验操作的安全意识 知其所以然的善学品质	熟悉发酵酒、速冻水饺中的金黄色葡萄球菌的检验，包括样品制备、梯度稀释和倾注培养操作 熟悉 PCR 法快速检测熟食中的金黄色葡萄球菌	16	仿真实验室 微生物理实一体化教室 无菌室 灭菌室 培养室
7	沙门氏菌检验	国标法检验蛋制品中的沙门氏菌 ELISA 法快速检测熟肉中的沙门氏菌	培养学生依规守法、实事求是的精神	熟悉沙门氏菌检验步骤，包括样品处理方法、预增菌、增菌、分离、生化鉴定和血清学试验 熟悉 ELISA 法快速检测沙门氏菌的检测操作步骤	12	

（续表）

序号	实践项目名称	实践教学内容	实践教学目标		参考学时	地点安排（具体场所）
			德育	技育		
8	生产环境微生物检验	婴幼儿配方乳粉生产清洁作业区空气微生物检验 婴幼儿配方乳粉生产清洁作业区表面微生物检验	认识优质婴幼儿配方乳粉对祖国下一代健康成长的重要性 树立系统的食品质量安全观，培养整体性、创新性解决问题的意识	会使用浮游菌采样器，完成生产环境空气中的浮游菌的采样 规范地完成生产环境空气中的沉降菌的采样 能用棉拭子规范地完成生产环境中的表面微生物的采样	8	微生物理实一体化教室 无菌室 灭菌室 培养室
合计	—	—	—	72	—	—

七、课程考核

本课程所有项目均纳入考核，引入“1＋X”粮农食品安全评价标准和“全国高职食品营养与安全检测技能大赛食品微生物检测项目”评价标准，并从过程参与、操作规范、原理融通、结果准确4个维度对项目进行考核，构建了“素质＋能力、过程＋结果、线上＋线下、定性＋定量、自评＋互评”的发展性多元考核评价方式。

本课程考核项目及权重如表7-4所示。

表7-4 “微生物检测”课程考核项目及权重

考核类型及权重	考核项目	
线上考核(20%)	资源使用＋课堂活动＋线上作业	
过程考核(50%)	菌落总数的测定	过程参与 操作规范 理实融通 结果准确 成长奖励 技能比赛 检验素养
	大肠菌群计数	
	霉菌、酵母菌计数	
	乳酸菌检验	
	金黄色葡萄球菌检验	
	沙门氏菌检验	
	生产环境微生物检验	
期终考核(30%)	机考	具体见题库

本课程项目评价维度及主体如表7-5所示。

表 7-5 “微生物检测”课程项目评价维度及主体

评价维度	评价内容	评价主体
过程参与	线上记录 检测记录 诊断记录 仿真成绩 组员配合	教师 仿真平台 课程平台 学生
操作规范	检测准备(全面、安全、规范) 样品处理 检测操作(细节、安全、无菌) 过程管理	教师、学生
理实融通	分析诊断(知其所以然) 微生物特性应用	教师、学生
结果准确	阴阳性结果判断准确 梯度选择合理、计数准确 结果运算及有效数字取舍正确 结论可靠(实事求是)	教师、学生
成长奖励(附加)	进步之星、共建课堂奖	教师、学生
技能大赛(附加)	获奖	承办机构

八、 实施保障

(一) 教学团队

本课程教师专业背景与能力要求见表 7-6。

表 7-6 “微生物检测”课程教师专业背景与能力要求

课程团队		教师师风师德、专业背景与能力要求
课程负责人		食品科学专业博士、副教授,食品检验技师,“1+X”粮农食品安全评价证书考评员,有微生物检测实践经历,师德师风良好
课程教学团队	专任教师	生物或食品专业硕士及以上学历,拥有食品检验工或“1+X”粮农食品安全评价证书考评员证书,从事教学工作 5 年以上,有微生物检测实践经历,师德师风良好
	兼职教师	生物或食品专业硕士及以上学历,具备 3 年以上食品检测行业工作经历,重视检测素养的培养

(二) 实践教学条件

微生物检测涉及培养基制备和灭菌、样品制备、梯度稀释、分离鉴定、微生物培养等环节。本课程校内主要实训室如表 7-7 所示。

表 7-7 "微生物检测"课程校内主要实训室

序号	实训室名称	主要实训项目	主要仪器设备
1	微生物理实一体化教室	菌落总数测定 大肠菌群计数 乳酸菌检验 霉菌酵母菌计数 生产环境微生物检验	纯水仪、希沃教学一体机
2	无菌室		拍击式均质机、净化工作台、生物安全柜
3	灭菌室		高压蒸汽灭菌锅、干燥箱
4	培养室		生化培养箱、霉菌培养箱
5	仿真实验室	沙门氏菌检验 金黄色葡萄球菌检验	电脑及仿真平台
备注	具备无菌意识和生物安全意识,保护检测环境,爱护检测设备		

(三) 教材及参考资料

(1) 推荐教材:范丽平、潘嫣丽主编,中国农业大学出版社 2021 年出版的《食品微生物检验技术》。该教材拟入选"十四五"职业教育国家规划教材。教材内容产教融合、"岗课赛证"通融;采用项目引领、任务驱动的编写体例,设计了工作页和评分表,利于开展理实一体化教学;配套设置了数字化资源及课程思政案例资源支撑教学。

(2) 参考资料:食品伙伴网,可免费下载最新的标准,了解行业动态。

(四) 课程思政资源

试题库:本课程试题库包含学习项目知识点和技能相关的 300 多道题目及答案。

"微生物检测"课程思政资源如表 7-8 所示。

表 7-8 "微生物检测"课程思政资源一览

序号	课程思政案例名称	教学项目
1	共享合作	认知微生物检验工作
2	责任坚守	菌落总数的测定
3	坚守细节	
4	化繁为简	
5	安全操作	大肠菌群计数
6	小菌种,大梦想	乳酸菌检验 霉菌、酵母菌计数
7	知其所以然	金黄色葡萄球菌检验
8	依规守法	沙门氏菌检验
9	让祖国下一代喝上好奶粉	婴幼儿配方乳粉生产环境检验

农产品安全检测

一、课程信息

“农产品安全检测”课程基本信息如表 8－1 所示。

表 8－1 “农产品安全检测”课程基本信息

课程名称	农产品安全检测	开课部门	生物医药与健康系
适用专业	农产品加工与质量检测 (中高贯通)	课程类型	专业教育课
课程性质	必修	开设学期	第 7、8 学期
课程学分	6	课程学时	总学时:108 其中:理论 36,实践 72
前导课程	农产品质量检测	后续课程	专业技能综合实训、顶岗实习
编 写 人	陈晶	审 定 人	卢洪秀
课程设计依据	《2019 级农产品加工与质量检测(中高贯通)专业人才培养方案》		

二、课程简介

本着培养德才兼备的食品检验人才、保障广大人民群众“舌尖上的安全”的原则,“农产品安全检测”围绕立德树人的根本任务,以培养严谨规范、安全诚信、能从事食品农产品中有毒有害成分检测的食品安全卫士为目标,紧扣职业教育专业教学标准,依托“一库”(农产品与食品质量检测技术国家资源库)、“三平台”(“智慧职教”课程平台、仿真平台和实训平台)与信息化技术,采用理实一体、任务驱动等教学方法开展线上线下混合式教学,构建了“岗课赛证”融通、技能素养融合的培养体系,引导学生积极主动参与课堂教学。

三、课程性质与定位

(一) 课程性质

本课程是农产品加工与质量检测专业的专业核心课程,也是学生后续进行职业鉴定、专业技能综合实训和企业顶岗实习之前的职业能力储备课程,是为了满足农产品、食品质量检测岗位的任职要求以及各类农产品安全检测任务而开设的，在专业培养目标中有着重要的地位。

（二）课程定位

本课程重点介绍农产品中食品添加剂、农药残留、兽药残留、重金属残留等有毒有害物质定量分析的知识与技能。通过本课程的学习，学生会掌握分光光度法、蒸馏法等检测食品中添加剂含量的方法；能使用原子吸收光谱法、原子荧光光谱法检测金属元素含量；学生也能学会使用气相色谱、液相色谱等设备检测农产品中农药残留、兽药残留的技术和方法，培养规范检测、诚信报告、务实劳动等职业素养，达到从事农产品安全检测岗位所需的职业能力要求。本课程的功能定位分析如表 8-2 所示。

表 8-2 “农产品安全检测”课程功能定位分析

对接的工作岗位	职业素养	职业能力
农产品、食品质量检测	1. 严谨规范的工作态度 2. 诚信报告的质检品格 3. 安全环保的检验理念 4. 吃苦耐劳的职业认同感	1. 样品准备及处理能力 2. 样品检测能力 3. 结果记录与数据处理能力 4. 实验室安全管理及仪器设备维护

四、课程设计思路

（一）学情分析

本课程授课对象为农产品加工与质量检测（中高贯通）专业二年级学生，课前通过学习平台、虚拟仿真的数据统计，结合教师先前的授课经历，得到以下学情：

（1）职业素养：班级整体学习步调基本一致，但在学习主动性和实验参与度上有一定差距。少数同学认为检测员采样工作量大，样品测定强度高，职业认同感较低，导致实验不积极不主动，需加强劳动教育和职业荣誉感的培养；在分析设备的操作中，需强化规范意识和严谨态度，需通过系统思政来提升素养。

（2）知识和技能基础：学生能依据国标进行实验准备，但对检测步骤不能深入理解，且对食品中有毒有害成分的认识停留在初级层面。因此，在任务安排上，需强化相关背景知识的学习，引导学生探究式学习检测原理。

（3）认知和实践能力：学生具有一定开展农产品常规检测的能力，有快速检测基础，但对大型分析设备的使用与维护缺乏了解，且样品预处理能力有待提高，因此本课程教学需要通过虚实结合来操练技能。结合前导课程的教学反馈，学生在虚实结合的技能训练中，目标达成度更高，可见他们能很好地用虚拟仿真、交互动画等信息技术辅助学习。

（二）课程设计依据

本课程以农产品、食品质量检测岗位对知识与技能的需求为导向，以“1+X”粮农食品安全评价职业标准为依据，以农产品安全检测工作任务的完成及解决问题能力的提高为宗旨，秉承“学习的内容是工作，通过工作完成学习”的指导思想，与行业、企业密切合作，构建基于工作过程的项目化课程。

（三）具体设计思路

通过对农产品检测行业就业岗位进行调研，对关键的工作任务以及完成工作任务所需的职业能力进行分析，结合农产品安全检测工作内容和工作过程，合理把握其与其他相关课程间的联系和侧重点，选取典型工作项目构建课程体系。让学生掌握农产品安全检测任务的方案制定、检测实施、报告撰写等内容，将完成工作任务必需的相关理论知识构建于项目之中，学生在完成具体项目的过程中学会完成相应工作任务，训练职业能力，掌握相应的理论知识，为学习后续课程和从事相关工作夯实基础。

在教学内容的开发上，本课程融合了农产品食品检验员岗位以及职业技能大赛、职业资格鉴定相关的知识与技能要求，教学效果评价采取过程评价与结果评价相结合的方式，重点评价学生的职业能力。在课程思政的融入上，根据课程的特点与建设要求，把守护舌尖安全、保障人民群众生命健康的家国情怀与责任担当，劳动精神、劳模精神、工匠精神以及食品检验员的职业素养融入课程教学，进一步突显课程“育德”功能。在教学手段和方法的选择上，采用线上线下混合教学模式开展教学，利用农产品与食品检测技术教学资源库和实训平台、仿真平台、“职教云”平台实施教学过程，以企业真实工作过程为实验项目，根据检测任务设计教学过程。

五、 课程目标

（一）总体目标

本课程以立德树人为根本，采取文化涵养、榜样引领、素养浸润的方式，将思政元素与课程内容有机融合；以传统文化中的精髓激励学生探究本质、实践出真知，团队协作、合作共赢；以劳模为榜样，传承匠心匠艺；将素养渗透在教学的各个环节之中。通过对典型农产品中农药残留、兽药残留、重金属以及亚硝酸盐等有毒有害物质的定量检测，培养学生按照国家或行业标准，正确采样及样品前处理的能力；运用气相色谱、液相色谱法分析农产品中农药残留、兽药残留的能力；运用原子吸收、原子荧光检测农产品中重金属残留的能力；正确处理数据编写检测报告的能力。通过本课程的学习，学生能逐步具备根据具体检测任务制定检测方案、实施检测方案、编写检测报告的能力，以及对农产品质量安全的监督管理能力。

（二）具体目标

1. 素质目标

（1）培养守护舌尖安全，保障人民群众生命健康的家国情怀。

（2）形成诚信担当、客观公正、懂法守法的职业道德。

（3）养成规范使用、正确保养维护仪器设备的职业习惯。

（4）养成科学严谨、精益求精的工作态度。

(5) 培养爱岗敬业、吃苦耐劳、学以致用的工作作风，弘扬劳动精神和劳模精神。

(6) 培养科学创新和探索新分析方法的能力。

(7) 培养良好的团队协作精神。

2. 知识目标

(1) 明确农产品中常见农药、重金属以及农药残留、重金属残留的危害。

(2) 熟练掌握农产品样品采集的原则、方法，熟悉样品的缩分、制备、封存、保管。

(3) 能根据检测样品制定农产品检测方案；掌握气相色谱仪、液相色谱仪的工作原理和操作方法。

(4) 掌握原子吸收光谱仪、原子荧光光谱仪的检测原理和操作规范。

(5) 理解运用酶联免疫吸附法测定农产品中的兽药残留的原理和方法。

3. 能力目标

(1) 能正确解读国家或行业检测标准，根据检测任务选择检测方法并制定检测实施方案。

(2) 能根据检测任务熟练地对各种农产品样品进行采集和预处理。

(3) 能够正确根据检测指标选择合适的仪器进行检测。

(4) 能熟练运用气相色谱、液相色谱进行农药残留、兽药残留的定量检测。

(5) 能熟练运用原子吸收光谱法、原子荧光光谱法检测农产品中的重金属残留。

(6) 能熟练运用酶联免疫吸附法测定农产品中的兽药残留。

(7) 能够对检测结果进行准确判断。

(8) 能够正确处理检测数据，编写检测报告。

(9) 能够对检测过程中的突发事件进行及时有效的处理。

4. 证书目标

(1) “农产品质量安全检测员(三级)”，由上海市人力资源和社会保障局颁发。

(2) “‘1+X’粮农食品安全评价员(四级)”，由中农粮信(北京)技术服务有限公司颁发。

六、课程内容及结构

(一) 课程内容

对接农产品、食品检验岗位需求和课程目标，按照检测指标的类别，将教学内容重构为样品的采集、制备与预处理，食品添加剂检测，重金属含量检测，农药残留检测，兽药残留检测和其他有毒有害成分检测6个学习项目，每个学习项目均以企业真实检测任务为载体，分为若干个学习任务。本课程教学内容与学时分配如表8-3所示。

表 8-3 “农产品安全检测”课程内容与学时分配

<table>
<tr><th>序号</th><th>学习项目</th><th>学习任务</th><th>教学内容</th><th>思政元素及融入途径</th><th colspan="2">参考学时</th></tr>
<tr><td>1</td><td>样品的采集、制备与预处理</td><td>样品的采集、制备与预处理</td><td>1. 食品、农产品的样品采集
2. 样品的保存、制备与预处理
3. 检测基本知识</td><td>思政元素：
依规施检
融入途径：
严格按照食品检验程序和检验规范实施采样与检测，保证数据科学精准、检测结果准确可信、检验结论客观公正，培养遵纪守法、爱岗敬业的优秀食品检验工作者</td><td>6</td><td>6</td></tr>
<tr><td rowspan="3">2</td><td rowspan="3">食品添加剂检测</td><td>认识食品添加剂</td><td>1. 掌握食品添加剂的定义、种类，用途和使用
2. 了解食品添加剂常见的检测方法</td><td>思政元素：
家国情怀
融入途径：
通过食品添加剂与非法添加物的实例，以及国内外食品安全现状，展现中国食品工业的飞速发展，增强学生的民族自信心和自豪感，树立守护食品安全的家国情怀</td><td>4</td><td rowspan="3">22</td></tr>
<tr><td>防腐剂亚硝酸盐含量的测定</td><td>1. 掌握固体、液体样品的采集
2. 国标解读，掌握亚硝酸盐的检测原理
3. 掌握标准曲线的制备
4. 掌握紫外可见分光光度计的操作</td><td>思政元素：
职业责任
融入途径：
通过一系列亚硝酸盐引起的食物中毒案例，引出“食＝人＋良”，强化学生职业责任感</td><td>10</td></tr>
<tr><td>漂白剂 SO_2 含量的检测</td><td>1. 了解漂白剂的种类
2. 国标解读，掌握 SO_2 的检测原理
3. 掌握蒸馏装置的组装与操作</td><td>思政元素：
团队协作精神
融入途径：
以小组为单位完成蒸馏装置搭建</td><td>8</td></tr>
<tr><td rowspan="2">3</td><td rowspan="2">金属含量检测</td><td rowspan="2">认识原子吸收光谱法和原子吸收光谱仪</td><td rowspan="2">1. 了解重金属及其种类、危害
2. 了解农产品中重金属残留现状及常见检测方法
3. 理解原子吸收光谱仪的工作原理
4. 掌握原子吸收光谱仪的操作与简单维护</td><td>思政元素：
安全环保
融入途径：
通过“保护生态环境——土壤不能承受之‘重’”科普视频，引出绿水青山就是金山银山的安全环保理念</td><td rowspan="2">4</td><td rowspan="2">28</td></tr>
<tr><td>思政元素：
科技强国
融入途径：
通过国产原子吸收光谱仪的崛起和高端仪器设备被欧美仪器厂商垄断的现状，引导当代大学生担当青年责任，学好专业技能，朝着国家的需求方向努力</td></tr>
</table>

（续表）

序号	学习项目	学习任务	教学内容	思政元素及融入途径	参考学时	
3	金属含量检测	重金属铜的检测	1. 掌握干法消解的操作流程 2. 掌握倍比稀释配制元素系列标准液	思政元素： 规范操作 融入途径： 通过原子吸收光谱仪的规范操作示范以及实验室安全案例讲解，引出安全源于规范的理念，培养责任重于泰山意识	8	28
		重金属铅含量的检测	1. 掌握混合酸消解的操作流程 2. 理解重金属铅的检测原理 3. 掌握铅标准系列溶液的制备	思政元素： 严谨细致的工作态度 融入途径： 原吸仪工作时燃烧器高度的选择会影响吸光值的大小，细小的环节对测定结果影响巨大，细节决定成败，由此引导学生养成科学严谨、胆大心细的工作态度	6	
		认识原子荧光光谱法和原子荧光光谱仪	1. 理解原子荧光光谱仪的工作原理 2. 掌握原子荧光光谱仪的使用与简单维护	思政元素： 不忘初心 融入途径： 在讲解原子荧光光谱原理、仪器构造和操作方法时，将成功研发出我国第一台原子荧光光度计的郭小伟先生作为典型人物案例，将“不忘初心、牢记使命”思政元素融入教学过程中，结合党史教育，引导学生树立正确的政治理想和政治道德，培养对党和国家、社会主义事业忠诚可靠的建设者和接班人	4	
		重金属砷的测定	1. 掌握微波消解的操作程序 2. 理解重金属砷的检测原理 3. 掌握砷标准系列溶液的制备	思政元素： 辩证思维 融入途径： 砷作为一种类金属，化合价是判断砷毒性的依据之一，化合价不同时毒性差别很大。由此引出辩证思考演绎意识	6	
4	农药残留检测	认识农药及其残留检测	1. 农药及其种类、使用现状以及农产品中农药残留 2. 掌握超声提取、萃取等常见提取技术 3. 掌握氮气吹扫、固相微萃取、旋转蒸发等浓缩原理	思政元素： 食品安全意识 融入途径： 通过瑞典环境研究中心(IVL)的农残家庭测试实验引出农残的种类及其危害介绍，树立食品安全意识，培养以实际行动守护人民健康的职业责任感	2	26

（续表）

序号	学习项目	学习任务	教学内容	思政元素及融入途径	参考学时	
4	农药残留检测	认识气相色谱法	1. 理解气相色谱仪的工作原理，掌握其规范操作 2. 掌握气相色谱图谱分析和计算	思政元素： 追求真理的态度 融入途径： 在色谱原理的讲解中通过茨维特实验图引出色谱的发现，树立学生不忘初心、探究真理的态度	4	26
		有机磷类农药残留的筛查与定量分析	1. 掌握果蔬样品的采集方法 2. 能对果蔬样品中的有机磷类农药进行提取与浓缩 3. 理解氮吹仪的工作原理与使用方法	思政元素： 工匠精神 融入途径： 先通过08级优秀毕业生吴诗喻同学“以初心致匠心”的案例启发学生发现身边的先进典型，再通过上海市食品药品检验研究院工匠胡青的案例解析食品安全检测背后的匠心，培养工匠精神	10	
		有机氯和拟除虫菊酯类农药多残留的测定	1. 能对果蔬样品中的有机氯和拟除虫菊酯类农药进行提取与浓缩 2. 掌握固相萃取仪的工作原理与使用	思政元素： 安全种植的意识 融入途径： 以“了不起的中国粮”为切入点，讲述新中国成立以来，在党的领导下，中国粮食安全取得的伟大成就以及背后的人物、故事，阐释中国特色粮食安全道路的重要意义，引导青年学子正确认识和把握“粮食安全是‘国之大者’”的深刻内涵，努力为守护大国粮仓贡献青春力量	10	
5	兽药残留检测	认识兽药及其残留	1. 熟悉兽药及其种类、危害、兽药残留现状 2. 了解兽残检测方法	思政元素： 法治观念 融入途径： 通过3·15晚会“瘦肉精”事件，引出我国法律的权威，帮助学生正确认识与理解“法治”，引导学生树立学法、懂法、守法、用法的观念，培养法治意识，让学生自觉践行平等、公正、法治的社会主义核心价值观	4	18
		盐酸克伦特罗的检测	1. 了解瘦肉精的种类及检测方法 2. 理解酶联免疫法检测原理与操作流程	思政元素： 创新意识 融入途径： 通过介绍酶联免疫法，培养学生终身学习的理念	4	

（续表）

序号	学习项目	学习任务	教学内容	思政元素及融入途径	参考学时	
5	兽药残留检测	认识液相色谱法	1. 理解液相色谱仪的工作原理 2. 会液相色谱的基本操作与基本调试 3. 能正确进行液相色谱图谱分析和计算	思政元素： 职业责任感 融入途径： 动物养殖中抗生素的滥用是人们缺乏职业道德和责任意识的体现。以此为切入点，将"实施健康中国战略作为国家发展基本方略中的重要内容，人民健康是民族昌盛和国家富强的重要标志"这一重要思想贯穿于食品安全知识传授过程中，帮助学生认识到"关爱生命，健康生活"既是对自己负责，更是对家庭和社会负责；培养学生共创、共享安全、健康的食品环境的思想意识，主动肩负美丽中国建设者的使命，树立强烈的社会责任感和使命感	4	18
		氟喹诺酮类药物残留检测	1. 国标解读，方法解读 2. 能使用固相萃取进行样品的净化 3. 掌握检测流程，学会检测报告的撰写	思政元素： 牢记使命 融入途径： 通过药物检测工匠"实干筑梦——劳模工匠说"案例传递质检初心，让学生牢记食品安全检测人的使命，构筑健康新时代的职业情怀	6	
6	其他有毒有害成分测定	非法添加物三聚氰胺的测定	1. 三聚氰胺的性质、危害及相关法规标准知识 2. 乳制品样品的提取、净化等前处理方法 3. 图谱识别与结果分析	思政元素： 诚实守信 融入途径： 讨论三鹿、三聚氰胺奶粉事件发生的原因、产生的严重危害以及解决措施，提出诚信法则；课外收集著名企业家诚信做食品的正面案例，撰写心得体会	8	8

（二）实践环节

本课程对接"1＋X"粮农食品安全评价、农产品质量安全检测员职业技能的需求，本着工作任务即实训任务的设计原则，设置课程的实践教学内容，具体教学内容如表 8－4 所示。

表 8-4 “农产品安全检测”课程实践教学内容

序号	项目名称	实践教学内容	实践教学目标		参考学时	地点安排
			德育	技育		
1	红肠中的亚硝酸盐含量的测定	盐酸萘乙二胺法测定亚硝酸盐的含量	培养职业责任感	会液液萃取技术；会独立制备标准曲线；会操作紫外可见分光光度计	6	农产品检测中心
2	白糖及葡萄酒中的二氧化硫的检测	蒸馏法测定二氧化硫的含量	培养团队协作精神	会独立组装蒸馏装置；会蒸馏法测定；会准确滴定并正确判断滴定终点	6	农产品检测中心
3	重金属铜的测定	火焰原子吸收光谱法测定生活饮用水中的铜	培养安全源于规范、责任重于泰山的意识	掌握干法消解；会用倍比稀释配制系列标准液；会火焰原子吸收光度仪的基本操作	8	农产品检测中心
4	重金属铅的检测	石墨炉原子吸收光谱法测定茶饮料中的铅	培养科学严谨、胆大心细的工作态度	会混合酸消解技术；会配制消解液；会石墨炉原子吸收光度仪的基本操作	6	农产品检测中心
5	重金属砷的检测	原子荧光光谱法测定饼干中的砷	培养辩证思考演绎意识	会微波消解技术；会荧光光度仪的基本操作	8	农产品检测中心
6	有机磷类农药残留的筛查与定量分析	气相色谱法测定有机磷类农药残留	培养精益求精的工匠精神	会配制农药标准溶液；掌握气相色谱的原理、基本操作与调试；会使用氮气吹扫浓缩样品；会操作气相色谱仪	12	农产品检测中心
7	拟除虫菊酯类农药残留的检测	果蔬中有机氯和拟除虫菊酯类农药残留的测定	强化种植安全、节约试剂、环境保护的理念	会使用旋转蒸发仪进行样品的浓缩；会使用层析柱进行样品的净化；会使用气相色谱仪进行有机氯和拟除虫菊酯类农药残留的测定	6	农产品检测中心
8	盐酸克伦特罗的检测	ELISA 法快速测定猪肉中的盐酸克伦特罗	培养科学精神	掌握 ELISA 的检测原理；会使用酶标仪测定动物组织中的盐酸克伦特罗	4	农产品检测中心
		气相色谱法测定猪肉中的盐酸克伦特罗	培养终身学习的理念	会配制兽药标准溶液；会使用固相萃取法进行样品的净化；会使用气相色谱法测定盐酸克伦特罗	6	农产品检测中心
9	氟喹诺酮类药物残留检测	液相色谱法测定牛肉中氟喹诺酮类药物残留	不忘初心，牢记食检人的使命；培养职业情怀	熟练配制氟喹诺酮类药物的标准溶液；熟练使用固相萃取法进行样品的净化；熟练使用液相色谱法测定氟喹诺酮类药物残留	10	农产品检测中心
合计	—	—	—		72	—

七、课程考核

(一) 评价方式

根据本课程的教学特点，将所有实训项目纳入考核，构建以能力为本，“线上＋线下、过程＋结果、自评＋互评、能力＋素质、校内＋校外、定性＋定量”的发展性多元考核评价方式，从知识掌握度、过程参与度、技能熟练度、结果准确度、拓展有效度5个维度对项目进行考核。考核标准引入全国农产品质量安全检测技能大赛评价标准，考核评价的主体由课程组教师、技能大师和学生三方组成。具体考核指标和权重如下：项目评价60%，期末考试40%。

(二) 考核要求

1. 项目评价

本课程的项目评价维度及评分标准如表8-5所示。

表8-5 “农产品安全检测”课程项目评价维度及评分标准

<table>
<tr><th>类别</th><th>评价维度(比重)</th><th>评价内容</th><th>评价主体</th></tr>
<tr><td rowspan="2">课前</td><td rowspan="2">知识掌握度(15%)</td><td>学习平台发布的资源学习率
测试题得分</td><td>学习平台</td></tr>
<tr><td>方案规范，完整度
汇报表现</td><td>教师、学生</td></tr>
<tr><td rowspan="10">课中</td><td rowspan="3">过程参与度(25%)</td><td>初测记录
诊断记录
仿真成绩</td><td>教师
仿真平台</td></tr>
<tr><td>任务贡献度
组员配合度</td><td>学生</td></tr>
<tr><td>安全防护
台面管理
劳动态度、参与度</td><td>教师、学生</td></tr>
<tr><td>技能熟练度(15%)</td><td>操作规范度
练习次数
操作用时</td><td>教师、学生、在岗毕业生</td></tr>
<tr><td rowspan="6">结果准确度(30%)</td><td>报告规范性</td><td rowspan="6">教师、技能大师</td></tr>
<tr><td>结果运算及有效数字取舍正确</td></tr>
<tr><td>准确度</td></tr>
<tr><td>精密度</td></tr>
<tr><td>结论正确</td></tr>
<tr><td>交流反思深度、亮点</td></tr>
</table>

（续表）

类别	评价维度（比重）	评价内容	评价主体
课后	拓展有效度（15%）	课后练习得分	学习平台
		拓展实践次数 实践参与度、贡献度	教师、学生
		综合素养	
		拓展好评度	社会
附加分	成长奖励	进步之星、社会实践星、共建课堂奖、突破自我奖	教师、学生
	技能大赛	获奖	承办机构

2. 期末考试

期末考试以机考的形式进行。

（三）其他说明

（1）获得“‘1+X’粮农食品安全评价（高级）证书”者可申请学分互换，课程成绩评定参照教务处有关文件规定进行。

（2）特定单项任务达标技能大赛标准者，可免试进入技能大赛集训队。大赛获奖按照国赛3分、市赛2分、校赛1分的标准计入总评分（最高总评分不超过100）。

（3）在单项任务中表现突出、进步大，对课程有特殊贡献的同学可获得奖励印章，单次奖励按照期末总评加2分计（最高总评分不超过100）。

八、实施保障

（一）教学团队

本课程教师专业背景与能力要求如表8-6所示。

表8-6 “农产品安全检测”课程教师专业背景与能力要求

课程团队		教师师风师德、专业背景与能力要求
课程负责人		有理想信念、有道德情操、有扎实学识、有仁爱之心的四有好老师；具备“双师”素质，拥有3年以上食品分析、食品检测相关方向的教学与工作经验
课程教学团队	专任教师	3年以上授课经历，具备“双师”素质，具备行业企业顶岗实习经历
	兼职教师	拥有育人意识，具备农产品检测、化学分析工作经验

（二）实践教学条件

校内实践条件要求：课程教学安排在农产品检测中心，包括教—学—做一体化实训室、虚拟仿真实训室、前处理室、气相色谱室、液相色谱仪、原子吸收光谱室、原子荧光光谱室、分光光度计室等，利用信息化教学资源辅助，开展线上线下混合教学，学生边学边做。

配套实验设备涉及水浴锅、离心机、粉碎机、采样器、高效液相色谱仪、气相色谱仪、原子吸收光谱仪、原子荧光光谱仪、紫外-可见分光光度计、酶标仪、氮吹仪、固相萃取仪等设备的使用。

本课程校内主要实训室如表 8－7 所示。

表 8－7 "农产品安全检测"课程校内主要实训室

序号	实训室名称	主要实训项目	主要仪器设备
1	前处理室	食品添加剂检测 金属含量检测 农药残留检测 兽药残留检测	电热鼓风干燥箱、分析天平、干燥器
2	气相色谱室	农药残留检测	气质联用仪、气相色谱仪、氮吹仪
3	液相色谱室	兽药残留检测	液相色谱仪
4	原子吸收光谱室	金属含量检测	火焰、石墨炉原子吸收光谱仪
5	原子荧光光谱室	金属含量检测	原子荧光光谱仪
6	分光光度计室	食品添加剂检测	紫外-可见分光光度计
7	一体化实训室	食品添加剂检测 金属含量检测 农药残留检测 兽药残留检测	铁架台、水浴锅、涡旋振荡器、组织破碎机、漏斗架、固相萃取仪、玻璃器皿等
8	虚拟仿真实训室	农药残留检测 兽药残留检测 金属含量检测	仪器分析虚拟仿真平台
备注	实训期间以工作任务为单位，按照学号顺序实行管理员轮值制，下设"设备管理员"和"耗材管理员"各 1 名，协助实训教师组织与开展教学活动；每次实训均践行"工完场清"，在专业课程教学中融合劳动教育和职业素养培养		

校外实践条件要求：能满足 30 个工位的学习需求，有稳定的企业兼职教师。根据教学需要，组织学生到上海德诺检测有限公司、上海浦公检测有限公司、上海市兽药饲料检测所等地学习。

本课程校外主要实训基地如表 8－8 所示。

表 8－8 "农产品安全检测"课程校外主要实训基地

序号	实训基地	依托单位	实训任务
1	上海农林职业技术学院校外实训基地	上海源豪检测技术有限公司	盐酸萘乙二胺法测定亚硝酸盐的含量
2	上海农林职业技术学院校外实训基地	广检检测技术（上海）有限公司	蒸馏法测定二氧化硫的含量

（续表）

序号	实训基地	依托单位	实训任务
3	上海农林职业技术学院校外实训基地	松江农业服务中心	有机磷类农药残留的筛查与定量分析
4	上海农林职业技术学院校外实训基地	上海市兽药饲料检测所	氟喹诺酮类药物残留检测 盐酸克伦特罗的检测
5	上海农林职业技术学院校外实训基地	上海德诺产品检测有限公司	有机氯和拟除虫菊酯类农药残留的测定
6	上海农林职业技术学院校外实训基地	普研（上海）标准技术服务有限公司	标准溶液的制备
7	上海农林职业技术学院校外实训基地	上海安谱实验科技股份有限公司	标准溶液的制备
备注	校外实训期间渗入企业文化的学习、组织纪律、岗位素质提升等内容		

（三）教材及参考资料

（1）推荐教材：陈晶主编，中国农业大学出版社2020年出版的《农产品安全检测技术》。

（2）参考资料：①本课程自编的《农产品安全检测工作过程记录手册》；②刘志宏、蒋永衡主编，中国农业大学出版社2018年出版的《农产品质量检测技术》；③句荣辉主编，中国农业大学出版社2015年出版的《农产品安全检测》；④王燕主编，中国轻工业出版社2018出版的《食品检验技术（理化部分）》；⑤吴广枫主编，化学工业出版社2007年出版的《农产品质量安全及其检测技术》；⑥《“1＋X”粮农食品安全评价职业技能培训教学大纲》；⑦《全国农产品质量安全检测职业技能大赛参赛赛项指南》；⑧《全国食品工业行指委食品营养与检测职业技能大赛参赛赛项指南》。

（四）思想政治资源

（1）国家教学资源库“农产品与食品质量检测技术教学资源库”。

（2）“职教云”平台：“智慧职教”学习平台上的本课程信息化教学资源，包括基本教学文件和资料、多媒体课件、多媒体素材、课程资源包等。

（3）仿真平台：虚拟仿真实训系统，主要包括火焰/石墨炉原子吸收光谱仪、原子荧光光谱仪、液相色谱仪、气相色谱仪、气质联用仪、农药残留的快速测定、重金属的快速测定、亚硝酸盐的快速测定。

（4）实训平台：农产品检测中心实训室。

“农产品检测”课程思政资源如表8－9所示。

表 8-9 “农产品安全检测”课程思政资源一览

序号	学习任务	课程思政资源名称	来源
1	认识农产品检验员	职业认同——认识农产品检验员	课程思政资源包
2	样品的采集、制备与预处理	实干筑梦——劳模工匠说	劳动报
3	食品添加剂测定	匠心守护“舌尖安全”——身边的大国工匠	中工网
4	分光光度法测定亚硝酸盐含量	食品检验有匠心——《上海工匠》	东方卫视中心公益媒体群与上海市总工会联合拍摄
5	认识原子吸收光谱仪	科技强国——国产原子吸收光谱仪的崛起	课程思政资源包
6	农产品重金属污染	保护生态环境——土壤不能承受之“重”	中国地质调查局
7	食品中的农药的种类及危害	树立食品安全意识，以实际行动守护人民健康	课程思政资源包
8	气相色谱法测定有机磷类农药残留	毕业生案例分享	2018 级毕业生吴诗喻
9	气相色谱法测定有机磷类农药残留	以初心致匠心——氮吹仪的使用	课程思政资源包
10	有机氯和拟除虫菊酯类农药残留的测定	了不起的中国粮——安全种植	课程思政资源包
11	仿真实训	实验室安全无小事	学院思政微课

农产品市场营销

一、课程信息

“农产品市场营销”课程基本信息如表 9－1 所示。

表 9－1 “农产品市场营销”课程基本信息

课程名称	农产品市场营销	开课部门	经济管理系
适用专业	现代农业经济管理	课程类型	专业教育课
课程性质	必修	开设学期	第 4 学期
课程学分	4	课程学时	总学时:72 其中:理论 36,实践 36
前导课程	农业经济学、农业电子商务	后续课程	岗位实习
编 写 人	王海丽	审 定 人	高萍
课程设计依据	《2021 级现代农业经济管理专业人才培养方案》		

二、课程简介

“农产品市场营销”课程主要包括认识农产品市场营销、农产品市场调查与分析、农产品市场细分与定位和农产品市场营销策划四大模块教学内容，本课程以培养厚植爱国爱农情怀的乡村振兴营销人才为目标，以农产品营销岗位群的工作需要为基础，以农产品营销的实践技能知识掌握为主线，以模块化课程教学为主体，突出实践能力的应用。通过理论学习和实战营销相结合，引导学生掌握农产品营销的基本原理、农产品市场调查与分析、农产品市场细分与定位和农产品营销策略分析等内容。

三、课程性质与定位

(一) 课程性质

“农产品市场营销”课程是现代农业经济管理专业的一门专业核心课程。

(二) 课程定位

“农产品市场营销”课程以农产品营销岗位群的工作需要为基础，以农产品营销的实践技能和知识掌握为主线，以模块化课程教学为主体，突出实践能力的应用，对于学生农产品营销能力的培养起到核心支撑作用。

本课程的前导课程是“农业经济学”“农业电子商务”等，相关平行课程是“农业企业经营管理”“农产品仓储与配送”等，后续课程主要是综合性的顶岗实习和毕业实习。本课程以培养厚植爱国爱农情怀的乡村振兴营销人才为思政目标，努力培养适合在现代农业经济管理第一线从事产前策划、产后营销工作的知识型、发展型技术技能人才。

本课程功能定位分析如表 9－2 所示。

表 9－2 “农产品市场营销”课程功能定位分析

对接的工作岗位	职业素养	职业能力
市场调研	1. 敏锐的信息意识 2. 吃苦耐劳、踏实肯干的工作态度	1. 市场调研 2. 市场分析
农产品营销策划	1. 敏锐的市场意识 2. 勤于思考、善于动手、勇于创新的职业精神	1. 农产品市场细分与定位 2. 农产品市场营销策划与推广
农产品门店销售	1. 良好的沟通技巧 2. 较强的服务意识	1. 农产品推销 2. 客户服务

四、课程设计思路

（一）学情分析

本课程授课对象为高职现代农业经济管理专业二年级学生，他们熟悉移动互联网，乐于尝试数字化营销手段。

知识基础：已具有“农业经济学”“农业电子商务”等前导课程学习基础，对市场、市场营销等内容具有初步认知。

能力基础：班级里过半数的学生来自农村，40％的同学有过销售或推广产品的经历，80％的同学看好农业行业未来发展前景。学生已经初步建立起关于市场营销的感性认识，但离准确把握市场营销的内涵还有一定距离，同时对未来投身“三农”行业还比较犹豫。

（二）课程设计依据

本课程按照“以能力为本位，以就业为导向”的职业教育方针，本着“诚信经商、不卖假货”的职业原则，围绕现代农业经济管理专业的培养目标，结合农产品营销岗位的需求，确定相关职业能力的培养。按照项目法教学、任务驱动，依托师生共同运营的乐实农业公司真实的营商环境，结合市场营销工作过程的各项任务，重新整合课程内容，提升学生进入社会就业的竞争力。

（三）具体设计思路

本课程基于农产品营销工作的过程和营销业务员的工作需要，从认识市场、市场调研、市场分析和市场策划四大工作内容出发，设置四大模块化课程教学内容（见图 9－1），包括认识农产品市场营销、农产品市场调查与分析、农产品市场细分与定位、农产品市场营销策划。本课程的实践教学占比为50%，内容包括随课进行的案例教学、校外实训基地实训、师生共同运营的乐实公司实战实训和农产品营销综合实训室模拟实训。

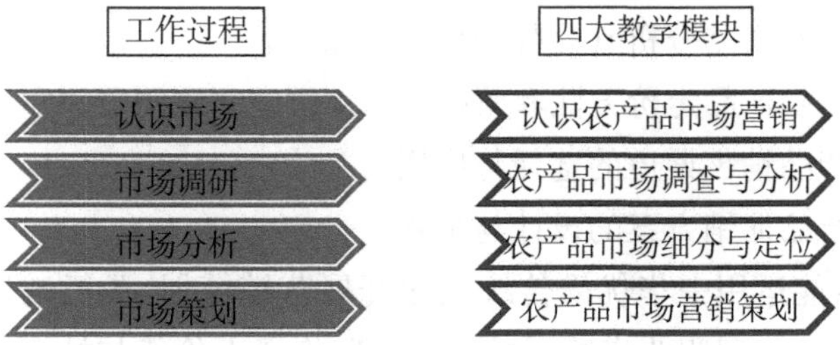

图9-1 农产品市场营销课程模块设计

本课程注重"农"与"营销"的交叉融合，基于时代背景，聚焦爱国情怀与文化自信、营销伦理与职业道德、个人价值与社会责任等3类思政元素，开发课程思政配套资源；基于高职农林院校学生的具体特点，在课程思政教学实施中采取本土案例教学、实战项目驱动和双创比赛引领等3种策略；围绕德智体美劳五育并举，具体通过课堂表现评价、项目实施评价、项目结果评价、期末综合评价等4种方法进行课程思政育人效果评价。

五、课程目标

（一）总体目标

本课程以培养厚植爱国爱农、乡村振兴情怀的营销人才为目标，以农产品营销岗位群的工作需要为基础，突出营销实践能力的应用，使学生能够开展农产品市场调查与分析、进行农产品市场细分与定位，并进行农产品营销策划和营销场景设计等。

（二）具体目标

1. 素质目标

通过理论学习和实战营销实训，引导学生关心我国"三农"发展，聚焦爱国情怀与文化自信、营销伦理与职业道德、个人价值与社会责任，培养学生的爱国爱农情怀，努力弘扬"尚农乐耕、生生不息"的校园文化精神，鼓励学生开展创新实践，初步孕育创业的萌芽，培养学生不屈不挠的奋斗精神。

2. 知识目标

要求学生理解市场营销的内涵，熟悉农产品营销观念，掌握农产品市场环境分析方法，了解市场调查的方法与步骤，熟悉消费者的农产品购买行为，理解农产品市场细分与定位，掌握包括农产品的品牌与包装策略、定价策略、渠道策略和促销策略在内的4P策略等知识。

3. 能力目标

培养学生具备以下几种能力:

(1) 能运用合适的方法开展市场调查并撰写调查报告。

(2) 会结合具体农产品进行市场细分与定位。

(3) 能结合具体农产品分析其品牌和包装策略。

(4) 会熟练运用农产品定价方法和策略。

(5) 会进行农产品销售渠道的选择与应用。

(6) 能进行农产品促销方案的设计与策划。

思政教学目标:能运用中华优秀传统文化开展营销策划,践行诚信、法制等社会主义核心价值观,遵循营销伦理职业道德,关注"三农",将个人价值与社会责任相结合,运用营销知识和技能为家乡农产品进行营销推广,助力各地乡村振兴。

4. 证书目标

"互联网营销师中级证书",由中国轻工业联合会颁发。

六、 课程内容及结构

(一) 课程内容

本课程基于农产品营销工作组织和营销业务员的工作需要设置安排,从认识市场、市场调研、市场分析、市场策划和销售实施5个方面出发,设置五大模块课程教学内容,包括认识农产品市场营销、农产品市场调查与分析、农产品市场细分与定位、农产品市场营销策划和农产品营销场景设计。本课程教学内容与学时分配如表9-3所示。

表9-3 "农产品市场营销"课程内容与学时分配

学习项目			教学内容	学时	思政元素及融入途径	理论学时	实践学时
名称		任务					
项目1	认识农产品市场营销	认识市场营销	1. 市场营销的内涵 2. 农产品营销概述	4	思政元素:市场意识 融入途径:通过褚橙案例,增强学生对营销助力农业发展的认识	2	2
		树立现代市场营销观念	1. 农产品营销理念的演变 2. 农产品营销理念的新发展	6	思政元素:诚实守信 融入途径:通过海底捞案例,引导学生诚实守信,深化对现代市场营销理念的认识	4	2
		农产品营销环境分析	1. 营销环境概述 2. 农产品宏观环境分析 3. 农产品微观环境分析 4. 营销环境分析方法	6	思政元素:遵守国家政策法规 融入途径:通过新东方转型进入农产品直播带货的新闻,增强学生对国家政策法规的重视程度	2	4

（续表）

学习项目			教学内容	学时	思政元素及融入途径	理论学时	实践学时
名称		任务					
项目2	农产品市场调查与分析	制定市场调研方案	1. 市场调查方案的含义和内容 2. 市场调查方案的评价	4	思政元素：全局思维 融入途径：通过对具体农产品调查方案的实例分析，增强学生对方案制定的全局考虑	2	2
项目2	农产品市场调查与分析	实施市场调查方案	1. 市场调查方法 2. 调查问卷设计 3. 组织实施调查	8	思政元素：实事求是 融入途径：通过对往届学生农产品调查问卷的实例分析，引导学生根据实际情况设计问卷并开展调研	4	4
项目2	农产品市场调查与分析	撰写调查报告	1. 整理调查资料 2. 分析调查资料 3. 撰写调查报告	4	思政元素：严谨规范 融入途径：通过对具体农产品调查报告的实例分析，引导学生理解报告格式的规范性	2	2
项目3	农产品市场细分与定位	农产品购买行为分析	1. 农产品消费心理分析 2. 农产品购买行为与决策	6	思政元素：洞悉需求 融入途径：通过对老乡鸡的案例分析，增强学生对消费者需求的分析和认识	4	2
项目3	农产品市场细分与定位	农产品市场细分与选择	1. 农产品市场细分 2. 农产品目标市场选择	6	思政元素：脚踏实地 融入途径：通过对龙米家案例的分析，引导学生结合消费需求进行市场细分与选择	2	4
项目3	农产品市场细分与定位	农产品市场定位	1. 市场定位的含义和方法 2. 农产品市场定位策略	4	思政元素：创新思维 融入途径：通过对王老吉定位的案例分析，激发学生的创新思维	2	2
项目4	农产品市场营销策划	农产品品牌与包装策略	1. 产品生命周期 2. 农产品品牌策略 3. 农产品包装策略	6	思政元素：品牌意识 融入途径：通过对羊绒品牌Sandriver的案例分析，增强学生对工匠精神的认识，激发打造国货品牌的意识	4	2
项目4	农产品市场营销策划	农产品定价策略	1. 农产品定价的影响因素 2. 农产品定价的方法和策略 3. 农产品价格调整策略	4	思政元素：质价相符 融入途径：通过对百果园不同品质的水果产品价格分级体系的案例分析，引导学生对定价影响因素的理解，加深对合理定价的认识	2	2
项目4	农产品市场营销策划	农产品渠道策略	1. 农产品渠道策略概述 2. 农产品渠道设计与应用	4	思政元素：开拓意识 融入途径：通过对董宇辉直播带货的案例分析，激发学生的市场开拓意识，增强对知识和文化学习积累的重要性的认识	2	2

（续表）

学习项目			教学内容	学时	思政元素及融入途径	理论学时	实践学时
名称		任务					
项目4	农产品市场营销策划	农产品促销策略	1. 促销策略概述 2. 农产品促销方式	6	思政元素：知农助农 融入途径：通过大学生直播带货秭归滞销农产品的新闻报道，引导学生为各地家乡农产品营销推广助力	2	4
		主要农产品的营销策略	1. 谷物营销 2. 果蔬营销 3. 肉类产品营销	4	思政元素：融入创意 融入途径：通过前小桔创意农场案例分析，培养学生运用营销知识发展现代农业的意识	2	2
合计			—	72	—	36	36

（二）教学组织

本课程遵循项目化教学的思路，运用“以项目为主线、教师为主导、学生为主体”的教学模式，采取案例教学法、任务驱动法、情景模拟法、分组讨论法等多种教学方法，基于该课程实践性较强的特点，依托农经系师生共同运营的乐实农产品销售公司的平台，助力地方“三农”，引入企业真实的工作任务，先后开发了“乐实水果现场销售”“我为家乡代言——农产品推销大赛”“乐实农企实战策划”等实训项目，让学生以员工的身份参与公司的运营，通过实战营销的手段开展销售竞赛，切实锻炼学生的营销技能，激发学生的学习兴趣，提高课程教学效果。

（1）案例教学法：在理论知识讲解中，结合农产品营销实践中的典型案例和最新发展动态展开分析，提高学生学习兴趣，深化学生的理解和掌握。

（2）任务驱动法：围绕“乐实水果现场销售”“乐实农企实战策划”等实训项目，让学生分组以实战营销竞赛的方式开展实训，引导学生运用理论联系实践，锻炼学生的团队合作能力，提升其实践营销技能。

（3）情景模拟法：课堂上结合理论知识的讲解，让学生扮演不同消费角色，开展模拟推销，为实战销售做准备。

（4）分组法讨论：课堂案例分析，鼓励学生展开讨论，课下实训采取组长负责制，分解、分配和协调实训工作任务，培养学生分析问题和解决问题的能力。

（三）实践环节

本课程的设计以营销工作岗位的要求为基础，围绕农产品营销工作岗位必须掌握的技能（市场调查与分析能力、农产品市场细分与定位能力、农产品定价方法应用能力、农产品渠道选择能力、农产品营销策划能力和农产品购物场景设计能力等）展开。课程采用“理论与实践融为一体”的方法组织教学，改变理论与实践相脱节的模式。基于该课程实践性较强的特点，依托农经系师生共同运营的乐实农产品销售公司的平台，选取企业真实的工作任务，开展“我为家乡代言——农产品推销大赛”“乐实水果现场销售”“乐实农企实战策划”等实训项目，让学生以员工的身份参与公司的运营，通过实战营销的手段开展销售竞赛，切实培养学生的营销技能，提高学生的学习兴趣和学习效果。“农产品市场营销”课程实践教学内容如表 9-4 所示。

表 9-4 “农产品市场营销”实践教学内容

序号	实践项目名称	实践教学内容	课程实践教学目标		参考学时	地点安排
			德育	技育		
1	我为家乡代言——农产品推销大赛	选择家乡具有代表性的农产品进行方案策划和现场推销	激发学生的爱农助农意识，鼓励学生积极为家乡农产品代言	围绕消费者需求进行具体产品的现场推销，锻炼沟通表达能力	8	校内实训室
2	市场商情调研	设计调查方案，收集市场调查资料，撰写调查报告	脚踏实地结合实际情况设计调查方案并开展市场调研	进行调查方案的设计，能用正确的方法收集资料，会写出具有一定质量的调研报告。	8	校外
3	乐实农企实战策划	结合具体农产品开展市场调研和分析，制定相应的营销策划方案，运用各种营销手段进行现场销售与推广	让学生将营销知识运用于实践，树立现代市场营销理念	根据要求设计营销策划方案，能分析和运用各种促销手段，培养学生“以客户为中心”的意识	12	校外/乐实公司
4	模拟公司营销运营	借助“营销之道”软件分组建立公司，模拟经营，开展竞争	激发学生的市场意识，培养团队合作精神	运用市场营销的理论知识指导公司运营，展开小组竞争，并积极参加相关营销竞赛	8	校内实训室
合计	—	—	—	—	36	—

七、课程考核

（一）评价方式

本课程采用多元评价方式，包括知识考评、项目考评、报告考评等，注重过程性评价；针对实训项目，采用企业评价、教师评价和学生互评、自评相结合的方式。

（二）考核要求

本课程考核评价体系由 3 个部分组成：

（1）平时表现占 30%，即线上学习成绩＝考勤 20%＋课堂互动 30%＋课程资源学习 20%＋章节作业 30%。

平时成绩考核表如表 9-5 所示。

表 9－5 “农产品市场营销”课程平时成绩考核

项目	指标	权重	考核方式
平时成绩（按 30%折算）	课堂考勤	20%	按照次数累计，全勤为满分，每迟到一次，扣 5 分，旷课一次扣 10 分
	线上课程资源学习进度	20%	所有资源学习进度完成算满分，不到则按比例给分，系统自动记录
	课堂互动	30%	参与投票、问答、讨论、课堂练习等，每次 5 分，系统自动记录
	作业	30%	每次作业按时完成，按照所有作业的均分计算

（2）实训作业占 50%（4 个实训项目加权平均：“乐实农企实战策划”实训项目占 40%，其余 3 个实训项目各占 20%）。

其中，以“我为家乡代言——农产品推销大赛”实训项目为例，项目成绩中教师评定成绩与同学互评成绩的平均分各占 50%，教师和全班同学根据每位同学现场推销汇报情况进行打分，具体评分细则如表 9－6 所示。

表 9－6 “我为家乡代言”实训考核评分细则

评分要点	评分参考	具体要求
产品介绍（40 分）	优秀 31～40 分	产品介绍全面，卖点提炼准确、有针对性，能引起消费者的注意和兴趣
	良好 20～30 分	
	一般 1～19 分	
营销技巧（30 分）	优秀 21～30 分	善于引导现场观众，能运用营销知识和技能进行产品现场推销，有感染力，能打动消费者
	良好 10～20 分	
	一般 1～9 分	
表达能力（20 分）	优秀 15～20 分	仪态大方，语言表述清晰流畅，全程脱稿，表现有亲和力，能很好体现主题
	良好 10～14 分	
	一般 0～9 分	
问题回答（10 分）	优秀 8～10 分	对于评委提出的疑问，给出较好解答
	良好 5～7 分	
	一般 1～4 分	

“乐实农企实战策划”实训项目的考核共由 4 部分组成（见图 9－2），包括各组的实战销售业绩、营销策划方案、小组演讲汇报情况及团队合作，即小组项目成绩＝每组销售业绩×30%＋产品营销策划方案设计×30%＋小组汇报答辩×30%＋团队合作×10%。其

中，小组汇报答辩成绩的评定，由教师评定（权重为 50%）、小组互评（权重为 40%）和小组自评（权重为 10%）组成，即小组 PPT 演讲汇报成绩＝教师评定成绩×50%＋各组互评成绩×40%＋自评成绩×10%。

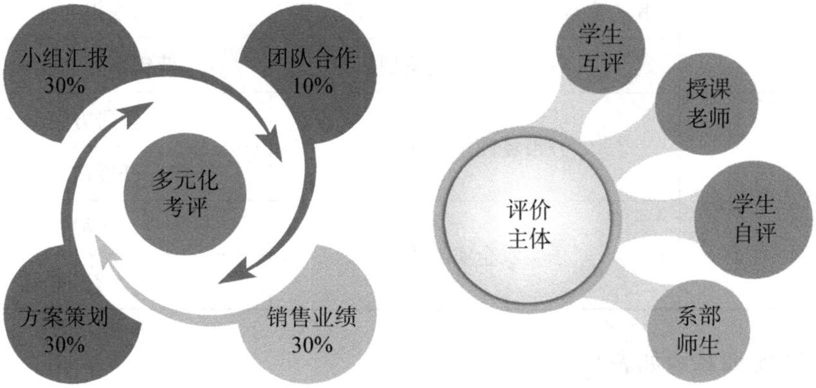

图 9-2 “乐实农企实战策划”实训项目评价图

另外，考虑到在项目完成过程中，每位组员的贡献大小不一，所以组员的个人最终成绩评定由小组成绩（权重为 50%）、组内成员互评（权重为 40%）和个人自评（权重为 10%）组成。

(3) 期末考试成绩占 20%（笔试，闭卷）。

八、实施保障

（一）教学团队

本课程教师专业背景与能力要求如表 9-7 所示。

表 9-7 “农产品市场营销”课程教师专业背景与能力要求

课程团队		教师师风师德、专业背景与能力要求
课程负责人		具备“有理想信念、有道德情操、有扎实学识、有仁爱之心”的“四有”好老师素养，具有育人意识；具备“农产品市场营销”开发与建设能力
课程教学团队	专任教师	具备“四有”好老师素养，具有育人意识；具有较强的市场营销类课程教学经验
	兼职教师	有教育情怀，关爱学生，具有育人意识；具有丰富的行业营销实践经验

（二）实践教学条件

校内主要实训室如表 9-8 所述。

表 9-8 “农产品市场营销”课程校内主要实训室

序号	实训室名称	主要实训项目	实训任务
1	农产品营销实训室	模拟公司运营	运用“营销之道”软件进行实训比赛
		我为家乡代言——农产品推销大赛	情景模拟与推销实训
		乐实农企实战策划	营销策划与实训汇报
2	乐实农业公司	市场商情调研	调研方案制定
			开展市场调研
		乐实农企实战策划	实战销售
			营销策划

校外主要实训基地如表 9-9 所示。

表 9-9 “农产品市场营销”课程校外主要实训基地

序号	实训基地	依托单位	项目	实训任务
1	上海农林职业技术学院新媒体营销实训基地	天下秀教育科技有限公司	乐实农企实战策划	直播与短视频推广
			市场商情调研	电商数据采集与分析
2	上海农林职业技术学院农产品营销实训基地	上海会兴农副产品合作社	乐实农企实战策划	农产品实战销售与推广
			市场商情调研	产品市场调研
3	上海农林职业技术学院农产品营销实训基地	上海仓桥水晶梨合作社	乐实农企实战策划	农产品销售与推广
			市场商情调研	产品市场调研

(三) 教材及参考资料

(1) 使用教材:陈国胜主编,清华大学出版社 2020 年出版的《农产品营销》(“十三五”职业教育国家规划教材修订版)。

(2) 参考资料:林依倔、雷风燕主编,西南交通大学出版社 2018 年出版的《农产品营销》(高职高专“十三五”规划教材);菲利普·科特勒、凯文·莱恩·凯勒著,何佳讯、于洪彦翻译,格致出版社 2016 年出版的《营销管理》。

(四) 课程思政资源

信息化资源包括:自主拍摄的 12 集乐实系列创业微课(见图 9-3)、思政案例库、实训视频微课以及建设的其他市级精品课程系列资源,详见本课程“学银在线”平台,网址为 https://www.xueyinonline.com/detail/222655961。

图 9-3 精品课程网站“乐实创业系列微课”

“农产品市场营销”课程思政资源如表 9-10 所示。

表 9-10 “农产品市场营销”课程思政资源一览

序号	学习任务	课程思政资源名称	来源
1	认识市场营销	褚橙:人生虽有起落,精神终可传承	学校自主拍摄
2	树立现代市场营销观念	海底捞,凭什么?	学校自主拍摄
3	农产品营销环境分析	在北纬 38.5 度,种葡萄补贺兰山缺	学校自主拍摄
4	农产品市场定位	移动互联网时代,看“农夫”如何跨界营销	学校自主拍摄
5	农产品品牌与包装策略	艺术化羊绒品牌 Sandriver——匠心品牌,中国制造	学校自主拍摄
6	农产品渠道策略	直播带货董宇辉,凭什么火爆全网?	学校自主拍摄
7	主要农产品的营销策略	一个小橘子引发的大产业	学校自主拍摄

物联网工程设计与实施

一、课程信息

“物联网工程设计与实施”课程基本信息如表 10－1 所示。

表 10－1 “物联网工程设计与实施”课程基本信息

课程名称	物联网工程设计与实施	开课部门	智慧农业工程系
适用专业	物联网应用技术	课程类型	专业核心课
课程性质	必修	开设学期	第 4 学期
课程学分	4 学分	课程学时	总学时:72 其中:理论 30,实践 42
前导课程	传感器检测技术、嵌入式开发及应用、单片机技术、物联网概论	后续课程	毕业设计、专业综合实训、职业认证指导
编 写 人	赵文旻	审 定 人	王妍
课程设计依据	《2020 级物联网应用技术专业人才培养方案》		

二、课程简介

“物联网工程设计与实施”主要介绍物联网工程的设计要求、设计方法、工程实施过程及要求。本课程通过智能家居系统的设计与实施、物联网智能家居硬件产品的开发与设计等项目,使学生熟悉物联网工程系统设计的相关知识,掌握物联网工程设计方法与实施流程,能够综合运用所学软硬件知识进行物联网工程系统的分析、设计、开发和实施。

三、课程性质与定位

(一) 课程性质

“物联网工程设计与实施”是物联网应用技术专业的专业核心课程。

(二) 课程定位

本课程与前导课程“传感器检测技术”“嵌入式开发及应用”“单片机技术”“物联网概论”等相衔接,学完此课程后即可开始毕业设计和实习。本课程为上海市都市农业现代化建设培养具备可持续发展能力的高素质技术技能人才。课程功能定位分析如表 10－2

所示。

表 10－2 “物联网工程设计与实施”课程功能定位分析

对接的工作岗位	职业素养	职业能力
物联网系统集成工程师	热爱物联网专业 做事讲究效率、方法 吃苦耐劳 有创造性思维 爱岗敬业	组织和实施物联网组网的能力 安装与部署物联网软硬件产品的能力 沟通和协调能力及其他相关能力
物联网系统运维工程师	逻辑思维能力强 爱岗敬业、认真负责 积极主动、执行力强 探索发展创新精神	发现问题、定位故障、解决问题的能力 操作系统、数据库系统的备份和恢复能力 安装与部署物联网软硬件产品的能力 通过现象描述分析问题能力 沟通协调能力

四、 课程设计思路

(一) 学情分析

本课程授课对象为物联网二年级学生，该年级学生对本课程所要求的前导知识有一定基础，但是对知识的掌握程度存在差异性，部分学生对知识的掌握需要进一步加强。

通过对前导课程的学习，学生已基本掌握传感器的应用能力、嵌入式系统的基本开发能力，但是在传感器、嵌入式等在具体场景中的应用和开发方面的能力需进一步加强。

学生遵守职业操作规范，具有基本职业素养，但是探究精神、创新精神、精益求精的工匠精神、对客户产品负责的敬业精神需要进一步加强。

(二) 具体设计思路

本课程以培养学生的能力和专业素养为目标，以工作任务为逻辑主线，将完成工作任务必需的相关理论知识构建于项目之中，使学生在完成具体项目的过程中完成相应工作任务，锻炼职业能力，掌握相应的理论知识，同时将探究精神、工匠精神等思政元素融入教学过程中。在教学中，根据校内外实训、实习资源情况，以真实的物联网工程项目为载体，并根据工程情况设计教学过程，使学生的考核方式多元化。

五、 课程目标

(一) 总体目标

通过本课程的学习，学生基本具备敬业、精益、专注、探索的素养，能综合运用感知层、网络层和应用层等关键技术和知识，熟练进行传感设备、RFID 设备、网络、嵌入式系统的选型，能够进行物联网项目的需求分析和总体方案设计，能熟练进行系统集成和性能测试，并能承担一般的物联网工程项目。

（二）具体目标

1. 素质目标

（1）具有正确的世界观、人生观、价值观及思想政治素质。

（2）具有遵纪守法、诚实守信、弘扬正气的道德品质素质。

（3）具有从事本专业对应业务岗位所必需的业务素质。

（4）具有乐观向上的生活态度、健康的体魄和健康的心理素质。

（5）具有对美的事物的观察力和感受力，以及鉴赏和创造美的事物的审美素质。

（6）具备精益求精、勇于探索的工匠精神。

2. 知识目标

（1）能够进行物联网项目的需求分析。

（2）能够撰写物联网项目的设计说明书。

（3）能够进行传感设备、RFID 设备、网络、嵌入式系统的选型。

（4）能够组建和维护无线传感网。

（5）具备系统集成的能力。

（6）能够进行成本估算和效益分析。

（7）具备系统测试的能力。

（8）具备物联网项目的管理和维护能力。

3. 能力目标

1）专业能力

（1）能设计中小型物联网工程系统方案。

（2）能正确选用各种传感设备、RFID 设备和网络选型。

（3）能编制施工方案，对施工项目从人员、技术、安全、进度和质量等方面进行管理和监理。

（4）能根据设计方案和验收标准对工程进行测试和验收。

（5）能够进行成本估算和效益分析。

2）职业能力

将职业能力的强化训练贯穿在课程教学的全过程，包括制定完成工作任务的策略能力，制定工作计划的能力，确定工作方法的能力，发现问题、分析问题和解决问题的能力等。

3）发展能力

培养学生的职业素质，强化学生的职业意识，包括沟通表达能力、团队协作能力、爱岗敬业的职业道德、安全操作意识、社会环保意识、信息保密意识等。

4. 证书目标

（1）“‘1＋X’物联网智能家居系统集成和应用（中级）”，由上海仪电（集团）有限公司颁发。

（2）“物联网安装调试员”，由上海市人力资源和社会保障局颁发。

（3）“物联网技术及应用”，由上海市教育考试院颁发。

六、课程内容及结构

（一）课程内容

本课程对接物联网系统集成工程师、物联网系统运维工程师等岗位需求和“‘1＋X’物联网智能家居系统集成和应用”的职业技能标准，通过选取物联网工程相关企业的真实工作任务进行课程内容设计。

课程内容按照工作场景需求，自上而下设计教学内容，对物联网工程的需求分析、方案设计、具体实施、测试验收、系统维护等方面依次进行知识与技能的学习，然后进行综合应用。

本课程教学内容与学时分配如表 10－3 所示。

表 10－3 “物联网工程设计与实施”课程内容与学时分配

学习项目		教学内容	学时	思政元素及融入途径	理论学时	实践学时
名称	任务					
项目 1：物联网工程项目概述	物联网工程项目概述	1. 物联网工程项目的概念及应用领域 2. 物联网工程项目的技术框架及关键技术 3. 物联网工程项目的生命周期 4. 物联网智能家居的发展现状及趋势	4	思政元素： 专业自信 融入途径： 通过解读政府报告，分析物联网行业发展前景，使学生对专业充满信心	4	0
	物联网工程项目招投标	1. 物联网工程项目招标的概念 2. 招标的流程 3. 典型工程的招投标案例分析	2	思政元素： 遵纪守法的意识 融入途径： 通过纪录片视频，让学生了解违反招投标法的严重性，培养学生遵纪守法的意识	2	0
	物联网工程预算	1. 物联网工程项目预算概念、流程 2. 预算定额的概念 3. 工程量计算与定额使用 4. 概预算表格的编制及概预算编制说明编写	2	思政元素： 认真严谨的态度 融入途径： 通过任务驱动，让学生在任务实践过程中感知认真严谨的重要性	2	0

（续表）

学习项目		教学内容	学时	思政元素及融入途径	理论学时	实践学时
名称	任务					
项目 2：物联网工程项目需求分析与方案设计	物联网工程项目需求分析	1. 物联网工程项目需求分析的目标及要点 2. 物联网工程项目定性与定量分析	2	思政元素： 以人为本、用户至上的意识 融入途径： 通过小组合作、角色呼唤的方式，对各小组进行智能家居系统需求分析。不同的同学家庭成员不同，对系统的功能有不同的需求，学生在需求分析过程中切实感受到以客户体验为中心的思想	1	1
	物联网工程项目非功能性分析	1. 物联网工程项目非功能性需求分析的概念 2. 物联网工程项目非功能性需求分析的目标及特点	2		1	1
	物联网工程方案设计概述	1. 物联网工程方案设计的基本流程 2. 设计规范的作用及意义 3. 方案设计的基本原则 4. 相关设计规范的查阅	2	思政元素： 规范意识 融入途径： 通过典型案例，向学生展示在系统设计中考虑不周、忽视规范带来的严重后果	2	0
	物联网项目功能框架设计	1. 功能架构设计的目标及作用 2. 功能架构设计包含的内容	2		0	2
	系统详细设计之前端设计	1. 物联网工程设备选型的原则 2. 传感器的选型与应用 3. RFID 技术应用	4	思政元素： 注重细节 融入途径： 通过纪录片《辉煌中国》第二集内容，展现传感器在食品安全监测中的应用，提升学生的民族自豪感，同时也让学生意识到传感器选型的重要性	2	2
	系统详细设计之传输端设计	1. 短距离传输方式特点及应用 2. NB-Iot 技术特点及应用 3. LoRa 通信技术及应用	4	思政元素： 勤于思考、勇于探究的精神 融入途径： 通过对两种技术的对比，深入挖掘其技术原理和特点，培养学生的探究精神	2	2
	详细设计之后端设计	1. 云平台的架构模型及主流云平台 2. MQTT 传输协议	4	思政元素： 专研探究的精神 融入途径： 通过对 MQTT 报文内容的具体研究，培养学生专研探究的精神	4	0

（续表）

学习项目		教学内容	学时	思政元素及融入途径	理论学时	实践学时
名称	任务					
项目2：物联网工程项目需求分析与方案设计	系统详细设计之终端控制技术	1. 控制终端的设备选型 2. PWM技术应用 3. 智能语音控制应用	4	思政元素： 节能环保意识 融入途径： 通过灯光亮度调节方式对比，突显PWM技术的节能优势，通过对真实应用案例——节能路灯系统的展示，增强学生节能环保的意识	0	4
	综合实训：智能家居系统方案设计	1. 智能家居功能模块设计 2. 网络架构设计 3. 终端点位设计 4. 智能家居场景设计与实现	4	思政元素： 积极的生活态度 融入途径： 通过主流智能家居生态展示片，让学生拓展思路，培养学生热爱生活、享受生活的态度	0	4
项目3：物联网工程项目整体实施	物联网工程项目勘察、施工设计与计划	1. 物联网项目勘察 2. 物联网施工计划	2	思政元素： 实事求是、善于规划的品质 融入途径： 通过亚洲最大的温室大棚的视频，引导学生思考温室大棚选址的注意事项，培养学生实事求是、善于规划，不盲目跟风的品质	2	0
	智能家居电器影音设备装调	1. 电器影音设备的接线与安装 2. 电器影音设备的配网 3. 电器影音设备的测试流程 4. 电器影音设备的功能及应用环境	2	思政元素： 工匠精神 融入途径： 通过智能家居系统的安装实践，检验最终系统应用效果，培养学生遵守职业规范、精益求精的工匠精神	0	2
	安防监控设备装调	1. 安防监控设备的接线与安装 2. 安防监控设备的配网 3. 安防监控设备的测试流程 4. 安防监控设备的功能及应用环境	2		0	2
	环境监控设备装调	1. 环境监控设备的接线与安装 2. 环境监控设备的配网 3. 环境监控设备的测试流程 4. 环境监控设备的功能及应用环境	2		0	2

（续表）

学习项目		教学内容	学时	思政元素及融入途径	理论学时	实践学时
名称	任务					
项目3：物联网工程项目整体实施	安全监测设备装调	1. 安全监测设备的接线与安装 2. 安全监测设备的配网 3. 安全监测设备的测试流程 4. 安全监测设备的功能及应用环境	2	思政元素： 工匠精神 融入途径： 通过智能家居系统的安装实践，检验最终系统应用效果，培养学生遵守职业规范、精益求精的工匠精神	0	2
	物联网工程项目系统测试	1. 系统测试的基本方法及规范 2. 设备上电测试、网络畅通性测试	2	思政元素： 善于发现问题的能力 融入途径： 通过预先设计的设备故障，培养小组学生善于发现问题的能力	0	2
	物联网工程项目故障分析与排查	1. 物联网工程日常维护及巡检流程 2. 物联网系统故障处理流程 3. 常见传感器故障现象及处理方法	4	思政元素： 迎难而上、勇于担责的精神 融入途径： 通过对常见器件故障的排查，培养学生敢于发现问题、不畏困难、迎难而上，对自己所造成的错误勇于承担、积极解决的精神	0	4
	物联网工程项目验收	1. 物联网项目验收的流程 2. 验收报告的撰写 3. 竣工资料的整理与归档	2	思政元素： 善于总结归纳的能力 融入途径： 通过撰写验收报告，培养学生总结归纳的能力	2	0
项目4：物联网工程功能模块化设计与实施	基于STM32的燃气报警模块设计与实施	1. 燃气传感器与控制器接口 2. 燃气传感器数据采集与逻辑控制	4	思政元素： 安全意识、敬业精神 融入途径： 通过燃气事故培养学生的安全意识，通过设计燃气报警器，培养学生对产品、客户负责的敬业精神	1	3
	中国移动OneNET云平台的部署与联调	1. WiFi模块联网 2. OneNET云平台的部署 3. 燃气报警模块数据上云 4. OneNET云平台指令下发	4	思政元素： 高效工作的意识 融入途径： 通过展示OneNET云平台应用案例，让学生感受到利用第三方云平台的便捷性，深刻体会到云平台的应用提高了开发效率，降低了开发成本和难度，增强学生利用辅助工具高效工作的意识	1	3

（续表）

学习项目		教学内容	学时	思政元素及融入途径	理论学时	实践学时
名称	任务					
项目4：物联网工程功能模块化设计与实施	基于ESP8266 nodeMCU的温湿度调控模块设计与实施	1. ESP8266 nodeMCU引脚分布与功能 2. DHT11温湿度传感器工作原理 3. 温湿度数据采集与显示	4	思政元素： 建设科技强国的信念 融入途径： 通过使用中国制造芯片esp8266 WiFi模组，培养学生建设科技强国的信念	1	3
	阿里云物联网平台的部署与联调	1. 阿里云的设备接入 2. 阿里云Iot stdio可视化应用开发 3. 阿里云Iot stdio业务逻辑编排	4	思政元素： 深入探究精神 融入途径： 通过介绍阿里云的业务逻辑编排功能，使学生对物联网系统的控制逻辑有更加严谨的认识，培养学生深入探究的精神	1	3

（二）实践环节

本课程的实践教学主要分为3个部分：小工作任务、综合实训项目和企业参观。实训内容紧贴“1＋X”证书考核要求，能使学生更好地吸收理解理论知识，提高动手实践能力以及综合素质。课程实践教学内容如表10－4所示。

表10－4 “物联网工程设计与实施”课程实践教学内容

序号	项目名称	实践教学内容	实践教学目标		参考学时	地点安排
			德育	技育		
1	需求分析文档编制	以物联网智能家居为实施项目，阐述该工程项目的需求分析、解决方案的技术特点、网络拓扑图的结构以及功能点等	培养主动观察、积极沟通的意识以及团队合作的能力	1. 掌握物联网工程项目需求分析方案编制的步骤、要点、规范 2. 掌握需求分析方案编制的方法	2	物联网工程设计实训室
2	物联网智能家居项目功能框架设计	以物联网智能家居为实施项目，对整个系统进行功能模块的划分，并从感知层、传输层、应用层3个层次进行设计	培养学生用户至上的职业意识与素养	1. 掌握功能模块划分方法 2. 掌握各功能的三层结构设计方法	2	物联网工程设计实训室
3	智能门禁系统实现	通过智能门禁系统，掌握RFID的分类，根据系统需求选择适用的RFID标签，并实现智能门禁的设计与搭建	培养学生的逻辑思维能力	1. 掌握RFID的分类 2. 掌握RFID系统组成及工作原理 3. 能够进行智能门禁系统的硬件选型、软件逻辑设计	2	物联网工程设计实训室

（续表）

序号	项目名称	实践教学内容	实践教学目标		参考学时	地点安排
			德育	技育		
4	智能家居联网方案设计	以物联网智能家居为实施项目，对系统中所使用到的 wifi、蓝牙、zigbee 等短距离传输方式进行技术必选，指定合适的网络设计方案	培养学生认真思考的精神、追求系统稳定的职业素养	1. 掌握不同短距离方式的传输特性 2. 结合智能设备的特点选择合适的传输方式	2	物联网工程设计实训室
5	PWM 调控灯光	以智能家居照明控制为例，实现照明终端色调及亮暗程度的控制	增强科技强国、节能环保意识	1. 掌握 PWM 的原理 2. PWM 技术在照明场景中的应用	2	物联网工程设计实训室
6	语音控制模块	基于智能家居系统，实现语音控制智能终端设备	增强科技自信	1. 智能语音的基本原理 2. 语音交互的基本流程	2	物联网工程设计实训室
7	智能家居系统方案设计	以智能家居为实施项目，进行全屋智能化方案设计，依次进行前端、传输端、应用端设计	培养学生全面考虑的习惯	1. 智能家居功能模块设计 2. 网络架构设计 3. 终端点位设计 4. 人机交互设计	4	物联网工程设计实训室
8	智能家居电器影音设备装调	基于智能家居电器影音控制场景，实现对电影影音智能终端的安装、联网、调试	培养学生积极主动、遵守操作规范的意识	1. 机顶盒的安装 2. 机顶盒的配置与联网功能模块的联动	2	物联网工程设计实训室
9	安防监控设备装调	基于智能家居安防控制场景，实现对安防监控智能终端的安装、联网、调试	培养学生的网络安全意识	1. 智能门锁、人体红外、监控摄像头的安装 2. 智能门锁、人体红外、监控摄像头的配置与联网 3. 安防功能模块的联动	2	物联网工程设计实训室
10	环境监控设备装调	基于智能家居环境监控场景，实现对安防监控智能终端的安装、联网、调试	培养学生积极主动、遵守操作规范的意识	1. 温湿度传感器、智能窗帘等设备的安装 2. 温湿度传感器、智能窗帘等终端的配置与联网 3. 环境监控功能模块的联动	2	物联网工程设计实训室
11	安全监测设备装调	基于智能家居安全监测控制场景，实现对安防监控智能终端的安装、联网、调试	培养学生积极主动、遵守操作规范的意识	1. 无线按钮、燃气报警器、智能阀门等设备的安装 2. 无线按钮、燃气报警器，智能阀门等设备的配置与联网 3. 安全监测控制场景的联动	2	物联网工程设计实训室

（续表）

序号	项目名称	实践教学内容	实践教学目标		参考学时	地点安排
			德育	技育		
12	物联网设备上电测试及网络通畅性测试	在完成安装调试的基础上，熟练使用相关的工具软件、操作命令、仪器进行相关设备的测试，检测网络设备的工作状况	培养积极沟通、团队合作的能力、积极探索的精神、严谨的职业道德规范	能够对物联网工程中主要设备、wifi 信号、网络设备等进行测试	2	物联网工程设计实训室
13	物联网工程项目故障分析与排查	对工程项目中涉及的网络设备、传感器进行测试，对故障进行排查定位	培养积极沟通、团队合作的能力，积极探索的精神，严谨的职业道德规范	1. 掌握物联网工程日常维护及巡检流程、故障处理流程 2. 能够描述、分析常见的无线传感器节点、传感器设备等故障现象及解决方法	4	物联网工程设计实训室
14	燃气报警模块的设计与实现	针对燃气报警模块，掌握燃气传感器的控制接口、数据采集及逻辑控制、并能够将燃气报警器的数据上传云平台、实现远程的监控	培养学生积极思考、敢于尝试的精神	1. 掌握燃气传感器的控制器接口方法 2. 能够实现燃气传感器数据采集与逻辑控制 3. 能够将燃气传感器数据上传云平台 4. 能够在云平台发送下行指令	6	物联网工程设计实训室
15	智能温控系统的设计与实现	使用 DHT11 温湿度传感器实现数据的远程查看和降温设备的远程控制，以及在云端利用阿里云服务开发实现设备联动的业务逻辑	培养学生严谨的逻辑思维能力及程序编写能力	1. DHT11 采集数据及数据显示 2. 温湿度设备接入阿里云平台 3. Web 可视化界面的开发 4. 温湿度设备联动的服务开发	6	物联网工程设计实训室
合计	—	—	—	—	42	—

七、课程考核

以课程教学目标为标准，对学生的学习成绩考核采用多元评价方式，包括项目考评、过程考评、知识考评等，注重过程性评价。

（一）评价方式

课程的考核评价采用“形成性考核＋终结性考核”的方式进行。

具体内容如下：

（1）出勤、课堂提问、平时测验、技能训练过程占期末总评的 30％。

（2）本课程是一门技能型课程，应注重考核学生的操作能力、工作方案设计实施能力、团队合作能力、工作质量及工作任务完成情况，此部分内容以考核职业技能为主，占期末总评的 40%。

(3) 基础理论考核，以期末试卷测试或调查报告的形式对学生的知识、技能掌握程度进行考核评价，占期末总评的 30%。

(二) 考核要求

1. 形成性考核

形成性考核内容如表 10-5 所示。

表 10-5 "物联网工程设计与实施"课程形成性考核内容

考核项目	比例	内容	要求
形成性考核	30%	出勤(20%)	满分 100 分，60 分及以上为合格 无故缺勤 2/3，不能参加期末考试 无故缺勤 3 次，0 分 无故缺勤 1～2 次，60 分 全勤，且课堂表现优秀、学习态度端正，90～100 分
		课堂表现(5%)	
		学习态度(5%)	
	40%	项目化考核：每个项目的课堂及课后作业，满分 30 分	每个实训项目单独计分，取平均值

2. 终结性考核

终结性考核内容如表 10-6 所示。

表 10-6 "物联网工程设计与实施"课程终结性考核内容

考核项目	比例	内容	要　求
知识考核	30%	涵盖本学期学习内容，形成完整的物联网工程的需求分析与工程设计文档	1. 需求分析 明确系统的定性定量分析，建议从物联网的 3 个层次出发依次描述 2. 方案设计 1) 概要设计：总体描述系统功能 2) 功能模块设计：功能模块化 3) 前端设计 (1) 现场勘查：描述物联网系统建设选址的基本情况，包括有无特殊的环境因素或要求 (2) 点位图：软件自选，完成系统点位图设计，确定智能温室平面图，确定各种前端设备安装的位置 (3) 确定设备的数量及性能指标：根据点位图确定设备的数量，设备型号的选择、建议列表显示 (4) 设备的性能指标：系统对设备性能的具体要求，如温湿度传感器的工作环境要求、量程、灵敏度等 (5) 其他特殊要求，如土壤温湿度传感器的安装位置等 4) 网络设计 完成网络拓扑图，要求其体现出系统的网络结构、数据传递的流向。通过多种常用无线传输方式的对比，描述本组所选网络通讯方式的原因

八、实施保障

（一）教学团队

课程教学团队成员要有理想信念、道德情操、扎实学识、仁爱之心，能够以学生为主体，具有大局观念和团队协作精神。教学团队在人数、年龄、职称、学历等方面比例要均衡。教师专业背景与能力要求如表 10－7 所示。

表 10－7 “物联网工程设计与实施”课程教师专业背景与能力要求

<table>
<tr><td colspan="2">课程负责人</td><td>对物联网工程设计与实施的发展有敏锐的判断能力，能够根据行业发展及时调整教学目标和教学内容</td></tr>
<tr><td rowspan="2">课程教学团队</td><td>专任教师</td><td>熟练掌握物联网工程涉及的关键技术，如嵌入式应用，云平台应用，设备选型、装调、排故，系统的集成等细分方向的相关知识技能</td></tr>
<tr><td>兼职教师</td><td>直接对接企业岗位发展需求，及时调整教学内容及策略</td></tr>
</table>

（二）实践教学条件

实践教学条件是完成课程学习情境教学的重要场所，应充分利用现有多媒体教室、实训室和网络教学环境相结合的形式进行理论实践一体化教学。要建设专业物联网实训室，并在校外相关物联网企业建立一批实训基地，校企合作、共同培养，力争所学内容不与社会脱节，能正确适应市场需要。校内主要实训室如表 10－8 所示。

表 10－8 “物联网工程设计与实施”课程校内主要实训室

<table>
<tr><th>序号</th><th>实训室名称</th><th>主要实训项目</th><th>主要仪器设备</th></tr>
<tr><td rowspan="2">1</td><td rowspan="2">物联网技术应用实训室</td><td>物联网工程项目概述</td><td>计算机</td></tr>
<tr><td>物联网工程项目需求分析与方案设计</td><td>计算机、FRID 实验套件、ardunio 实验套件、语音控制模块</td></tr>
<tr><td rowspan="2">2</td><td rowspan="2">智能家居实训室</td><td>物联网工程项目整体实施</td><td>智能家居操作实验台</td></tr>
<tr><td>物联网工程功能模块化设计与实施</td><td>燃气传感器、处理器、计算机、温湿度传感器、esp8266nodeMCU</td></tr>
<tr><td>备注</td><td colspan="3">实训期间保持工位整洁，注意操作规范，加强安全意识</td></tr>
</table>

（三）教材及参考资料

（1）推荐教材：吴勇帑主编，华中科技大学出版社 2022 年出版的《物联网工程项目设计与实施（案例式）》。

（2）参考资料：①杨埙、姚进主编，高等教育出版社 2018 年出版的《物联网项目规划与实施》；②谢金龙主编，东软电子出版社 2012 年出版的《物联网工程设计与实施》；③黄传河主编，机械工业出版社 2015 年出版的《物联网工程设计与实施》。

（四）课程思政资源

“智慧职教”平台上的本课程信息化教学资源，包括基本教学文件和资料、多媒体课件、多媒体素材、电子图书、课程资源包等。网址为：https://zjy2.icve.com.cn/expertCenter/process/edit.html?courseOpenId=baczafqrq7pmgpczjbwvw&tokenId=p6qfanmsvz1ap z8i7eugg。

“物联网工程设计与实施”课程思政资源如表 10-9 所示。

表 10-9 “物联网工程设计与实施”课程思政资源一览

序号	学习任务	课程思政资源名称	来源
1	物联网工程项目概述	政策解读	2010 年政府工作报告
2	物联网工程项目招标的概念	杭州虞某某案	大型政论专题片《长治久安》
3	物联网方案设计	失败案例分析	重庆物联网化粪池监测系统
4	系统详细设计之前端设计	小器件，大作用	纪录片《辉煌中国》第 2 集
5	系统详细设计之终端控制技术	智慧路灯照亮低碳生活	好看视频
6	智能家居系统方案设计	科技改变生活——智能家居	哔哩哔哩视频网站
7	物联网工程项目勘察、施工设计与计划	亚洲最大温室大棚	纪录片《了不起我的国》第三季智慧农业
8	基于 STM32 的燃气报警模块设计与实施	燃气安全事故集锦	网易新闻
9	中移 OneNET 云平台的部署与联调	OneNET 企业案例	OneNET 云平台企业解决方案展示
10	基于 ESP8266 nodeMCU 的温湿度调控模块设计与实施	芯片制裁	美国对华为芯片制裁事件

无人机植保

一、课程信息

“无人机植保”课程基本信息如表 11-1 所示。

表 11-1 “无人机植保”课程基本信息

课程名称	无人机植保	开课部门	智慧农业工程系
适用专业	设施农业与装备	课程类型	实践类课程
课程性质	必修	开设学期	第 4 学期
课程学分	4	课程学时	总学时:72 其中:理论 36,实践 36
考核方式	闭卷考试	授课班级	设施 201
前导课程	植物生产环境 设施植物病虫害防治 农业机械使用技术	后续课程	农用机器人操作 农业物联网概论 设施农业生产技术
编写人	李林	审定人	王妍
课程设计依据	《2020 级设施农业与装备专业人才培养方案》		

二、课程简介

本课程意在培养德、智、体、美、劳全面发展，践行社会主义核心价值观，具有一定文化水平、良好职业道德和适应时代需求的关键能力，能够从事现代设施农业装备应用与维护等工作的高素质技术技能人才。

三、课程性质与定位

(一) 课程性质

“无人机植保”课程是设施农业与装备的专业核心课程，也是现代农业设施领域最新技术水平的代表性课程。

(二) 课程定位

本课程主要介绍农作物的常见病虫害防治以及植保无人机的操控方式、结构组成、工作原理。本课程采用理实一体化教学方式，将理论知识和实践内容有机结合，对照“1+X”植保无人机应用职业技能等级标准，使学生熟悉无人机植保行业的岗位要求。课程教学内容紧扣专业人才培养方案和行业企业实际岗位需求，要求学生掌握常见的农作物病虫害防治手段以及植保无人机的操控技术、作业规范流程、基本维护，并能够独立完成植保无人机作业任务。同时注重融入课程思政元素，培养学生的学农自信，引导学生坚守学农初心，传承匠心，为乡村振兴贡献力量，成为农业人才。课程功能定位分析如表 11-2 所示。

表 11-2 “无人机植保”课程功能定位分析

对接的工作岗位	对接培养的岗位职业能力
植保无人机技术员	熟练进行植保无人机测试、农田数据采集及飞防作业
	熟练植保无人机的装备、检修及相关的技术支持
植保无人机操控手	熟练操作植保无人机、装配检测及调试相关飞行器
	熟悉农药的配比及施药技术、日常飞机组装调试保养

四、课程设计思路

（一）学情分析

本课程的授课对象是高职设施农业与装备专业二年级学生。这些学生已具有“设施农业生产技术”“病虫害防治”等前导课程基础，具备一定的现代农业设施的基础认知，同时已经可以根据基础认知进一步判断作物的病虫草害及掌握常见作物病虫草害的防治措施。根据课前信息反馈，学生已经初步掌握常见病虫草害的防治方法，但在植保无人机应用技术上还有待继续训练和提升。此外，学生能够充分利用网络及信息化手段接受新知识，但有时过度依赖网络而懒于思考，因此需要在课堂中多设置问题，引导学生积极思考与表达。

（二）课程设计依据

本课程秉承立德树人的教学理念，以“中国要强，农业必须强；中国要美，农村必须美；中国要富，农民必须富”为价值引领，以培养学生服务“三农”的爱国情怀、严慎细实的职业操守、追求卓越的工匠精神为课程思政目标，以培养学生扎实的专业基础、科学的专业思维为专业教学目标，校内外“双师”协同、系统设计德技双线，对接植保无人飞机应用职业技能等级标准，在课程的整体设计及课程知识点中融入思政元素，凝练成以“培养学生服务三农情怀以及树立学生正确的世界观、人生观、价值观”为主线，将工匠精神的培育作为终点，航空“6S”素养的养成作为着力点，实训过程中的劳动教育作为强化点，多旋翼植保无人飞机应用作为落脚点的课程思政教育，健全学生的人生观、价值观，提升人才培养质量，如图 11-1 所示。

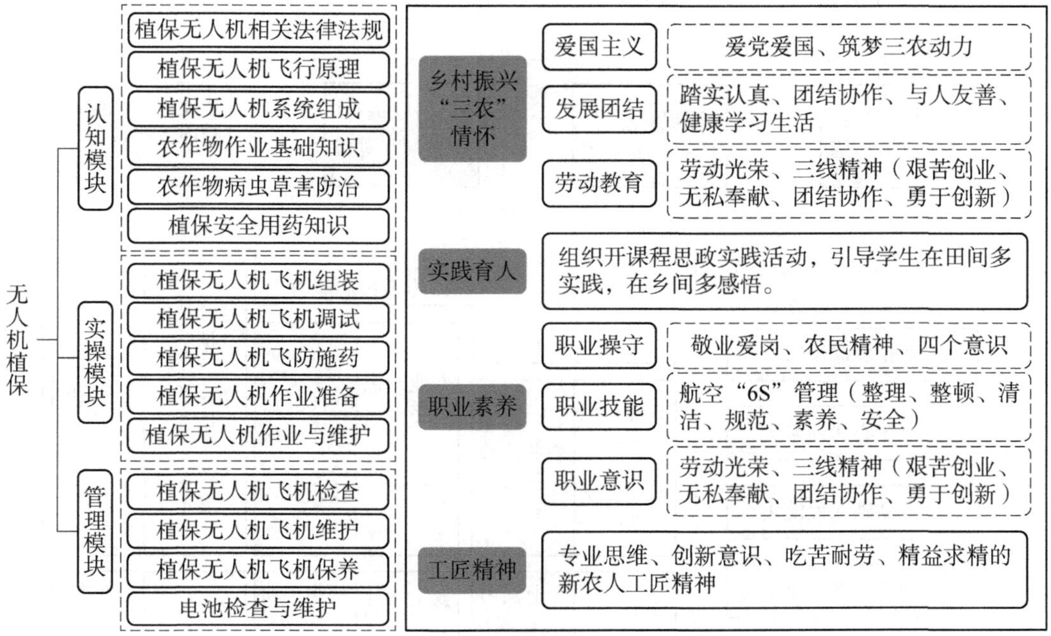

图 11－1　无人机植保课程内容模块和思政要素内容

（三）具体设计思路

“无人机植保”内容分为认知模块、实务模块、管理模块，内容循序渐进，3 个模块分别培养学生的岗位认知、岗位操作能力、设备维护保养能力，如图 11－2 所示。

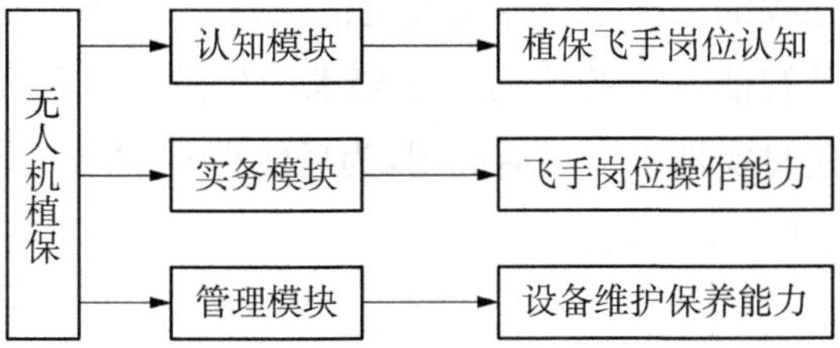

图 11－2　无人机植保课程内容结构

本课程在教学过程中紧密对接无人机植保行业中的企业，基于课程将专业发展与产业发展对接，基于工作过程将课程标准与职业标准对接，基于实践将实践过程与生产过程对接，基于“1＋X”将毕业证与职业技能等级证书对接，明确岗位任务和关键能力。聘请企业教师加入课程团队，与校内教师共同研讨制定课程标准、安排教学实训内容，校企合力加强学生的综合实践能力，如图 11－3 所示。

通过本课程的学习，学生能够充分了解多旋翼植保无人机的构造及原理，能够安全飞行和使用植保无人机，了解农药的基本知识以及常见的病虫草害，掌握植保无人机作业规范流程并能进行简单的植保作业，能够进行植保无人机的维护与保养。本课程重点培养学生的实际操作能力，突出“做中教，做中学”的职教特色。

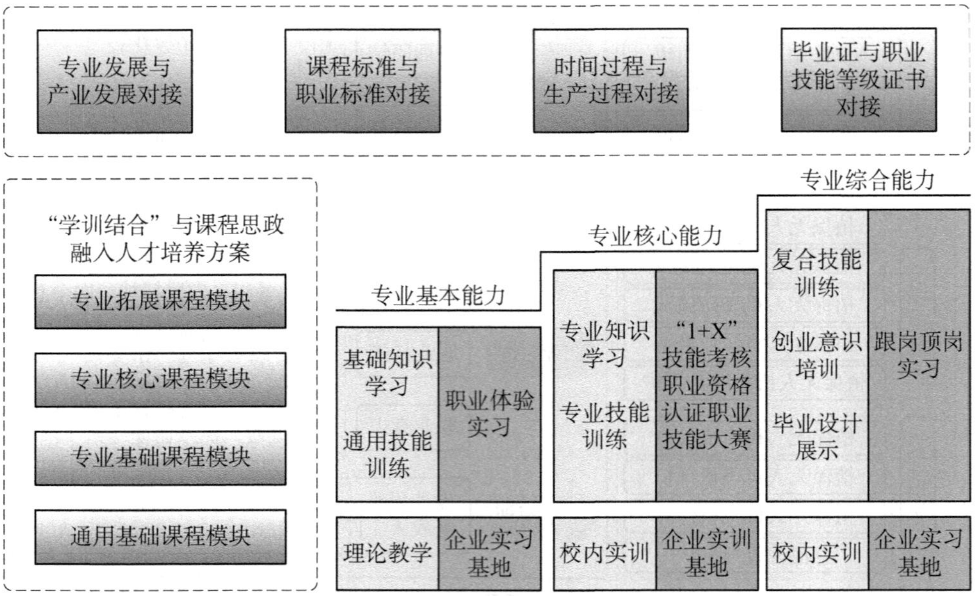

图 11－3 “学训结合”校企共建的教学设计图

五、课程目标

根据设施农业与装备专业的人才培养方案与“1＋X”无人机植保等级标准对无人机植保规范作业的要求，本课程的目标是培养无人机植保技术应用性人才，尤其是培养其农业生产、使用、维护、保养及智能制造等能力。这要求学生熟练掌握植保无人机的使用及植保作业的基本知识，并通过实训学会灵活应用，为后续课程的学习以及将来走上社会成为应用型人才和高技能人才奠定基础。

(一) 素质目标

本课程素质目标如表 11－3 所示。

表 11－3 “无人机植保”课程素质目标一览

思政元素	
乡村振兴“三农”情怀	爱国，牢记农业根本，做信念坚定的“三农”人
	具有高超的涉农本领、深厚的爱农情怀，成为懂农业、爱农村、爱农民的“三农”新农民
	具有成为高素质新农民的担当精神
	具有助力乡村振兴的责任感、忧患感和信念感
职业认同	认同职业、热爱职业
	正确认识植保作业中植保飞手与农民的职业关系

（续表）

思政元素	
职业素养	遵纪守法，具备飞行安全无小事、必须按章操作的质量红线意识
	养成严谨认真的工作作风
	具备哪怕一点职责失误都会让农民受损失的职业意识
	爱岗敬业，掌握植保作业技术规范
	具有精益求精的工匠精神
	具有不怕苦不怕累的职业精神
新农人工匠精神	具有持之以恒、锲而不舍、精益求精的专业探索精神
	养成细致观察、严谨踏实、主动探索的学习作风
	具备理论指导实践的工程思维

（二）知识目标

本课程知识目标如表 11-4 所示。

表 11-4 “无人机植保”课程知识目标一览

知识目标	
认知模块	了解国内外农业植保作业状态、我国农业飞防的基本情况及发展主要问题
	了解与植保无人飞机运行有关的航空法律法规，熟悉与植保无人飞机驾驶员职责相关的法律法规；了解农业法、农业技术推广法、农药相关内容及规定
	熟悉农业植保无人机的概念、分类及性能特点
	了解无人机飞行原理及基本结构
	熟悉植保无人机特有部件的功能与作用
	识别常见作物的病虫草害
	熟悉常见作物的病虫草害防治的适用药剂及无人机植保防治方法
实操模块	了解植保无人机作业的基本特点、作业效率及作业安全
	熟悉植保作业模式、植保作业注意事项
	熟悉影响植保无人机作业安全的因素和影响植保作业效果的因素
	熟悉基本飞防技巧
管理模块	了解植保无人机各个子系统和整体的维护保养流程
	熟悉植保无人机易污部件维护保养的重要性
	熟悉植保无人机常见故障的维护技能

（三）能力目标

本课程能力目标如表 11-5 所示。

表 11－5 “无人机植保”课程能力目标一览

能力目标	
认知模块	掌握植保无人飞机系统的组成和功用
	掌握植保有关的安全用药知识
	掌握植保作业中中毒后的紧急处理常识
实操模块	能按照安全操作规范，正确组装植保无人机的机体、旋翼、电机、电池，确保各部分连接牢靠
	能按照安全操作规范，正确安装飞行控件器、电子调速器、GPS，确保各部分连接牢靠
	能依据作业需求与规范，正确安装植保喷洒设备
	能按照安全操作规范，调试植保无人机设备
	能按照操作手册要求，确保植保无人机飞行准备正常
	能按照农药安全使用要求，对作业区块的温度、湿度、风向、风速等进行判断，选择适当的喷洒方式
	能按照农药安全使用要求，对植保用药进行正确调配灌装、测试农药喷洒
	能按照操作作业要求，完成植保无人机现场作业与维护
管理模块	能遵守安全操作规范，完成植保无人机检查
	能遵守安全操作规范，完成植保无人机维护
	能遵守安全操作规范，完成植保无人机电池检查与维护

六、课程内容与结构

“无人机植保”模块化课程体系如表 11－6 所示。

表 11－6 “无人机植保”模块化课程体系

职业能力	典型工作任务	学习情景	学时
理论知识储备	任务 1:植保无人机认知 任务 2:植保农药配比 任务 3:撰写一份茹塘村水稻无人机植保调研报告 任务 4:设计植保作业表	项目 1:多旋翼植保无人机系统构成 项目 2:多旋翼植保无人机安全作业 项目 3:常见病虫草害识别与化学防治	28
植保无人机组装调试 植保无人机现场作业	任务 1:植保无人机组装与调试 任务 2:植保无人机飞控练习 任务 3:植保无人机航线规划练习 任务 4:植保无人机现场作业练习	项目 4:多旋翼植保无人机水稻飞防作业 项目 5:多旋翼植保无人机飞防经验与案例	28
植保无人机检查维修 植保无人机日常维护	任务 1:水泵喷头堵塞清洁 任务 2:机臂的拆卸与更换流程 任务 3:植保无人机 T10 评判的模拟任务	项目 6:多旋翼植保无人机的维护与保养	16

七、课程内容

(一)教学内容

本课程教学内容与学时分配如表 11－7 所示。

表 11－7 “无人机植保”课程内容与学时分配

学习项目			教学内容	学时	思政元素及融入途径	理论学时	实践学时
名称		任务					
项目1	多旋翼植保无人机系统构成	农业无人机植保现状及植保无人机概念与分类	1. 了解植保无人机的概念及发展历程 2. 了解植保无人机的优势特点 3. 掌握植保无人机的概念和分类	4	思政元素： 乡村振兴战略 融入途径： 通过讲述我国农业现代化的发展进步，让学生知道不仅要具备高超的涉农本领，而且要有深厚的爱农情怀，引导同学们懂农业、爱农村、爱农民	2	2
		多旋翼植保无人机飞行平台构成	1. 了解植保无人机的基本结构 2. 掌握植保无人机特有部件的功能和作用	4		2	2
		多旋翼植保无人机不同的雾化系统	1. 了解喷洒系统的组成与结构 2. 掌握植保无人机不同雾化系统的功能和作用	4		2	2
项目2	多旋翼植保无人机安全作业	国家对于植保无人机的相关管理法规	了解植保无人机相关的法律法规	4	思政元素： 遵纪守法的意识 融入途径： 通过讲述无人机飞行事故案例，引导同学们注意飞行安全无小事、必须按章操作，增强同学们的质量红线意识	2	2
		无人机飞行限制	了解无人机飞行限制	2		1	1
		植保无人机安全作业注意事项	遵照相关法律法规进行无人机植保安全作业	2		1	1
项目3	常见病虫草害识别与化学防治	农药的基础知识	熟悉常见作物的病虫草害防治的适用药剂及无人机植保防治方法	4	思政元素： 严谨认真的态度 融入途径： 通过讲述无人机植保纠纷经典案例，引导同学们养成哪怕一点职责失误都会让农民受损失的职业意识	2	2
		水稻病虫草害	1. 了解水稻作物的常见病虫草害的发病症状、形态特征，基本能识别主要的病虫草害 2. 掌握水稻常见病虫草害防治的适用药剂及推荐剂量	2		1	1

（续表）

<table>
<tr><th colspan="2">学习项目</th><th rowspan="2">任务</th><th rowspan="2">教学内容</th><th rowspan="2">学时</th><th rowspan="2">思政元素及融入途径</th><th rowspan="2">理论学时</th><th rowspan="2">实践学时</th></tr>
<tr><th colspan="2">名称</th></tr>
<tr><td rowspan="2">项目3</td><td rowspan="2">常见病虫草害识别与化学防治</td><td>小麦病虫草害</td><td>1. 了解小麦作物的常见病虫草害的发病症状、形态特征，基本能识别主要的病虫草害
2. 掌握小麦常见病虫草害防治的适用药剂及推荐剂量</td><td>1</td><td rowspan="2">思政元素：
严谨认真的态度
融入途径：
通过讲述无人机植保纠纷经典案例，引导同学们养成哪怕一点职责失误都会让农民受损失的职业意识</td><td>1</td><td>0</td></tr>
<tr><td>玉米病虫草害</td><td>1. 了解玉米作物的常见病虫草害的发病症状、形态特征，基本能识别主要的病虫草害
2. 掌握玉米常见病虫草害防治的适用药剂及推荐剂量</td><td>1</td><td>1</td><td>0</td></tr>
<tr><td rowspan="5">项目4</td><td rowspan="5">多旋翼植保无人机水稻飞防作业</td><td>植保无人机作业特点及飞防作业影响因素</td><td>1. 了解植保无人机作业的基本特点、作业效率及影响因素
2. 了解植保无人机作业安全</td><td>2</td><td rowspan="5">思政元素：
“三农情怀”，爱岗敬业、精益求精的工匠精神
融入途径：
通过带领同学们走到田间参与植保服务活动，让同学们坚定为农初心，培养学生助力乡村振兴的责任感、忧患感和信念感；在植保作业实战过程中，增强同学们不怕苦不怕累的职业精神；结合不同植保作业场景给出合理的植保作业方案，培养同学们精益求精的工匠精神</td><td>1</td><td>1</td></tr>
<tr><td>飞防药剂的选择与配置</td><td>1. 了解飞防药剂的选择
2. 掌握二次稀释法</td><td>2</td><td>1</td><td>1</td></tr>
<tr><td>多旋翼植保无人机作业的模式及室外作业的管理与操作规范</td><td>1. 了解植保作业的三种作业模式、作业过程中的优缺点及作业注意事项
2. 掌握室外作业的操作规范</td><td>4</td><td>2</td><td>2</td></tr>
<tr><td>多旋翼植保无人机飞行训练</td><td>1. 了解多旋翼植保无人机的基本操作
2. 掌握飞防技巧</td><td>4</td><td>2</td><td>2</td></tr>
<tr><td>多旋翼植保无人机水稻飞防作业案例</td><td>1. 了解植保无人机水稻飞防作业操作流程
2. 掌握水稻飞防作业规范</td><td>4</td><td>2</td><td>2</td></tr>
</table>

（续表）

学习项目			教学内容	学时	思政元素及融入途径	理论学时	实践学时
名称		任务					
项目5	多旋翼植保无人机飞防经验与案例	飞防企业经营与管理经验	1. 了解飞防企业基本运营模式 2. 了解飞防经验	4	思政元素： 岗位自豪感 融入途径： 通过讲述大疆、极飞等知名企业，引导同学们对我国农业现代化提高专业兴趣和了解，增强同学们的职业认同感、岗位自豪感	2	2
		平原、丘陵、山地飞防经典案例解析	掌握典型地形的飞防技巧	4		2	2
项目6	多旋翼植保无人机的维护与保养	子系统的维护与保养	了解植保无人机各个子系统的维护保养流程	4	思政元素： 精益求精、艰苦奋斗的精神 融入途径： 通过讲述无人机各个子系统的部件制造，引导同学们养成细致观察、严谨踏实、主动探索的学习作风以及理论指导实践的工程思维，体会学习理论的价值，培养学生对理论的探索意识	2	2
		整体的日常维护与保养团队合作	了解植保无人机整体的维护保养流程	4		2	2
		重点易污部件的清洁	1. 了解植保无人机易污部件维护保养的重要性； 2. 掌握植保无人机易污部件的清洁	4		2	2
		重点易污部件的保养与维护	掌握植保无人机易污部件的保养与维护	4		2	2
		常见故障的维护与处理	1. 了解常见植保无人机的故障； 2. 掌握植保无人机常见故障的维护技能	4		2	2
合计			—	72	—	72	72

（二）教学组织

（1）实施“项目驱动”一体教学，突显植保无人机对相关知识点的带动。

课程共计72学时，紧扣设施农业与装备相关岗位的实际需求，以项目为教学单元构建课程体系，以培养职业岗位能力为教学目标，通过任务驱动组织教与学。项目都细分为若干任务，按照“情景导入—任务发布—任务分解—解决方案—任务实施—任务展示—任务评价”的过程，利用实训项目驱动教学的各个环节，让学生逐步完成预定的教学任务，边学边体验，达到理实一体的教学目标。

（2）实训项目与岗位能力结合，发挥多个实训基地优势，综合提升学生能力。

结合不同植保作业项目对岗位能力的要求，在课程设计过程中以培养职业技能为重点，以项目为导向，以多旋翼植保无人机水稻飞防作业的全过程为主线，设计与岗位能力匹配的实训，同时融入思政元素，有针对性地提升学生的岗位能力和素质目标。

（三）实践环节

为了培养学生主动学习的能力和学习兴趣，本课程采用“理实结合、联系实际、任务驱动、强化案例”的教学模式和方法，即教师授课与专题讲座相结合，课堂教学与实际产品体验相结合，以实训室植保无人机机型为重点，推动整个课程的教学。

在内容上，本课程侧重于对植保无人机原理、操作和维修保养的介绍，强化项目学习，围绕植保无人机操作人员所需的专业知识逐步展开，设计了 6 个项目、14 个训练任务，每个项目单元包含了若干学习任务、学习案例、问题思考和训练项目。在授课方式上，采用课堂讲解与实地参观相结合，学校老师和行业企业导师相结合的方式。通过这种课程安排，自下而上对植保无人机的基本原理、技术支撑、知识体系进行讲解和讨论，一方面让学生对企业实际的植保无人机项目和人才需求有所认识，另一方面在设施农业与装备专业人才培养方面，以无人机植保作业的实际情况为依据，以学院农业特色项目为载体，树立特色应用型人才培养的目标。

“无人机植保”实践教学内容如表 11－8 所示。

表 11－8 “无人机植保”实践教学内容

序号	实践项目名称	实践教学内容	实践教学目标		参考学时	地点安排
			德育	技育		
1	农业植保调研报告	走进茹塘村，撰写茹塘村水稻无人机植保调研报告	振兴乡村，成为懂农业、爱农村、爱农民的“三农”新农民	了解我国农村农业植保作业现状及主要问题。	4	松江茹塘村
2	多旋翼植保无人机组装	多旋翼植保无人机的组装	培养持之以恒、锲而不舍、精益求精的精神	熟悉多旋翼植保无人机的组装	4	校外实训基地松江区新浜镇
3	使用充电器给无人机动力电池充电	多旋翼植保无人机动力电池的充放电操作	培养细致观察、严谨踏实、主动探索的学习作风	熟悉多旋翼无人机动力电池充放电	2	校内实训基地
4	植保无人机的注册	多旋翼植保无人机的注册	遵纪守法，飞行安全无小事，必须按章操作	了解多旋翼植保无人机的注册	2	校内实训基地
5	水稻病虫害的识别与化学防治	水稻病虫害的识别与化学防治	爱岗敬业，掌握植保作业技术规范	熟悉水稻病虫害的识别与化学防治	2	校内实训基地
6	飞防药剂的选择及合理的药液配置	飞防药剂的选择及合理的药液配置	培养严谨认真的工作作风	熟悉飞防药剂的选择及合理的药液配置	2	校内实训基地
7	多旋翼植保无人机作业农药准备	植保无人机作业农药准备	培养不怕苦不怕累的职业精神	熟悉多旋翼植保无人机作业农药准备	2	校内实训基地

（续表）

序号	实践项目名称	实践教学内容	实践教学目标		参考学时	地点安排
			德育	技育		
8	无人机模拟飞控练习	无人机模拟飞控练习	培养严谨认真的工作作风	熟悉无人机模拟飞控练习	4	校内实训基地
9	多旋翼植保无人机飞防植保作业	植保无人机植保作业	坚定为农初心，培养学生助力乡村振兴的责任感、忧患感和信念感	熟悉多旋翼植保无人机飞防植保过程	4	校外实训基地心意植保基地
10	完成植保无人机 T10 评判的模拟任务	植保无人机的检查	培养持之以恒、锲而不舍的精神	熟悉植保无人机的检查	2	校内实训基地
11	动力系统的维护与保养	动力系统的维护与保养	培养持之以恒、锲而不舍的精神	了解动力系统的维护与保养	2	校外实训基地心意植保基地
12	喷洒系统的维护与保养水泵的清洗	喷洒系统的维护与保养水泵的清洗	培养严谨踏实、主动探索的学习作风	了解喷洒系统的维护与保养以及水泵的清洗	2	校外实训基地心意植保基地
13	电力系统的维护与保养	电力系统的维护与保养	培养细致观察、严谨踏实、主动探索的学习作风	了解电力系统的维护与保养	2	校外实训基地心意植保基地
14	常见故障的维护与处理	常见故障的维护与处理	培养理论知识解决实际问题即理论指导实践的工程思维	了解常见故障的维护与处理	2	校外实训基地心意植保基地
合计	—	—	—	—	36	—

八、课程考核

（一）评价方式

本课程采用全过程、多维度的教学考核评价体系，对应课程教学实施，综合完成植保无人机的组装与调试、植保作业规范、团队项目完成质量等测评，对教学效果进行多维度评价。

本课程强化岗位实践能力的培养，在考核方式上注重平时的过程考核、能力考核及素质考核 3 个方面。

(1) 在传统教学环节注重过程考核：通过每个单元课后线上自测的完成情况来进行知识点考核。

(2) 在项目训练环节注重能力考核：根据现场表现进行综合评定，考查学生能否在体验后举一反三，结合训练现场的口试，由老师给出每次训练项目的成绩。

(3) 在参观实践环节注重素质考核：任课教师在参观过程中设计题目，根据学生在现场描述的表现及实践报告给出成绩等级。这部分考核还包括学生出勤及上课表现等。

(二) 考核要求

本课程教学评价体系及考核要求如表 11－9 所示。

表 11－9 “无人机植保”教学评价体系及考核需求

多维度评价	过程性评价指标	分项权重指标	结果性评价指标	分项权重指标	综合性权重指标
认知原理掌握度线上线下评价	课前预习完成度	0.5	线上复习测试	0.5	0.5
	课堂练习完成度		认知原理口试		
	线上答题参与度		课程技术考试		
任务和成果评价	植保无人机组装参与度工作量度	0.4	植保无人机的组装质量等级	0.6	0.3
	植保无人机调试参与度工作量度		植保无人机的组装调试等级		
	植保作业参与度工作量度		植保作业规范等级		
素养能力形成性评价	课堂听讲专注度	0.2	专业认知度、专业热爱度	0.8	0.2
	专业学习认真执着度		严谨细实、航空“6s”素养测评		
	无人机植保动力情怀		植保无人机实践活动和比赛的参与情况		

九、 实施保障

(一) 教学团队

本课程已经形成了一支知识结构合理、教学经验丰富的课程教学团队。该课程主讲教师知识结构涵盖机械电子工程、电工电子技术、物联网工程设计与实施、农业自动化控制、病虫害防治等领域，团队的知识结构与本课程教学直接相关，有利于本课程的教学开展。主要成员教学经验丰富，多次在市级以上的职业技能竞赛中获奖，教学效果受到学生的一致好评。实践教学实验实训指导教师主要来自智能农机、机械电子工程、设施环境检测与调控等领域，具有丰富的实践经验。

1. “双师”结构

本课程教学队伍专兼职教师全部取得相应的职业资格证书，“双师”师资比例达到 100%。教师长期从事生产及科研任务，具有丰富的实践经验。

2. 专兼职教师比例

教师队伍中有 3 名专职教师，1 名兼职教师，专兼职教师比例为 3:1。兼职教师均为农业智能装备相关领域的权威和技术骨干，在教学上都是学院长期聘任、教学效果好的优秀兼职教师，深得学生的欢迎。

3. 学缘结构

教学队伍分别毕业于山东农业大学、扬州大学、南京农业大学、西北农林科技大学等高等院校，知识结构涵盖设施农业与装备、设施园艺、农业物联网、机械电子工程等领域，学缘结构合理。

4. 年龄结构

教学队伍中31～40岁者有1人，25～35岁者有3人。

5. 职称及职业资格结构

1人获高级职称，3人获中级职称。具备职业资格AOPA民用无人机驾驶员合格证、大疆慧飞UTC无人机驾驶航空系统植保操作手合格证以及Python程序设计技术应用工师(高级)、物联网应用高级工程师等职业资格，职称及职业资格结构可支撑本课程的理论与实践教学。教师专业背景与能力要求如表11-10所示。

表11-10 “无人机植保”课程教师专业背景与能力要求

课程团队		教师师风师德、专业背景与能力要求
课程负责人		熟悉无人机行业相关法律法规，拥有相关无人机驾驶职业资格，对无人机植保的发展有敏锐的判断能力，能够根据行业发展及时调整教学目标和教学内容
课程教学团队	专任教师	掌握多旋翼植保无人机的构造及原理，了解安全飞行和植保无人机使用，了解农药的基本知识以及常见病虫草害，掌握植保无人机作业规范流程并能进行简单的植保作业，能够进行植保无人机的维护与保养
	兼职教师	掌握行业动态，实战经验丰富，能够对接企业岗位发展需求，及时调整教学内容及策略

(二) 实践教学条件

在教学过程中紧密对接无人机植保企业，基于课程将专业发展与产业发展对接，基于工作过程将课程标准与职业标准对接，基于实践将实践过程与生产过程对接，基于“1+X”将毕业证与职业技能等级证书对接，明确岗位任务和关键能力。聘请企业教师加入课程团队，与校内教师共同研讨制定课程标准、安排教学实训内容，校企合力加强学生综合实践能力。

以校企共建为依托，围绕校内实习实训基地建设、企业实习实训基地建设、创新创业教育实践平台建设等内容，建设“学训结合”一体化实践教学基地。

1. 校内实训室

校内主要实训室如表11-11所示。

表 11－11 “无人机植保”课程校内主要实训室

序号	实训室名称	主要实训项目	主要仪器设备
1	无人机模拟组装实训室	无人机动力电池充放电	多旋翼植保无人机 T10 两架、电池多组
2	无人机模拟组装实训室	无人机模拟飞控	电脑、模拟器
3	五厍无人机实训基地	水稻病虫害防治	多旋翼植保无人机 T10、药液、水桶、对讲机、防护服、护目镜等
4	五厍无人机实训基地	飞防药剂的药液配置	烧杯、试管、搅拌棒、药剂
备注	实训期间需要注意用电安全、桌面整洁		

2. 校外实训基地

校外主要实训基地如表 11－12 所示。

表 11－12 “无人机植保”课程校外主要实训基地

序号	实训基地	依托单位	实训任务
1	上海市金山区华东无人机基地	上海翰动浩翔航空科技有限公司	无人机的发展
2	上海市金山区华东无人机基地	上海翰动浩翔航空科技有限公司	多旋翼植保无人机系统构成
3	上海市松江区土是宝植保无人机基地	土是宝农业科技有限公司	多旋翼植保无人机组装
4	上海市金山区慧飞廊下培训基地	心意植保农业科技有限公司	飞防植保作业
5	上海市金山区慧飞廊下培训基地	心意植保农业科技有限公司	动力系统的维护与保养
6	上海市金山区慧飞廊下培训基地	心意植保农业科技有限公司	喷洒系统的维护与保养
7	上海市金山区慧飞廊下培训基地	心意植保农业科技有限公司	电力系统的维护与保养
8	上海市金山区慧飞廊下培训基地	心意植保农业科技有限公司	常见故障的维护与处理
备注	实训期间需要注意学习企业文化，提升组织纪律和岗位素质		

（三）教材及参考资料

（1）使用教材：①职业教育无人机应用技术专业系列教材；②赵中营主编，机械工业出版社 2024 年出版的《无人机植保技术》。

（2）参考资料：①大疆慧飞无人机应用技术系列丛书；②何雄奎、程忠义主编，中国民航出版社 2022 年出版的《无人机植保技术》。

（四）课程思政资源

“无人机植保”课程思政资源如表 11－13 所示。

表 11－13 “无人机植保”课程思政资源一览

序号	学习任务	课程思政资源名称	来源
1	植保无人机的认知	《2022 技行天下》	央视新闻
2	农业无人机植保现状	中央一号文件和乡村振兴战略	央视新闻
3	多旋翼植保无人机水稻飞防作业	金湖法院通报一批无人机喷洒农药侵权典型案例	扬子晚报网
4	多旋翼植保无人机的维护与保养	首届“全国乡村振兴青年先锋”——苏州相城新型职业农民朱赟德的人物事迹	央视《新闻联播》

体育(舞龙)

一、课程信息

“体育(舞龙)”课程基本信息如表 12 - 1 所示。

表 12 - 1 “体育(舞龙)”课程基本信息

课程名称	体育(舞龙)	开课部门	基础部
适用专业	园艺技术专业	课程类型	公共基础课
课程性质	必修	开设学期	第 3 学期
课程学分	2 学时	课程学时	总学时:36 其中:理论 8,实践 28
前导课程	体育 2	后续课程	非遗舞草龙
编 写 人	孔黄生	审 定 人	吴超
课程设计依据	《2021 级园艺技术专业人才培养方案》		

二、课程简介

“体育(舞龙)”是公共基础课程,是依托传统体育文化进校园打造的“一校一品”特色课程。通过学习本课程,学生能够掌握健身方法,增进身心健康和传统文化认同,培养团结协作意识。课程服务专业发展,重视职业劳动运动的素质练习,注重融入课程思政元素,在传承舞龙运动中增强学生的身体素质,树立民族文化自信,培养德才兼备的农业人才。

三、课程性质与定位

(一) 课程性质

“体育(舞龙)”是高等职业院校的公共必修课之一,而舞龙既能弘扬中华优秀传统文化,又能全面发挥人体的运动能力,提高人的健康水平,促进人的全面发展,提升职业体能。本课程是以身体练习为主要手段,以体育与健康的知识、技能和方法的传授为主要内容,以培养高等职业学校学生的体育与健康学科核心素养和促进学生身心健康发展为主要目标的特定课程,对于建设健康中国和人力资源强国,实现中华民族伟大复兴的中国梦具有重要意义。通过对舞龙运动项目的进一步学习,学生能了解舞龙的起源与发展,掌握舞龙基本技术、古代求雨仪式流程、技术练习方法和套路动作的创编,在舞龙运动中促进健康水平,强化意志品质。通过对舞龙文化的学习,学生会对民族文化有更直观、更深入的了解,进而提升对民族文化的认同,树立民族文化自信。

(二) 课程定位

"体育(舞龙)"传授学生运动技术,传承非遗舞龙文化,提升学生的民族文化认同感,培养健康向上的新型职业技术人才。

四、 课程设计思路

"体育(舞龙)"为园艺技术专业的公共基础课程,专业面向农业和林业的相关岗位,它们大多有着工作劳动强度大的特点,尤其需要从业者有强健的体格。本课程将审美要求和民族精神融入其中,开展课程思政教学设计。

(一) 五维一体理念,落实立德树人

构建五维一体的教学理念,坚持全员、全过程、全方位育人,把"立德树人"当作教育的根本任务(见图 12-1)。

图 12-1　五维一体教学理念

(二) 配合专业需求,优化教学内容

教师团队根据园林技术专业需求,优化课程的教学内容。根据园林技术实践中插花对手指、手腕、手臂力量与耐力的要求,对长时间保持下蹲姿势以及全身协调用力的要求等,从舞龙的专项体能练习中选取可迁移的部分,开发出原地"8"字舞龙、负重深蹲、举哑铃等练习,优化教学内容。

同时,针对园林技术专业创新能力的培养要求,优化非遗舞草龙的套路创新综合练习教学内容,引导拓展创新思路,不断创新技术练习形式。

基于学情特征，以了解民族文化为知识目标，以掌握动作技能为技能目标，以培养体育精神为素养目标；以提高学生体质健康水平、规范套路演练为教学重点，以套路创编、演练节奏把控为教学难点（见图 12－2）。

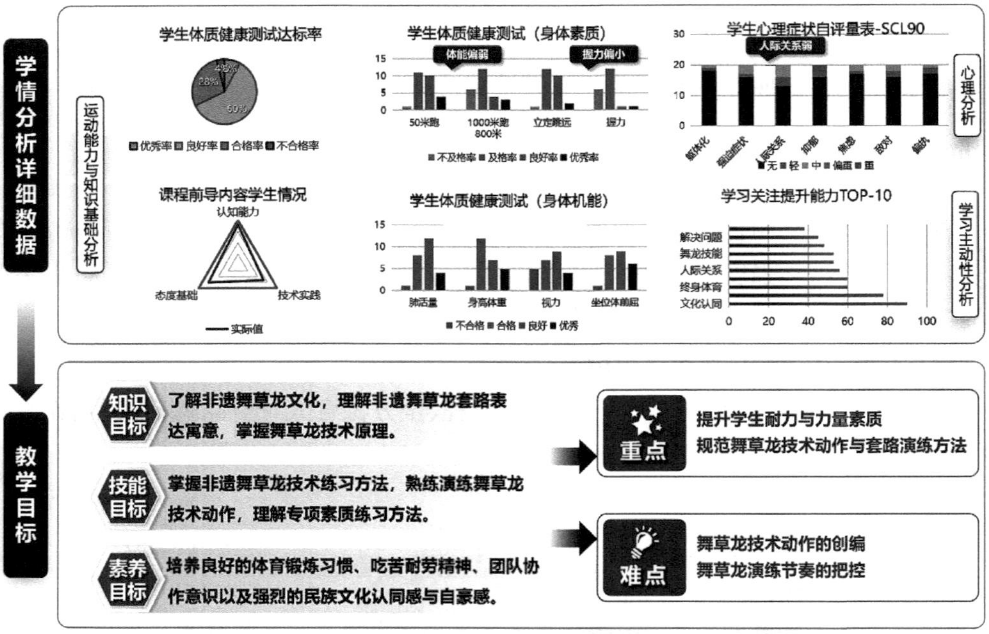

图 12－2　体育（舞龙）学情分析与教学目标

（三）三层级四环节，教学系统递进

根据技术认知规律与技能发展规律，整个舞龙教学分为基础层级、巩固提高层级、综合运用层级，每一个层级设置 4 个环节（见图 12－3）。

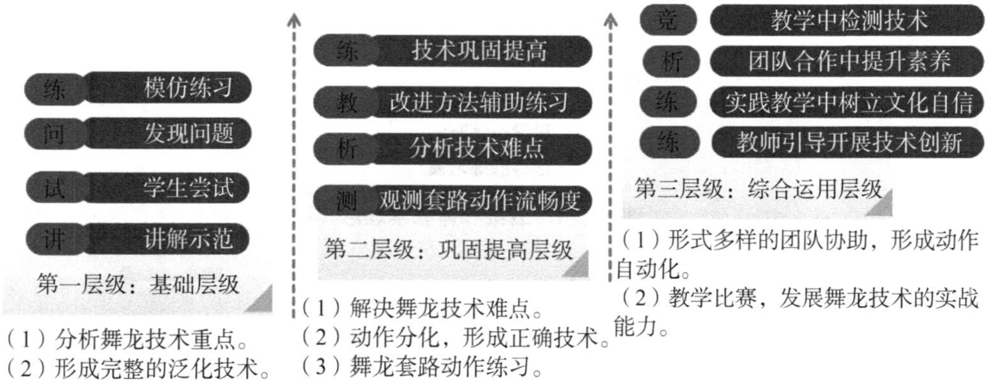

图 12－3　三层级四环节教学流程

（四）信息技术应用，教学活动提效

通过信息技术的应用，提高教学活动的效率。应用动作叠加分析软件，即时分析技术细节；应用实时分析系统，即时反馈技术改进效果；应用全景拍摄技术，随堂完成课件拍摄等。

(五) 加强课程思政,全面评价教学

探索课程思政,将诚信教育、工匠精神、安全教育、集体意识等元素融入舞龙课程,潜移默化地对学生的思想意识、行为举止等产生影响。同时,设计五维多元教学评价体系,指导各项教学活动(见图 12－4)。

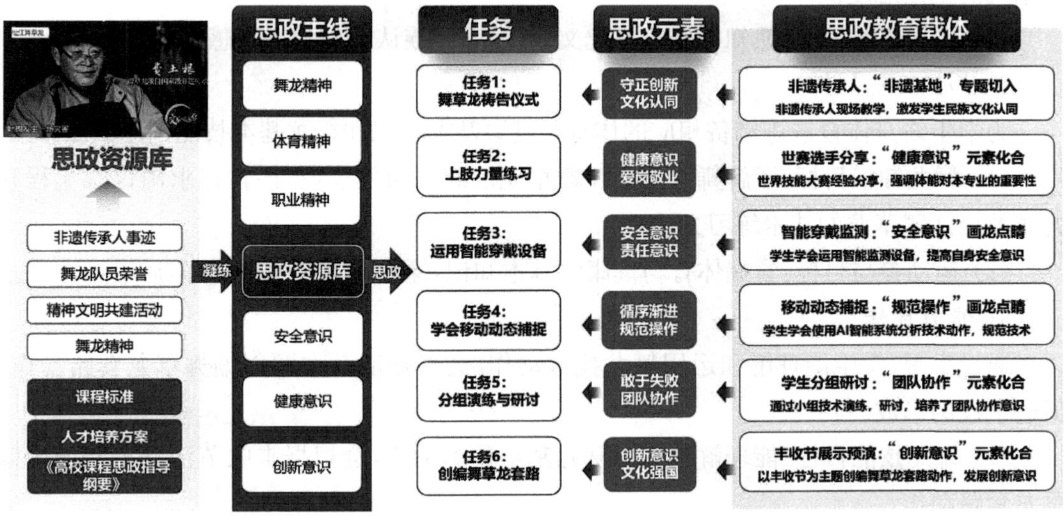

图 12－4 体育(舞龙)课程思政教学流程

五、 课程目标

(一) 总体目标

“体育(舞龙)”始终坚持落实立德树人的根本任务。通过学习本课程,学生能够喜爱并积极参与舞龙运动,享受舞龙运动的乐趣,从中学会锻炼身体的科学方法,提升体育运动技能,提高职业体能;树立健康观念,掌握健康知识,形成健康文明的生活方式;遵守体育道德规范和行为准则,发扬体育精神,塑造良好的体育品格,增强责任意识、规则意识和团队意识。本课程帮助学生在体育锻炼中享受乐趣、增强体质、健全人格、锤炼意志,使学生在运动能力、健康行为和体育精神 3 个方面获得全面发展。

园艺专业学生需要在长时间保持静态站姿的情况下运用上肢进行插花等实践技能操作,工作劳动强度大,精神高度集中,神经能量消耗大,易疲劳。根据学校的人才培养目标和专业特色,课程不仅重视体育知识、运动技能的传授,也非常注重对学生健康体魄的塑造以及对其团队协作意识和吃苦耐劳精神的培养,同时还努力提升民族非遗文化精神,增强学生的民族认同感和自豪感。

(二) 具体目标

1. 素质目标

通过舞龙文化解读提升学生的文化自信与文化认同,通过各专项教学比赛磨练学生

吃苦耐劳的品质和遵守规则的意识。

(1) 社会适应目标:发展学生良好的心理品质、吃苦耐劳精神、团队协作意识、大局意识和公平竞争意识,增强人际交往能力。

(2) 心理健康目标:形成良好的体育锻炼习惯,改善心理状态,克服心理障碍,养成积极乐观的生活态度。

(3) 文化传播目标:熟知松江舞草龙文化,增强民族认同感和自豪感。

2. 知识目标

为学生终身体育锻炼储备相应的体育与健康基本知识和舞龙基本技能训练方法。

(1) 舞龙知识目标:了解舞龙及松江舞草龙的起源与发展,掌握古代求雨仪式流程和舞龙及松江舞草龙的技术练习方法。

(2) 运动参与目标:掌握体育与健康的基本知识,懂得舞龙技术、身体素质锻炼方法。

3. 能力目标

通过学习,学生能理解和运用舞龙技术动作,会根据活动主题创编舞草龙套路动作,促进个性的形成。

(1) 舞龙技能目标:能理解和运用舞龙基本技术动作,会根据丰收节活动主题创编舞草龙套路动作。

(2) 体能目标:会根据园艺技术专业职业特征,发展自身的力量耐力和协调性等综合素质。

六、 课程内容及结构

(一) 课程内容

“体育(舞龙)”为高职第 3 学期的拓展模块,教学内容分为舞龙和非遗舞草龙的组合模块,共计 36 学时,包含舞龙理论知识、舞龙技能、非遗文化知识、非遗舞草龙技能。舞龙教学不仅传授学生舞龙技能、提高学生身体素质,还借助讲好中华优秀传统体育文化故事,增强学生的民族文化认同。传承中华优秀传统文化,树立民族文化自信,通过非遗传承人现场教学、世界花艺选手线上授课等多元化的渠道和教学方式来对课程思政的内涵建设进行拓展和深化(见图 12-5)。

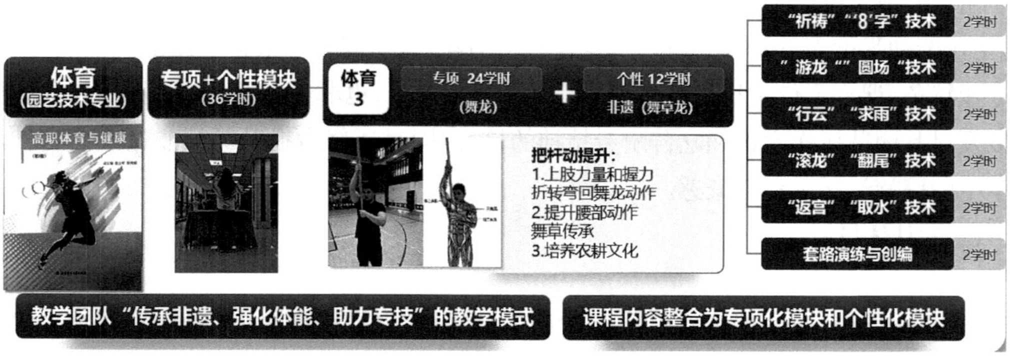

图 12-5　体育(舞龙)课程教学内容结构

本课程教学内容与学时分配如表 12－2 所示。

表 12－2 “体育(舞龙)”内容与学时分配

学习项目			教学内容	学时	思政元素及融入途径	理论学时	实践学时
名称		任务					
舞龙基础	“8”字舞龙类技术	弓步后仰	1. “8”字舞龙技术 2. “8”字和“弓步后仰”动作组合技术 3. 体能	2	思政元素： 团队协作意识 融入途径：元素化合，在小组演练中，将团队协作意识有机融入舞草龙小组演练和研讨教学中，舞龙是一项团队意识要求较高的集体项目，每一次演练失败都是提升团队协作意识的良机，小组研讨就是提升团队默契度的小马达。一次次的小组演练失败过程，让学生真切感受团队协作的重要性。	理实一体	理实一体
	游龙类技术	单侧起伏、单侧起伏圆场游龙	1. 单侧起伏 2. 单侧起伏圆场游龙 3. 体能	2	思政元素： 精益求精、追求卓越的精神 融入途径： 在单侧起伏练习及单侧起伏圆场游龙中，通过规范舞龙技术动作，追求完美展示舞龙技术的过程，元素化合式地引用优秀运动员郑王辉的事迹，展现敬职敬业、精益求精的态度和工匠精神	理实一体	理实一体
舞草龙套路演练	舞草龙基础技术	“祈祷”“滚龙”技术	1. 舞草龙“祈祷”技术 2. 舞草龙“滚龙”技术 3. 体能	2	思政元素： 文化自信 融入途径： 依托非遗传承基地，通过非遗舞草龙传承人的现场教学以及舞草龙微课视频，让学生真切感受中华民族灿烂文化的源远流长，增强学生对民族文化的自信心和自豪感	理实一体	理实一体
		“滚龙＋返宫”技术	1. 舞草龙“返宫”技术 2. “滚龙＋返宫”组合技术 3. 体能	2	思政元素： 团队协作意识 融入途径： 在小组演练中，将团队协作意识有机融入舞草龙小组演练和研讨教学中，让学生真切感受团队协作的重要性	理实一体	理实一体
		“行云”“求雨”技术	1. 舞草龙“行云”技术 2. 舞草龙“求雨”技术 3. 体能	2	思政元素： 吃苦耐劳精神 融入途径： 通过世界花艺大赛选手案例分享，帮助学生进一步了解职业体能的诉求，结合舞龙教学特点，着力发展与园艺技术相关的职业体能	理实一体	理实一体
		“翻尾＋取水”技术	1. 舞草龙“翻尾”技术 2. 舞草龙“取水”技术	2	思政元素： 集体意识 融入途径： 通过在舞草龙演练中，以龙头为核心，	理实一体	理实一体

（续表）

学习项目		教学内容	学时	思政元素及融入途径	理论学时	实践学时
名称	任务					
舞草龙套路演练	舞草龙基础技术	“翻尾＋取水”技术	3. “翻尾＋取水”组合技术 4. 体能	2	在龙头的带领下，龙身上下翻腾似有翻江倒海之势，增强学生的集体意识	理实一体	理实一体
合计		6	12	6	—	—

（二）实践环节

本课程实践教学内容如表 12－3 所示。

表 12－3 “体育（舞龙）”实践教学内容

序号	实践项目名称	实践教学内容	实践教学目标		参考学时	地点安排
			德育	技育		
1	舞龙起源与发展	1. 舞龙运动的起源与发展 2. 体能测试与素质	了解中华民族传统文化，树立民族传统文化自信	熟练掌握身体素质练习方法	2	体育馆
2	传统舞龙基本技能	1. 舞龙基本握杆姿势 2. 舞龙步伐练习	增强规范操作意识	熟练掌握舞龙握杆、步伐	2	体育馆
3	舞龙“8”字类技术	1. 学习原地“8”字 2. 掌握单膝“8”字舞龙	增强团队协作意识	熟练掌握“8”字技术动作	2	体育馆
4		1. 巩固单膝“8”字舞龙 2. 掌握转身“8”字舞龙	培养精益求精、追求卓越的精神	熟练掌握“返宫”技术动作	2	体育馆
5	舞龙游龙类技术	1. 巩固转身“8”字舞龙 2. 掌握原地单侧起伏	培养互帮互助、勇于担当的精神	熟练掌握单侧起伏技术动作	2	体育馆
6		1. 巩固原地单侧起伏 2. 掌握圆场单侧起伏	培养鉴赏美、创造美的能力	熟练掌握圆场单侧起伏技术动作	2	体育馆
7	舞龙穿腾类技术	1. 巩固圆场单侧起伏 2. 掌握舞龙快腾进技术	增强拼搏进取的精神	熟练掌握快腾进技术动作	2	体育馆
8		1. 巩固舞龙快腾进技术 2. 掌握舞龙穿龙尾技术	培养不怕苦不怕累和精益求精的职业精神	熟练掌握穿龙尾技术动作	2	体育馆
9	舞龙翻滚类技术	1. 巩固舞龙穿龙尾技术 2. 掌握正向螺旋跳技术	增强团队协作意识	熟练掌握正向螺旋跳技术动作	2	体育馆
10		1. 巩固正向螺旋跳技术 2. 掌握反向螺旋跳技术	增强精益求精、追求卓越的精神	熟练掌握反向螺旋跳技术动作	2	体育馆
11	舞龙造型类技术	1. 掌握“中”字造型 2. 掌握“国”字造型	增强创造美的能力	熟练掌握舞龙造型技术动作	2	体育馆

(续表)

序号	实践项目名称	实践教学内容	实践教学目标		参考学时	地点安排
			德育	技育		
12	舞龙造型类技术	1. 掌握“龙”字造型 2. 巩固“中”“国”“龙”字造型	增强团队协作意识	熟练掌握组合造型技术动作	2	体育馆
13	舞草龙技术与演练	1. 演练“祈祷”仪式 2. 掌握“滚龙”技术	树立民族传统文化自信和民族文化认同	熟练掌握“祈祷”与“滚龙”舞龙基本技术动作	2	非遗传承基地
14		1. 掌握“返宫”技术 2. 掌握“滚龙＋返宫”组合技术	增强团队协作意识和精益求精、追求卓越的精神	熟练掌握“返宫”技术动作	2	体育馆
15		1. 掌握“行云”技术 2. 掌握“求雨”技术	培养吃苦耐劳的精神，养成健康生活方式	掌握和运用舞草龙“行云”“求雨”技术动作	2	体育馆
16 17		1. 掌握“翻尾”技术 2. 掌握“取水”技术 3. 掌握“翻尾＋取水”组合技术	培养规范操作、团队合作的精神	熟练掌握舞草龙“翻尾”“取水”技术	2	体育馆
18	舞草龙基础技术演练与创编	1. 技术动作创编 2. 舞草龙套路演练	培养创新意识	掌握舞草龙创编的技巧与方法	2	体育馆
合计	—	—	—	—	36	—

七、课程考核

本课程的考核内容包括舞龙技能、健康行为、运动能力、体育精神、职业素养和相关活动，具体如表 12-4 所示。

表 12-4 “体育(舞龙)”考核内容与评分比例(采用百分制)

评价维度	评价内容	评价方式			备注
舞龙技能(30%)	动作规范	自评 10%	互评 10%	师评 80%	舞龙技能与表现力评价
	套路熟练				
	传承创新				
健康行为(10%)	自主锻炼	自评 40%	互评 40%	师评 20%	校内外实践活动评价
	生活规律				
	自制能力				
运动能力(30%)	速度	前测 25%	后测 25%	提高 50%	仪器测试
	耐力				
	力量				

（续表）

评价维度	评价内容	评价方式			备注
体育精神 （10%）	拼搏精神	前测 25%	后测 25%	提高 50%	体育心境量表
	集体主义				
	爱国主义				
职业素养 （10%）	吃苦耐劳	前测 25%	后测 25%	提高 50%	舒伯职业价值观量表
	钻研精神				
	团队协作				
活动 （10%）	社团展示	每参加一次活动积 1 分，最高不超过 10 分			
	体育竞赛				
	社会服务				

舞龙技能考核标准如表 12－5 所示。

表 12－5　“体育（舞龙）”舞龙技能考核标准

考核内容	评分依据				
	优秀 （90～100 分）	良好 （80～89 分）	中等 （70～79 分）	及格 （60～69 分）	不及格 （低于 60 分）
舞龙	动作规范，姿势正确，方法清楚，配合协调，动作效果好	动作规范性较好，姿势基本正确，方法清楚，配合较协调，动作效果较好	动作规范性一般，姿势有显著错误，方法较清楚，配合不够协调，动作效果一般	动作规范性较差，姿势有严重错误，方法错误，配合协调性较差，动作效果较差	动作规范性差，姿势有非常严重错误，方法错误，基本无配合，动作效果差，成套动作失去节奏

以下是课程目标达成情况评价依据。

（1）平时考核主要包括单元作业、随堂考核等环节，满分为 100 分，分值比例可根据实际情况灵活调整。各环节评分标准见表 12－6。

表 12－6　“体育（舞龙）”平时过程考试评分标准

考核内容		评分依据				
		优秀 （90～100 分）	良好 （80～89 分）	中等 （70～79 分）	及格 （60～69 分）	不及格 （低于 60 分）
理论部分	舞龙基本理论	按时出勤，认真听讲，主动回答问题，表述清晰，知识点内容掌握熟练，积极参与知识点的讨论	按时出勤，认真听讲，能回答老师提问，表述较为清晰，知识点内容掌握较为熟练，参与知识点的讨论较为积极	按时出勤，认真听讲，能回答问题，表述清晰度一般，知识点内容掌握一般，参与知识点的讨论	基本能按时出勤、认真听讲，基本能回答老师提问，表述不够清晰，知识点内容掌握度不够，参与知识点的讨论较为被动	出勤不足 70%，不能回答老师问题，不参与知识点的讨论

(续表)

考核内容		评分依据				
		优秀(90～100分)	良好(80～89分)	中等(70～79分)	及格(60～69分)	不及格(低于60分)
实践部分	舞龙组合动作	动作熟练、准确,姿势正确,协调性好,富有表现力	动作较为熟练、准确,姿势较正确,协调性较好,有一定表现力	动作熟练度一般,姿势较正确,有一定的协调性,表现力一般	动作能基本完成,熟练度不够,姿势大部分正确,不够协调性,表现力不足	动作不能完成,姿势不正确,不够协调性,无表现力
	课堂表现	能够积极与教师互动,主动回答问题,积极与小组成员团结协作,带动小组成员演练,在小组呈现环节表现突出	能够较好地与教师互动,回答老师问题,较为积极主动地与小组成员团结协作,参与小组成员演练,在小组呈现环节表现较好	与教师教学活动有互动,能够配合回答老师问题,与小组成员团结协作,参与小组成员演练,在小组呈现环节表现一般	与教师教学活动互动较少,不完全能够回答老师问题,与小组成员团结协作中较为被动,参与小组成员演练中有缺席,在小组呈现环节表现较弱	与教师教学活动无互动,不能够回答老师问题,与小组成员团结协作中被动,参与小组成员演练中常有缺席,不能够完成小组呈现

(2) 期末考试为实践类型,满分为100分,分值比例可根据实际情况灵活调整。

(3) 体质健康测试纳入舞龙课程成绩总评,占比为30%,详见表12－7至表12－12。第2、4学期根据每个模块的专项特点做相应安排。

表12－7 单项指标与权重

测试对象	单项指标	权重(%)
大学各年级	50米跑	20
	坐位体前屈	10
	立定跳远	10
	引体向上(男)/1分钟仰卧起坐(女)	10
	1000米跑(男)/800米跑(女)	20

表12－8 体重指数(BMI)单项评分表(单位:千克/平方米)

等级	单项得分	大学男生	大学女生
正常	100	17.9～23.9	17.2～23.9
低体重	80	≤17.8	≤17.1
超重		24.0～27.9	24.0～27.9
肥胖	60	≥28.0	≥28.0

体重指数(BMI)＝体重(千克)/身高的平方(平方米)

表 12-9 肺活量单项评分表(单位:毫升)

等级	单项得分	男生		女生	
		大一大二	大三大四	大一大二	大三大四
优秀	100	5040	5140	3400	3450
	95	4920	5020	3350	3400
	90	4800	4900	3300	3350
良好	85	4550	4650	3150	3200
	80	4300	4400	3000	3050
及格	78	4180	4280	2900	2950
	76	4060	4160	2800	2850
	74	3940	4040	2700	2750
	72	3820	3920	2600	2650
	70	3700	3800	2500	2550
	68	3580	3680	2400	2450
	66	3460	3560	2300	2350
	64	3340	3440	2200	2250
	62	3220	3320	2100	2150
	60	3100	3200	2000	2050
不及格	50	2940	3030	1960	2010
	40	2780	2860	1920	1970
	30	2620	2690	1880	1930
	20	2460	2520	1840	1890
	10	2300	2350	1800	1850

表 12-10 大学男生各单项评分表

等级	单项得分	50米(秒)		坐位体前屈(厘米)		立定跳远(厘米)		引体向上(次)		1000米(分.秒)	
		大一大二	大三大四	大一大二	大三大四	大一大二	大三大四	大一大二	大三大四	大一大二	大三大四
优秀	100	6.7	6.6	24.9	25.1	273	275	19	20	3′17″	3′15″
	95	6.8	6.7	23.1	23.3	268	270	18	19	3′22″	3′20″
	90	6.9	6.8	21.3	21.5	263	265	17	18	3′27″	3′25″
良好	85	7.0	6.9	19.5	19.9	256	258	16	17	3′34″	3′32″
	80	7.1	7.0	17.7	18.2	248	250	15	16	3′42″	3′40″

(续表)

等级	单项得分	50米(秒)		坐位体前屈(厘米)		立定跳远(厘米)		引体向上(次)		1000米(分.秒)	
		大一大二	大三大四	大一大二	大三大四	大一大二	大三大四	大一大二	大三大四	大一大二	大三大四
及格	78	7.3	7.2	16.3	16.8	244	246	14+	15+	3′47″	3′45″
	76	7.5	7.4	14.9	15.4	240	242	14	15	3′52″	3′50″
	74	7.7	7.6	13.5	14.0	236	238	13+	14+	3′57″	3′55″
	72	7.9	7.8	12.1	12.6	232	234	13	14	4′02″	4′00″
	70	8.1	8.0	10.7	11.2	228	230	12+	13+	4′07″	4′05″
	68	8.3	8.2	9.3	9.8	224	226	12	13	4′12″	4′10″
	66	8.5	8.4	7.9	8.4	220	222	11+	12+	4′17″	4′15″
	64	8.7	8.6	6.5	7.0	216	218	11	12	4′22″	4′20″
	62	8.9	8.8	5.1	5.6	212	214	10+	11+	4′27″	4′25″
	60	9.1	9.0	3.7	4.2	208	210	10	11	4′32″	4′30″
不及格	50	9.3	9.2	2.7	3.2	203	205	9	10	4′52″	4′50″
	40	9.5	9.4	1.7	2.2	198	200	8	9	5′12″	5′10″
	30	9.7	9.6	0.7	1.2	193	195	7	8	5′32″	5′30″
	20	9.9	9.8	−0.3	0.2	188	190	6	7	5′52″	5′50″
	10	10.1	10.0	−1.3	−0.8	183	185	5	6	6′12″	6′10″

表 12－11　大学女生各单项评分表

等级	单项得分	50米(秒)		坐位体前屈(厘米)		立定跳远(厘米)		引体向上(次)		1000米(分.秒)	
		大一大二	大三大四	大一大二	大三大四	大一大二	大三大四	大一大二	大三大四	大一大二	大三大四
优秀	100	7.5	7.4	25.8	26.3	207	208	56	57	3′18″	3′16″
	95	7.6	7.5	24.0	24.4	201	202	54	55	3′24″	3′22″
	90	7.7	7.6	22.2	22.4	195	196	52	53	3′30″	3′28″
良好	85	8.0	7.9	20.6	21.0	188	189	49	50	3′37″	3′35″
	80	8.3	8.2	19.0	19.5	181	182	46	47	3′44″	3′42″
及格	78	8.5	8.4	17.7	18.2	178	179	44	45	3′49″	3′47″
	76	8.7	8.6	16.4	16.9	175	176	42	43	3′54″	3′52″
	74	8.9	8.8	15.1	15.6	172	173	40	41	3′59″	3′57″
	72	9.1	9.0	13.8	14.3	169	170	38	39	4′04″	4′02″

（续表）

等级	单项得分	50 米（秒）		坐位体前屈（厘米）		立定跳远（厘米）		引体向上（次）		1 000 米（分.秒）	
		大一大二	大三大四	大一大二	大三大四	大一大二	大三大四	大一大二	大三大四	大一大二	大三大四
及格	70	9.3	9.2	12.5	13.0	166	167	36	37	4′09″	4′07″
	68	9.5	9.4	11.2	11.7	163	164	34	35	4′14″	4′12″
	66	9.7	9.6	9.9	10.4	160	161	32	33	4′19″	4′17″
	64	9.9	9.8	8.6	9.1	157	158	30	31	4′24″	4′22″
	62	10.1	10.0	7.3	7.8	154	155	28	29	4′29″	4′27″
	60	10.3	10.2	6.0	6.5	151	152	26	27	4′34″	4′32″
不及格	50	10.5	10.4	5.2	5.7	146	147	24	25	4′44″	4′42″
	40	10.7	10.6	4.4	4.9	141	142	22	23	4′54″	4′52″
	30	10.9	10.8	3.6	4.1	136	137	20	21	5′04″	5′02″
	20	11.1	11.0	2.8	3.3	131	132	18	19	5′14″	5′12″
	10	11.3	11.2	2.0	2.5	126	127	16	17	5′24″	5′22″

表 12－12 大学加分指标评分表

加分	大一到大四			
	男生		女生	
	引体向上（次）	1 000 米（秒）	仰卧起坐（次）	800 米（秒）
10	10	－35″	13	－50″
9	9	－32″	12	－45″
8	8	－29″	11	－40″
7	7	－26″	10	－35″
6	6	－23″	9	－30″
5	5	－20″	8	－25″
4	4	－16″	7	－20″
3	3	－12″	6	－15″
2	2	－8″	4	－10″
1	1	－4″	2	－5″

注：引体向上、一分钟仰卧起坐均为高优指标，学生成绩超过单项评分 100 分后，以超过的次数所对应的分数进行加分。

1 000 米跑、800 米跑均为低优指标，学生成绩低于单项评分 100 分后，以减少的秒数所对应的分数进行加分。

八、实施保障

(一) 教学团队

本课程教师专业背景与能力要求如表 12 - 13 所示。

表 12 - 13 “体育(舞龙)”课程教师专业背景与能力要求

课程团队		教师师风师德、专业背景与能力要求
课程负责人		具备体育舞龙课程建设和教学团队管理能力,具有体育舞龙、非遗舞草龙的教学、训练经验,爱学生,责任心强,有较强的创新意识
课程教学团队	专任教师	专任讲师 1:有传播非遗舞草龙文化的经验,参与非遗舞草龙展示活动 专任讲师 2:熟练掌握舞龙运动技能,有较丰富的舞龙教学、训练经历和较强的团队协作意识
	兼职教师	兼职讲师 1:非遗舞草龙传承人,具有丰富的非遗舞草龙文化知识 兼职讲师 2:熟练掌握舞龙运动技能,有较丰富的舞龙教学、训练经历和较强的团队协作意识

(二) 实践教学条件

校内主要实训室如表 12 - 14 所示。

表 12 - 14 “体育(舞龙)”课程校内主要实训室

序号	实训室名称	主要实训项目	主要仪器设备
1	体育馆	舞龙技术学习	舞龙道具、舞草龙道具、移动多媒体、智能穿戴设备等
2	非遗传承基地	舞草龙文化介绍	稻草龙、草龙制作工具

校外主要实训基地如表 12 - 15 所示。

表 12 - 15 “体育(舞龙)”校外主要实训基地

实训基地	依托单位课程	实训任务
非遗传承基地	叶榭镇文体所	了解非遗舞草龙的起源与发展,学习草龙制作工序,提升学生对中华优秀民族传统文化的认同感、自豪感

(三) 教材及参考资料

(1) 推荐教材:孔黄生主编,中国农业出版社 2022 年出版的《高职体育与健康》。

(2) 参考资料:①吕韶钧著,科学出版社 2024 年出版的《舞龙习俗研究》;②林友标编著,暨南大学出版社 2013 年出版的《舞龙(中华才艺系列)》。

(四) 课程思政资源

“体育(舞龙)”课程思政资源如表 12 - 16 所示。

表 12-16 “体育(舞龙)”课程思政资源一览

序号	学习任务	课程思政资源名称	来源
1	舞草龙套路演练	《非遗传承人故事》	https://mooc1. chaoxing. com/course/206087187. html
2	舞草龙套路演练	《传承民族非遗美　绽放自信中华魂——单侧起伏》	https://mooc1. chaoxing. com/course/206087187. html
3	舞草龙套路演练	《传承民族非遗美　绽放自信中华魂——弓步后仰》	https://mooc1. chaoxing. com/course/206087187. html

“体育(舞龙)”其他教学资源一览表

学习任务	教学资源	来源
职业体能	《世界花艺大赛选手经验分享》	https://mooc1. chaoxing. com/course/206087187. html

主　编　蔡　红　王　欢
副主编　张　江　张　琰　薛俊梅

尚农乐耕

高职涉农专业课程思政教学实践

上海农林职业技术学院课程思政教学研究院　组编

下册

上海交通大學出版社
SHANGHAI JIAO TONG UNIVERSITY PRESS

目　　录

下篇　教学设计与案例

下篇
教学设计与案例

果树生产:影响世界的中国果树

一、 教学设计

<table>
<tr><td colspan="2">项目名称</td><td>认识果树种类</td><td>授课学时</td><td>2 学时</td></tr>
<tr><td colspan="2">授课专业</td><td>园艺技术</td><td>授课班级</td><td>园艺 211</td></tr>
<tr><td colspan="2">授课年级</td><td>高职二年级</td><td>授课形式</td><td>理实一体</td></tr>
<tr><td colspan="2">课程名称</td><td>果树生产</td><td>课程负责人</td><td>余为为</td></tr>
<tr><td colspan="2">课程类别</td><td>专业核心课程</td><td>课程组成员</td><td>张华、朱骏驰</td></tr>
<tr><td colspan="2">教学内容分析</td><td colspan="3">果树的识别与分类是果树生产的基础,本内容与生活息息相关,不仅可以激发学生的专业兴趣,还为其后面学习各类果树实际生产管理打下坚实基础。通过起源于中国的果树文化、典籍,我国种质资源开发、利用等介绍,学生树立种源大国自信,激发对果树栽培的兴趣</td></tr>
<tr><td rowspan="3">教学目标</td><td>素质目标</td><td colspan="3">树立种源自信
培养对美好生活的追求与向往</td></tr>
<tr><td>知识目标</td><td colspan="3">掌握常见果树特点
掌握果树分类依据</td></tr>
<tr><td>能力目标</td><td colspan="3">能准确识别果树树种
能对果树进行栽培学分类</td></tr>
<tr><td colspan="2">学情分析</td><td colspan="3">学生初学“果树生产”,已学习植物学课程,掌握植物学分类方法,具备常见果树辨别能力,对果树分类的意义及如何根据栽培学分类充满好奇。他们善于动手操作,但归纳能力和对理论知识的应用能力还有所欠缺</td></tr>
<tr><td colspan="2">教学重点</td><td colspan="3">果树识别与分类</td></tr>
<tr><td colspan="2">教学难点</td><td colspan="3">对给出的果树进行正确分类</td></tr>
<tr><td colspan="2">教学资源</td><td colspan="3">信息化平台:“学银在线”平台、“学习通”平台
材料与设备:微课视频</td></tr>
<tr><td colspan="2">教学环节</td><td colspan="3">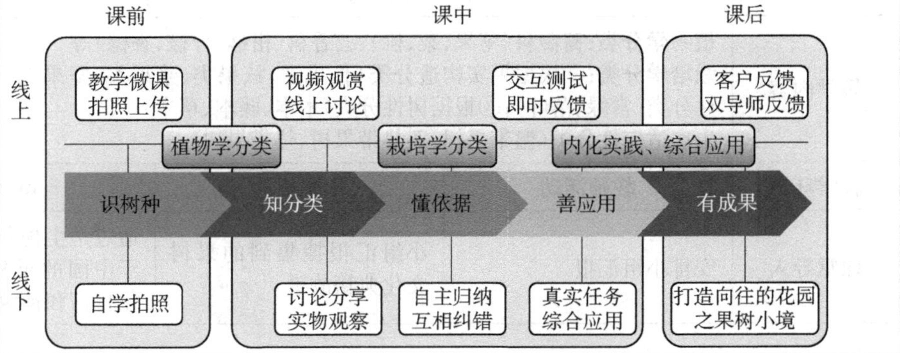
</td></tr>
</table>

二、课程思政设计

主题	影响世界的中国果树——种源自信、文化自信		
目标	学生通过搜集果树历史文化、典籍故事等，了解我国丰富的种质资源，增强种源自信		
特色	影响世界的中国果树，不仅体现了中国在果树种质资源方面的丰富性和独特性，还蕴含着深厚的种源自信与文化自信		
案例名称	案例简介	思政元素	融入方式
影响世界的中国果树	我国作为世界果树的一个主要发源地，拥有大量的果树种质资源，在4 000多年的人工栽培和选育过程中，逐渐形成了丰富多彩的地方品种。早在2000多年前的秦汉时代，我国已经选育了很多果树优良品种，这是世界各国果树栽培历史上所少见的。这些古老的优良品种都是劳动人民创造的成果。为此，对于优良品种，必须加以整理、保存、利用，以发挥其更大作用	种源自信 文化自信	通过介绍起源于中国的果树，让大家了解到苹果、梨、桃、柑橘等大宗果品的历史文化故事，了解中华文化的博大精深。也通过故事，让学生了解科学家们几十年如一日在田间地头培育国产好品种的经历，树立民族自豪感和大国担当
教学过程			
课前准备			
教学环节	教师活动	学生活动	设计意图
调查水果市场常见果品或家乡特有果树的种类，并对其进行识别，搜集其文化历史故事	**发布调研任务：**调查水果市场常见果品或家乡特有果树的种类，并对其进行识别 将“常见果树（大宗果品）”教学微课上传平台	自学拍照	让学生了解当前市场及家乡果树（大宗果品）种类，激发学生的专业兴趣与自主学习积极性
课中学习			
教学内容	**植物学分类：**蔷薇科（苹果、梨、桃）、芸香科（柑橘、柠檬、香橼）等 **栽培学分类：**①根据果实构造分类（仁果类、核果类、浆果类、坚果类）；②根据叶幕特性分类（常绿、落叶）；③根据树性分类（木本、藤本、草本） 生态适应性分类（温带果树、亚热带果树、热带果树）		
教学环节	教师活动	学生活动	设计意图
课堂导入	安排小组汇报	小组汇报搜集到的果树文化典籍故事	通过学生搜集资料了解起源于中国的果树文化，树立文化自信和种源自信

(续表)

教学环节	教师活动	学生活动	设计意图
植物学分类	**引导初步分类:**植物学分类方法、根据果实成熟物候期等	复习巩固,用植物学分类法对常见果树进行归类	通过已学的植物学分类方法,由浅入深,引出其他与果树栽培管理相关的分类方法
栽培学分类	步步引导,分局不同标准进行分类 交互检测反馈	解剖果实,根据果实构造对果树进行分类 根据异同点逐步再分类 交互检测	通过现场解剖果实,引导学生根据果实构造进行分类,进而根据异同点,步步深入,掌握栽培学分类依据 通过微课学习果树的生态适应性分类 通过交互检测系统,课中及时进行成果评价
综合实践	**提出任务:**打造向往的花园之果树小境 **分析任务** **评价反馈:**对学生设计方案进行反馈指导	**接收任务:**明确客户需求 **小组合作完成任务:**根据其地理位置及其他个人爱好要求配置果树种类,形成报告并上传平台	通过综合实践任务,引导学生将理论知识应用于实践中,深化学生对果树分类的意义的理解,提高其解决实际问题的能力,培养其对美好生活的追求与向往
课后提升			
拓展	制作思维导图,总结果树分类方法 思考"如果院子坐落在北京,应该如何配置果树种类" 完成综合任务设计方案,由客户和企业技术人员共同做出评价		
目标达成情况	学生通过预习和查阅典籍,搜集中国果树文化故事,通过小组汇报,加深对我国果树资源的了解,树立文化自信		
反思	案例资料较为分散,后续可进行分类和整合,制作果树文化专题资源		

三、案例资源

"一骑红尘妃子笑,无人知是荔枝来。"杜牧的一句诗,写红了中国历史上第一位水果代言人——杨玉环。在汗牛充栋的史书及诗词歌赋中,关于水果的记载不计其数。果树有哪些种类?每种水果的背后又有哪些历史渊源和历史典故呢?

中国是世界上最大的荔枝生产国,两广、海南一带就是荔枝的原产地。最早提及荔枝的文献是西汉司马相如的《上林赋》,文中写作"离支"。大约从东汉开始,"离支"写成"荔枝"。

"日啖荔枝三百颗,不辞长作岭南人。"苏轼对岭南佳果情有独钟。为什么广东岭南的荔枝有名呢?原来,荔枝对于环境的要求很高,高温高湿、光照充足是其生长的必备条件。但在每年11月到次年2月期间,荔枝却需要相对的低温,以保证其花芽分化的顺利完成。花芽分化得好,荔枝花期才盛,才会结出更多的果实。所谓荔枝挂果小年,大多是前一年出现罕见暖冬后的花果减产。而纵观全球,同时满足平时高温湿热、冬季低温、土地肥沃这3个条件的地域并不多，岭南便是其中最大的一片区域。

“世间珍果更无加，玉雪肌肤罩绛纱。”作为最具岭南特色的佳果，荔枝起源于中国，栽培记录可追溯到2 300多年前。目前，荔枝产业是我国南方亚热带地区农业的重要支柱产业。那起源于北方的水果又有哪些呢？接下来我们来了解下世界四大水果之一的苹果。

苹果，古称“柰”，起源于中国，新疆则是世界栽培苹果的起源地，位于新疆天山山脉的野果林是苹果重要的基因宝库。而环渤海产业带和西北黄土高原产业带是我国主要的苹果产业带。

产业的发展离不开优良品种的支撑。当下，我国苹果产量占全世界的55%，但90%以上都是国外品种，我国自主培育的品种还不到10%。国家苹果产业体系岗位专家赵政阳教授继承老一辈果树专家“脚踏黄土、情系三农、甘于吃苦、追求卓越”的精神，30年来一直进行新优品种的选育，为的就是让国人吃上国产好苹果。

果树的育种工作都是非常艰辛的，尤其是苹果有17个染色体，20 000多个基因，是高杂交性植物。苹果的每一轮选育是以年为单位计算的，一个新品种选育成功的概率仅为万分之一，且需要20到30年。赵老师说，虽然自主培育新品种存在各种艰难困苦，然而这是一条必须走的路，只有这样才能选出中国自己的好品种。好的品种是果农致富的关键，是中国苹果产业的“芯”。赵老师在黄土高坡的果园指导农户高效栽培技术的努力，使我们能够最终品尝到瑞阳、瑞雪、瑞香红苹果那浓郁怡人的口感。

中国的果树物种有300多种，约占世界的一半以上，无论是水果种植面积还是产量，中国都稳居世界第一。其中，有些良种保留至今，而大部分早已失传。为此，对于优良地方品种，必须加以整理、保存、利用，以发挥其更大作用。

园林花卉:增强学科自信,铸就伟大中国梦

一、 教学设计

<table>
<tr><td colspan="2">项目名称</td><td>微景观营造以及苔藓植物的识别与应用</td><td>授课学时</td><td>2 学时</td></tr>
<tr><td colspan="2">授课专业</td><td>园林技术</td><td>授课班级</td><td>园林 211</td></tr>
<tr><td colspan="2">授课年级</td><td>高职一年级</td><td>授课形式</td><td>理实一体</td></tr>
<tr><td colspan="2">课程名称</td><td>园林花卉</td><td>课程负责人</td><td>张琰</td></tr>
<tr><td colspan="2">课程类别</td><td>B 类</td><td>课程组成员</td><td>张微微、陈取英</td></tr>
<tr><td colspan="2">教学内容分析</td><td colspan="3">苔藓植物的识别与应用是生态探索的起点,与日常生活紧密相关。通过了解苔藓的形态特征、生态环境,我们不仅能培养对自然的细致观察力,还为生态保护与利用打下基础。中国丰富的苔藓资源及其药用、工艺价值,彰显着生物多样性的魅力,激发我们探索与保护自然的热情</td></tr>
<tr><td rowspan="3">教学目标</td><td>素质目标</td><td colspan="3">培养学生严谨细致的工作态度及欣赏美、创造美的能力
培养学生的专业自豪感和责任心
培养学生拼搏创新、勇敢前行的中国精神</td></tr>
<tr><td>知识目标</td><td colspan="3">掌握苔藓植物的概念
掌握苔藓植物的特点
掌握苔藓植物的主要价值
掌握苔藓植物的形态特征和生态习性</td></tr>
<tr><td>能力目标</td><td colspan="3">能熟练识别常见的苔藓植物
能应用不同类型的苔藓植物进行微景观营造</td></tr>
<tr><td colspan="2">学情分析</td><td colspan="3">授课对象:高职园林技术、园林工程技术专业一年级学生,学生思维活跃,愿意表达自己的想法,习惯上网获取资料,但信息过滤和提取能力比较弱
知识基础:学生已经具备了花卉识别能力,能识别露地花卉、室内花卉
能力基础:学生已经初步建立起花卉识别知识体系,但对专类花卉识别要点的掌握还有待训练和提升</td></tr>
<tr><td colspan="2">教学重点</td><td colspan="3">苔藓植物的识别</td></tr>
<tr><td colspan="2">教学难点</td><td colspan="3">如何在微景观营造中合理使用苔藓植物</td></tr>
<tr><td colspan="2">教学资源</td><td colspan="3">信息化平台:“学银在线”平台
教学材料与设备:园林植物实训室、课件、苔藓孢子、阴生墙面</td></tr>
</table>

（续表）

教学环节	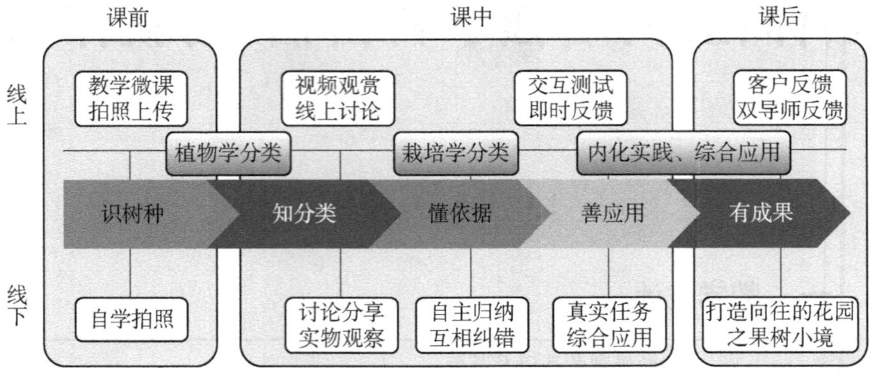

二、课程思政设计

主题	增强学科自信，铸就伟大中国梦		
目标	学生通过搜集与苔藓相关的故事等，了解我国丰富的种质资源及苔藓在景观中的重要性，增强学科自信		
特色	通过小组现场识别记录、互动游戏等，培养学生的表达能力及团结协作精神；结合自然界的真实案例，培养学生“维持生态文明，保护青山绿水”的责任感；通过学科名匠的故事，培养学生的专业自豪感和责任心；通过歌曲演唱视频“苔”，让学生深刻感受山里的孩子如同苔花一样微小，但依然勇敢绽放的坚韧		
案例名称	案例简介	思政元素	融入方式
低等植物水华赤潮现象	1998 年 3 月下旬，香港沿海海域和广东珠江口一带海域发生了一种奇怪的现象：海水泛红色、棕色或绿色，腥臭难闻，海水中的鱼、虾等动物大量死亡，当地沿海各大养殖场损失惨重	生态文明	由于低等植物孢子繁殖快的特点，其对环境的影响是不可忽视的，通过对这个问题的讨论，培养学生“维持生态文明，保护青山绿水”的责任感
开路先锋	苔藓植物能够分泌一种液体，这种液体可以缓慢地溶解岩石表面，加速岩石的风化，促成土壤的形成，所以苔藓植物也是其他植物生长的开路先锋	生态文明	通过问题讨论和微课学习，让学生清楚苔藓植物是其他植物生长的开路先锋，培养学生勇于尝试、敢为人先的品格
南极洲的古代苔藓	南极洲岩心中发现了古代苔藓，这些苔藓能够在极端环境下存活数千年，展现了生命的顽强与坚韧	生命坚韧	通过展示苔藓在南极洲生长的图片、视频与科学研究，让学生直观地感受到苔藓的顽强生命力

（续表）

案例名称	案例简介	思政元素	融入方式
苔藓专家马文章	一个名为“岸边藓”的苔藓作为“新物种”被发布，其拉丁属名就是昆明植物研究所标本馆的苔藓标本管理员马文章的中文拼音	工匠精神	通过视频以及拉丁学名中的中国拼音，培养学生的民族自豪感和对学科专业的执着、热爱
山区孩子唱响《苔》的故事	来自山区的孩子们在支教老师的带领下，唱响了清朝袁枚的《苔》的故事	坚韧精神	通过“古诗词＋歌曲＋讨论”的方式进行总结，引导学生深入思考
教学过程			
课前准备			
教学环节	教师活动	学生活动	设计意图
预习	布置资料收集任务	**资料收集整理：**小组合作讨论，下载、整理、阅读相关资料，查找数据	通过小组形式进行苔藓景观营造资料的收集、分析、讨论，提升获取信息、分析信息等自主学习能力
课中学习			
教学内容	苔藓植物的概念及特点 苔藓植物的价值 苔藓植物种类识别 苔藓植物微景观营造		
教学环节	教师活动	学生活动	设计意图
苔藓植物概念及特点	**发布主题讨论：**通过查阅资料，请大家用1～2个词概括对苔藓植物的印象	**进行主题讨论：**通过手机完成讨论	通过主题讨论，完成对于前期查阅资料的信息提取和概括，培养学生的学习能力
	发布微课：将“苔藓植物概念”微课发送给学生	观看微课	通过微课讲解，完成苔藓植物概念的学习，培养学生的自主学习能力
	提问：通过微课和大家的讨论词云，概括苔藓植物的特点	**完成作答：**学生现场作答	通过现场提问，检验微课观看效果
	小结：苔藓植物只有茎及叶状体，没有真根和维管束的分化，但已经具有胚的结构，属于最低等的高等植物	仔细查看苔藓植物的生活史周期图	通过图文并茂的小结，进一步明确苔藓植物在植物演化分类中的地位，加深印象
苔藓植物的价值	导入微课“南极洲的古代苔藓”	仔细观看微课视频，认真思考	通过案例，引导学生思考苔藓的存在对于人类的启示，如面对困难时的坚持与勇气，以及在极端环境下如何寻求生存和发展的可能

（续表）

教学环节	教师活动	学生活动	设计意图
苔藓植物的价值	**提问**:为什么说苔藓植物是自然界的拓荒者	根据预习情况回答问题	通过对于这个问题的讨论和微课的学习,让学生清楚苔藓植物是其他植物生长的开路先锋,培养学生勇于尝试、敢为人先的品格
苔藓植物种类识别	**分组任务**:要求小组对于苔藓的茎、叶状体、景观应用进行分类讲解 **补充与小结**	**小组讲解**:每个小组进行汇报 **完善与思考**:在小组分享的基础上,完善苔藓植物记录表	分组进行汇报,培养学生团队协作以及查阅资料、突出重点的能力
苔藓植物微景观营造	**分组任务**:要求小组完成微景观营造	**小组任务**:小组在墙面上设计图案,喷洒苔藓孢子,完成微景观营造	通过墙面微景观小组操作,培养学生团队协作、景观营造等能力
总结	**识别图示整理**:对课程内知识点进行梳理,形成思维导图	**理解思维导图**:通过思维导图对课内知识点进行梳理	通过思维导图,构建苔藓植物的知识逻辑关系
课后提升			
拓展	**第二课堂**:微景观社团微景观制作 预习兰科植物内容		
目标达成情况	通过观看真实案例,大部分同学对于学科名匠、清代袁枚的《苔》有了自己的认识,尤其是在听到山区的孩子们唱响《苔》的时候,同学们深有感触。从课程实施效果来看,大多数学生在课程思政教育的影响下,相对于课程开展之初,在以上各方面表现均有所提升		
反思	本案例的教学注重学科感动与知识传授并重。教授学生在识别苔藓植物的同时,还需要建立起不可低估低等植物及植物生态文明的认知,是课程教学的主要思政目标之一。同时,本案例教学注重学生线上线下的参与度,突出了以学生为中心的教学理念		

三、 案例资源

案例 1:低等植物水华赤潮现象

1998 年 3 月下旬,香港沿海海域和广东珠江口一带海域发生了一种奇怪的现象:海水泛红色、棕色或绿色,腥臭难闻,海水中的鱼、虾等动物大量死亡,当地沿海各大养殖场损失惨重。据《经济日报》1998 年 5 月 3 日报道,此次事件,香港渔民损失近 1 亿港币,广东养殖的珍贵鱼类死亡超过 300 吨,经济损失超过 4 000 万元……

人们不禁要问:这是一种什么现象?它是怎样发生的?有没有防治的办法?

赤潮是海洋中某些微小(2～20 微米)的浮游藻类、原生动物或更小的细菌,在一定的条件下暴发性繁殖或高密度聚集,引起水体变色的一种自然生态现象。根据引发赤潮的生物种类和数量的不同,海水呈现黄、绿、褐色等不同颜色。

水华是淡水水体中蓝藻（又叫蓝细菌，包括颤藻、念珠藻、蓝球藻、发菜等）、绿藻、硅藻等大量繁殖后水体呈现蓝色或绿色的一种自然生态现象，是水体富营养化的一种特征。也有部分水华现象是由浮游动物——腰鞭毛虫引起的。“水华”发生时，水一般呈蓝色或绿色。

赤潮和“水华”现象在我国古代历史上就有记载。那时在自然界中它们很快消失，并没有给水产动物和人类带来危害。

然而，人类经济的发展对大自然造成了许多干扰，最主要的是 N、P 营养成分的增加造成淡水、海水的富营养化，为水中这些微小生物的爆发性生长提供了十分有利的条件。

在赤潮消失期，赤潮生物大量死亡和分解，耗尽了水中的溶解氧，导致鱼类及其他海洋生物因缺氧死亡，使海洋的正常生态系统遭到严重的破坏，同时，有些藻类可分泌毒素，毒素通过食物链严重威胁消费者的健康和生命安全。而淡水中蓝藻“水华”造成的最大危害也是通过产生异味物质和蓝藻毒素，影响饮用水源和水产品安全。

案例 2：开路先锋

苔藓植物能够分泌一种液体，这种液体可以缓慢地溶解岩石表面，加速岩石的风化，促成土壤的形成，所以苔藓植物也是其他植物生长的开路先锋。

苔藓植物可促使沼泽陆地化，故被称为“地表塑型师”。泥炭藓、湿原藓等极耐水湿的苔藓植物在湖泊和沼泽地带生长繁殖，它们衰老的植物体逐渐死亡和腐烂，并沉降到水底，日积月累，湖泊和沼泽的净水面积不断地缩小，最后湖泊和沼泽就变成了陆地。

案例 3：南极洲的古代苔藓

英国的科研团队曾在南极洲西格尼岛采集了岩心样品，在孵化器中对样品进行加热，并用光照射，看是否能生长出东西。一开始他们并不乐观，因为这些南极洲岩心样品中最深的一层有超过 1 500 年的历史，但出乎意料的是，一些绿色的细小植株生长了出来。后续研究发现，这些植株为一种处在休眠状态而被科学家唤醒的古代苔藓，这有力地证明了苔藓顽强的生命力。

案例 4：学科名匠

来自昆明植物研究所标本馆的苔藓标本管理员马文章是名副其实的苔藓“怪咖”。他研究苔藓约 16 年，采集了 10 000 多种苔藓标本，采集范围从云贵高原蔓延至青藏高原，又延伸到横断山脉。没有他的这些辛苦的付出，那些独一无二的苔藓就无法被我们认识。其中一个名为“岸边藓”的苔藓作为“新物种”被发布，其拉丁属名就是“马文章”的汉语拼音。

案例 5：山区支教教师带领山区孩子们唱响《苔》的故事

古往今来有大量涉及苔藓的诗词歌赋：“空山不见人，但闻人语响。返景入深林，复照青苔上。”大诗人王维笔下幽深空寂的世界令人回味隽永。刘禹锡的《陋室铭》中，“苔痕上阶绿，草色入帘青”看似是对春意盎然的陋室的描写，实为诗人不屈品格的写照，可谓以苔明志。

爱怜青苔的叶绍翁曾作《游园不值》:“应怜屐齿印苍苔,小扣柴扉久不开。春色满园关不住,一枝红杏出墙来。”这种细腻的笔触令人叫绝。

诗人宋之问去幽林里拜访僧侣朋友,友人不在,他亦细细描绘了当时所见。“房中无俗物,林下有青苔。”在他眼中,青苔和俗物是相对立的存在。而王昌龄见过的那个禅房更绝——“棕榈花满院,苔藓入闲房”,闲寂的僧房只有苔藓才能爬得进去,这是借僧房之静来衬托苔藓所特有的静寂之美。李白《白毫子歌》中“拂花弄琴坐青苔,绿萝树下春风来”一句表现出一副洒脱的形象,其情境的美妙精微为言语所不能及。

“白日不到处,青春恰自来。苔花如米小,也学牡丹开”出自清代诗人袁枚的《苔》,这一首被唐诗宋词的光辉掩盖的平凡小诗就如苔藓一样,虽小而坚,以顽强的生命力突破环境的重重阻碍,焕发青春的光彩。该诗讲述了苔藓虽生活在阴暗潮湿之处,却有自己的生活本能和生命意向,并不会因为环境恶劣而丧失生发的勇气。全诗把苔藓拟人化,苔花虽如米粒般微小,依然像那高贵的牡丹一样热烈绽放。山区孩子们在支教老师的带领下唱响《苔》的故事,表现出了像苔一样坚韧、勇敢的中国精神。

园林工程招投标与预决算：中国精度，极致匠心

一、教学设计

<table>
<tr><td colspan="2">项目名称</td><td>园路工程预算编制以及
园路工程量计算</td><td>授课学时</td><td>1 学时</td></tr>
<tr><td colspan="2">授课专业</td><td>园林工程技术</td><td>授课班级</td><td>工程 201</td></tr>
<tr><td colspan="2">授课年级</td><td>高职二年级</td><td>授课形式</td><td>理实一体</td></tr>
<tr><td colspan="2">课程名称</td><td>园林工程招投标与预决算</td><td>课程负责人</td><td>庹星婧</td></tr>
<tr><td colspan="2">课程类别</td><td>B 类</td><td>课程组成员</td><td>闫妍、刘琴、周赟</td></tr>
<tr><td colspan="2">教学内容分析</td><td colspan="3">园路是园林景观工程的主要构成部分，其造价是园建工程造价的重要组成部分。工程算量是工程预算编制的基础，同时也是预算员岗位的基本技能。通过本任务的学习，学生能认识园路工程（造价）、理解园路算量步骤，并能够准确进行园路算量。引导学生建立园林分部分项工程计量的知识体系框架，在逐步逐项精细算量过程中培养学生的工程规范意识及精益求精的工匠精神</td></tr>
<tr><td rowspan="3">教学目标</td><td>素质目标</td><td colspan="3">培养严谨求实、精益求精的大国工匠精神</td></tr>
<tr><td>知识目标</td><td colspan="3">掌握园路工程造价基本概念
掌握园路工程工程量计算规则</td></tr>
<tr><td>能力目标</td><td colspan="3">会根据施工图纸列出计算项目
会根据计算规则计算标准园路工程量</td></tr>
<tr><td colspan="2">学情分析</td><td colspan="3">授课对象：高职园林工程技术二年级学生，动手能力强，喜欢使用信息化工具，对行业和企业的相关信息充满兴趣
知识基础：已具有园路工程造价程序、园路工程图纸构成知识储备
能力基础：已掌握园路工程图纸识读、园路工程项目划分技能，但对园路结构详图的理解深度有待提升</td></tr>
<tr><td colspan="2">教学重点</td><td colspan="3">园路工程工程量计算规则</td></tr>
<tr><td colspan="2">教学难点</td><td colspan="3">根据园路施工图纸列各项工程量计算式</td></tr>
<tr><td colspan="2">教学资源</td><td colspan="3">信息化平台：“学习通”平台
教学材料与设备：课件、工程图纸、软件密码锁、多媒体实训机房等</td></tr>
<tr><td colspan="2">教学环节</td><td colspan="3">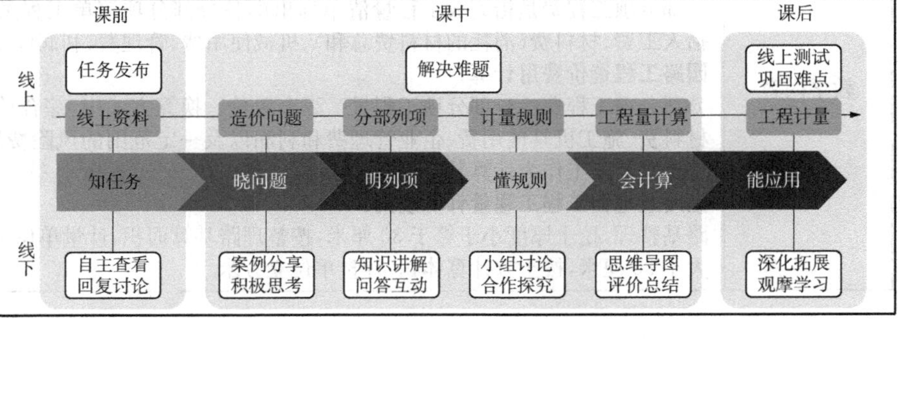
</td></tr>
</table>

二、课程思政设计

<table>
<tr><td>主题</td><td colspan="3">中国精度，极致匠心</td></tr>
<tr><td>目标</td><td colspan="3">严谨求实、精益求精的大国工匠精神</td></tr>
<tr><td>特色</td><td colspan="3">通过大国工匠人物事迹分享，在教学和实践中因势利导、润物细无声地对学生进行思政熏陶，树立正确价值观导向</td></tr>
<tr><td>案例名称</td><td>案例简介</td><td>思政元素</td><td>融入方式</td></tr>
<tr><td>大国工匠：工程测量工陈兆海</td><td>全国劳模、中交一航局三公司工程首席技能专家陈兆海 27 年来“测量点和线”，让一个个大国工程得以精准落成</td><td>严谨求实
精益求精
工匠精神</td><td>思想引领、精神引领的本质是人对人的示范和影响，通过“身边的工匠”典型人物事迹分享，为思政课程教学营造富含高密度当代工匠精神的“空气”，以榜样力量催化学生形成自觉看齐的内驱动力，发扬严谨求实、精益求精的大国工匠精神，给大国工程当“量尺”</td></tr>
<tr><td colspan="4">教学过程</td></tr>
<tr><td colspan="4">课前准备</td></tr>
<tr><td>教学环节</td><td>教师活动</td><td>学生活动</td><td>设计意图</td></tr>
<tr><td rowspan="2">预习</td><td>布置任务：在“学习通”发布课程资源和园路工程量计算的任务</td><td>完成任务：在学习平台、资源库借助课件、专业知识文档等教学资料进行学习，并完成园路工程量计算</td><td rowspan="2">掌握学生情况，为异质分组做好准备：针对任务完成情况，课前对学生做评价，掌握学生熟悉情况，进行异质分组
提升学生自主学习能力：查阅资料，自主学习</td></tr>
<tr><td>检查任务：针对预习内容在平台发布园路工程造价主题讨论</td><td>回复讨论：课前回复主题讨论</td></tr>
<tr><td colspan="4">课中学习</td></tr>
<tr><td>教学内容</td><td colspan="3">园路工程造价概述：
园路园桥是园林工程重要的造园要素，是园林分部分项工程费用即工程造价基础中的重要组成部分
分部分项工程费是指完成工程量清单列出的各分部分项清单工程量所需的费用，包括人工费、材料费(消耗的材料费总和)、机械使用费、管理费、利润以及风险费
园路工程造价费用计算：
分部分项工程费＝分部分项工程量×综合单价。换算方式中，综合单价包括人工费、材料费、施工机具使用费、企业管理费和利润以及一定范围的风险费用。园路工程造价计算首步工作为计算其工程量
园路及地面工程工程量计算规则：
路基整理，挖土厚度小于等于 30 厘米，按整理路基算面积，计量单位平方米，挖土厚度大于 30 厘米，按土方计算体积，计量单位立方米</td></tr>
</table>

(续表)

<table>
<tr><td>教学内容</td><td colspan="3">垫层,按不同垫层材料,以体积计算,计量单位立方米。垫层宽度无道牙时,按路面宽度两边各加宽 5 厘米;有道牙时,两边各加宽 10 厘米,按路面宽度加 25 厘米计算;蹬道带山石挡土墙者,按蹬道宽度两边各加宽 60 厘米计算;蹬道无山石挡土墙者,按两边各加宽 20 厘米计算
路面(不含蹬道)和地面,按设计图示尺寸以平方米计算,坡道路面带踏步者,其踏步部分应予扣除,并另按台阶相应定额计算
路牙,按单侧长度以延长米计算
混凝土或砖石台阶,按设计图示尺寸以立方米计算
台阶和坡道的踏步面层,按设计图示水平投影面积以平方米计算
拌石或片石蹬道,按设计图示水平投影面积以平方米计算
标准园路工程量计算实例:
某小区E区小游园中卵石园路的结构图,园路长度为100米,宽1.5米,请计算该园路的定额直接费、园路的造价分别为多少?
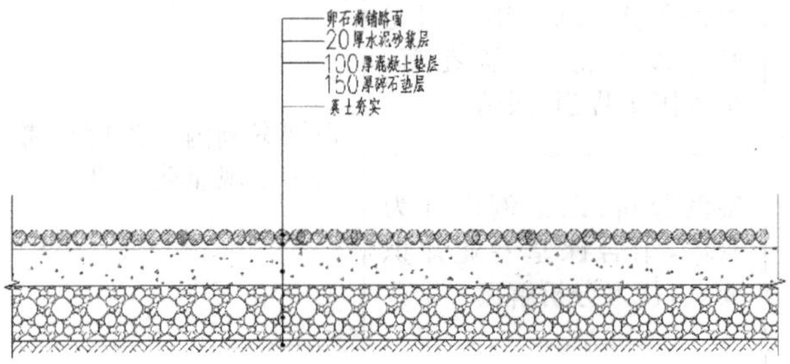
</td></tr>
<tr><th>教学环节</th><th>教师活动</th><th>学生活动</th><th>设计意图</th></tr>
<tr><td rowspan="2">问题导入</td><td>复习:园路工程施工图纸构成及项目划分</td><td>回忆上节课学习过的工程图纸识别</td><td>温故而知新:引导学生复习,帮助学生有效回忆上节课的关键知识点,快速进入状态</td></tr>
<tr><td>提出问题:建造一个意向图片中的标准段园路需要多少费用</td><td>自主思考</td><td>聚焦问题:通过问题导入课程主题,让学生带着问题进入课程学习</td></tr>
<tr><td>园路工程造价概述</td><td>课堂讲解:园路工程造价基本概念</td><td>认真听讲,并积极给予反馈</td><td>提高专业认知:通过讲授课堂知识点,让学生进一步认识分部分项工程费及其费用列项,清楚园林工程造价基础,提高专业认知</td></tr>
<tr><td>园路工程费用计算</td><td>提出问题:如何完成园路工程造价的首步工作——计算工程量</td><td>自主思考</td><td>提高学习积极性:通过问答方式调动学生专业知识学习的积极性</td></tr>
</table>

（续表）

教学环节	教师活动	学生活动	设计意图
园路工程费用计算	**课堂讲解：**园路工程造价费用计算程序 **补充讲述：**计算式中综合单价无须计算，通常是在完成工作量计算后，借助软件载价，完成最终造价预算书	认真听讲，并积极给予反馈	**加深专业认识：**通过讲授课堂知识点，让学生对于造价工作有更为清晰的认识，并为之后掌握预算软件运用技能点做预热
	提出问题：我们应该如何完成工程量统计工作呢	自主思考	**聚焦问题：**通过问题引导学生逐步推进课程知识点学习
	案例导入：2021 年大国工匠年度人物——陈兆海：给大国工程当“眼睛”	根据案例内容深度思考并给予主观能动反馈	**培养规则意识：**通过行业先进人物案例分享，使学生认识到工程造价工作中工程量计算的重要性与关键性，引导学生向陈兆海同志看齐，培养精益求精的大国工匠精神
	案例分析：以案例事件为载体，结合课堂专业知识要点，代入分析解读		
	课堂讲解：园路及地面工程工程量计算规则	认真听讲，并积极给予反馈	**增加专业认知：**通过知识点讲授，让学生增加专业知识，把握技能要点
	计算演示：以案例园路工程图纸进行园路工程量计算过程演示	认真解读计算过程	**提升专业技能：**通过直观的计算演示，使学生更加清楚园路工程量计算过程，并为实训任务的展开做准备
标准园路工程量计算实训	**分组任务：**要求小组根据园路工程图纸完成园路工程量分项计算列式，并算出结果	**分工合作：**学生分为 4 个小组，每组拿到同一园路工程图纸，并进行组内讨论	**提升团队协作能力：**分工合作，完成园路工程量计算，培养学生的组织沟通与团队协作能力 **提升严谨细致能力：**让学生组内分工，进行识图、分项、列式及计算，培养学生严谨细致、知识迁移的能力
	个别指导：教师在学生实训期间查看每组讨论计算情况，进行个别指导	**分组讨论：**结合园路工程项目划分与工程量计算规则，完成工程量列式计算任务，并上传	
	查看答案：在“学习通”平台上查看每组最后提交的工程计量结果。根据学生完成情况，点评总结	**小组、组间讨论：**每组派代表进行小组计算过程及结果的陈述，并进行组间讨论	**提升自主学习能力：**小组分享计算过程，并进行组间讨论，培养自主学习、探究分部分项工程量计算的能力

（续表）

教学环节	教师活动	学生活动	设计意图
总结	**要点归纳**：对课程内园路工程计算规则进行梳理，形成思维导图	**理解思维导图**：通过思维导图，建立与其他分部分项工程间的联系	**提升逻辑思维能力**：通过园路工程量计算规则思维导图，构建分部分项工程量计算基本规则模式
课后提升			
拓展	**考核**：园路工程量计算能力考核 **查资料**：收集园桥工程量计算资料，并上传平台主题讨论区 **知识拓展**：运用课上学会的园路工程量计算法则完成园桥工程量计算法则归纳总结		
目标达成情况	通过本案例的学习，82.3%的学生能够理解工程造价中分部分项工程量计算过程，同时具有一定的实事求是、科学严谨的专业态度，具体学习效果则通过课前预习任务是否完成、分组任务中是否能团结协作、是否能进行课后的自主探究拓展学习、课堂学习结束后是否认真完成实训机房整理等多方面进行考核。从课程实施效果来看，大多数学生在课程思政教育的影响下，相对于课程开展之初，在以上各方面表现均有所提升		
反思	本案例的教学在教授学生掌握园林工程造价中工程算量的技能的同时，培养学生实事求是、科学严谨的专业态度。选择行业楷模人物事迹进行分享，为学生未来发展提供正确价值导向		

三、 案例资源

陈兆海：给大国工程当“眼睛”

27 年前，陈兆海站上了“夏天一身汗、冬天两头寒”的工程测量岗位。

27 年后，水利工程测量工具从测深杆、测深锤升级到回声测深仪，从单波束发展到多波束，从点状、线状测深发展到带状测深，他还在这个岗位上。

27 年来，陈兆海只干了一件事：“测量点和线”，只是数量需要以“上百万个”来计算。

回顾职业生涯，全国劳模、中交一航局三公司工程首席技能专家陈兆海十分感慨：测量就像是工程的“眼睛”，越是投入其中，越会觉得那些点和线已经融进了自己的生命。一个个大国工程的精准落成，让他丈量出的上百万个数据有了特别的意义。

27 年“测量点和线”：个子不高、脸庞黝黑的“粗人”陈兆海，干着一项“细活”。3 到 5 厘米，这是陈兆海眼中不能产生偏差的数据。30 万吨级矿石码头、首座航母船坞、大连跨海大桥、大连湾海底隧道……人们眼中震撼人心的奇迹，在他眼中是无数点线的交织。0.5 秒，这是陈兆海所使用全站仪的精度。船上、桥上、隧道里，他习惯闭上左眼、用右眼观测数据，多年来成了“大小眼”。每一个工程项目，他都是带着仪器第一个进现场做开工前施工放样，等到工程全部竣工验收合格了，最后离开。

2004 年，陈兆海参建的大连港 30 万吨级矿石码头工程进入大干阶段。当年还没有 GPS 技术，只能用“打水砣”的方式来检验基床平整度。为了在一个月仅有两次的大潮中安装更多沉箱，他常常一连几天吃住在海上，最长一次在沉箱上待了 26 个小时。40 多斤的“测深水砣”，每天要扔上百次，而且必须追着海流一路小跑出去。深冬，冰冷狂暴的海风打在身上，陈兆海的眉毛和胡子结满冰霜，溅起的海水将衣前襟冻成了“冰甲”。受水流、水深及尺深形变等因素影响，测深读数时间必须在配重触及海底的2、3秒内完成，最佳读数时间不足1秒，常人根本来不及反应。不服输的陈兆海一练就是几个月，把所有工闲时间全部拿来练眼力和反应速度，硬是把一整套快速读数方法练成了肌肉记忆，靠人工测量将沉箱水下基床标高精度控制在10厘米以内。陈兆海为水下基础施工提供的准确数据，保证了沉箱安装的高效推进。该工程最终荣获中国土木工程詹天佑奖。

（文献来源：https://baijiahao.baidu.com/s?id=1726628813958814462&wfr=spider&for）

动物病理：有一种幸福叫党的关怀

一、 教学设计

<table>
<tr><td colspan="2">项目名称</td><td>肺水肿病理变化观察与识别</td><td>授课学时</td><td>3 学时</td></tr>
<tr><td colspan="2">授课专业</td><td>动物医学</td><td>授课班级</td><td>动医 221、222</td></tr>
<tr><td colspan="2">授课年级</td><td>22 级</td><td>授课形式</td><td>理实一体</td></tr>
<tr><td colspan="2">课程名称</td><td>动物病理</td><td>课程负责人</td><td>王金福</td></tr>
<tr><td colspan="2">课程类别</td><td>B 类</td><td>课程组成员</td><td>张永霞、白雪瑞</td></tr>
<tr><td colspan="2">教学内容分析</td><td colspan="3">肺水肿病理变化观察与识别是水盐代谢障碍的重要知识点，是小动物临床上经常见到的临床病理变化，是作为临床兽医师的基本专业技能。通过本任务的学习，让学生学会识别肺水肿的临床表现，引导学生分析肺水肿发生的机理、探究肺水肿发生的原因，进而培养学生的独立思考、辩证思维、系统思维能力</td></tr>
<tr><td rowspan="3">教学目标</td><td>素质目标</td><td colspan="3">通过思政微课学习，提升学生的家国情怀和责任担当
通过肺水肿病变观察与识别，培养学生的细心、耐心、仁心以及精益求精的工匠精神
通过观察肺水肿患病动物和肺水肿器官时要求戴手套、口罩等防护措施，提升学生的公共卫生安全意识，养成良好的职业防护习惯
通过分析肺水肿的发生原因和机理，培养学生的辩证思维、系统思维、创新思维能力</td></tr>
<tr><td>知识目标</td><td colspan="3">理解水肿发生的机理
掌握肺水肿的发生原因和临床表现
掌握肺水肿病理变化（眼观和镜检）特点</td></tr>
<tr><td>能力目标</td><td colspan="3">能识别出动物肺水肿的临床表现、器官病变和镜检变化
能绘画出肺水肿的镜下病理变化图
能根据临床水肿病理变化，分析肺水肿发生的原因和机制
能熟练使用生物显微镜</td></tr>
<tr><td colspan="2">学情分析</td><td colspan="3">授课对象：高职动物医学专业二年级学生，学生喜欢动物，富有爱心，乐于实践，但对动物临床异常现象的分析缺乏系统的理解和判断
知识基础：学生已完成“动物解剖生理”“生物化学”的学习，会使用生物显微镜
能力基础：学生已经具有一定的组织切片判读能力和绘图能力，但对异常的组织病理切片的判读还有待进一步学习和提升</td></tr>
<tr><td colspan="2">教学重点</td><td colspan="3">掌握肺水肿的病理变化特点
提升学生的公共卫生安全意识，养成良好的职业防护习惯
培养学生细心、耐心、仁心、精益求精的工匠精神
提升学生的辩证思维、逻辑思维、系统思维、创新思维能力</td></tr>
</table>

（续表）

教学难点	水肿的发生机理 肺水肿病理变化识别
教学资源	**信息化平台**：“学习通”平台 **教学材料与设备**：课件，思政微课，动物临床病例视频、图片、动画等数字化资源，大体标本，病理切片，标本馆，虚拟仿真实训室等
教学环节	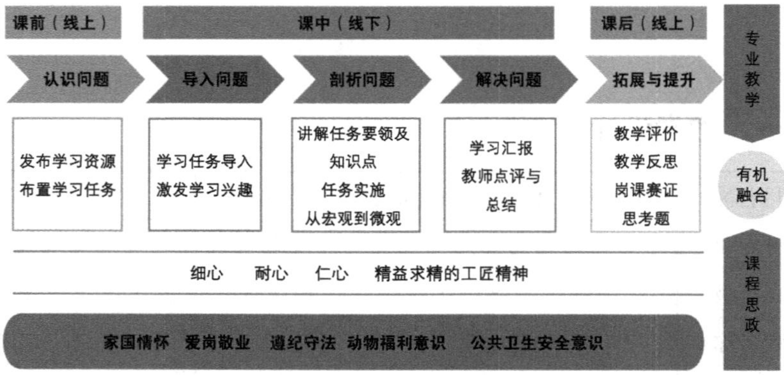

二、课程思政设计

主题	有一种幸福叫党的关怀		
目标	培养学生的家国情怀		
特色	在引入本专题前，以青藏铁路建设中实现高原病“零死亡”这一新闻为切入点，自然而然地引入水肿的知识，以润物细无声的方式将家国情怀的职业素养传递给学生 本专题所选思政元素均与医学病理相关，用关于国家、党对社会主义建设者的关心和爱护的故事，启发学生当下的主要任务就是学习专业知识和技术，回馈社会，以此达到课程思政的教学目的		
案例名称	案例简介	思政元素	融入方式
青藏铁路高原病“零死亡”案例	为了保障铁路建设者的生命健康，铁道部、卫健委联合作出详细规定，并投入近2亿元，在全线建立医疗卫生保障点，配置高压氧舱等先进设备，有效地解决了建设者缺氧的问题，在其历时数年的建设中，实现了高原病“零死亡”	党对人民的关怀	在讲授疾病发生的诱导因素——社会因素时，导入我们国家在青藏铁路建设中高原病“零死亡”这一被中外医学专家赞为高原医学的奇迹的事实，并引领同学们剖析我们国家在青藏铁路建设中是如何克服高寒缺氧等恶劣环境影响的。在青藏铁路建设中，国家铁道部、卫健委等部门做了充分的规划，投入了大量人力、物力，才保障了建设者的生命健康安全。通过案例讲解，启发同学们认识社会主义制度的优越性，为生活在这样的国度而自豪

(续表)

教学过程			
课前准备			
教学环节	教师活动	学生活动	设计意图
预习	**发布任务:**教师在"超星学习通"网络课程平台上发布课前预习任务 **信息收集与反馈:**要求学生反馈学习情况	**接受任务:**学生在"学习通"课程平台上接受发布的学习任务 **开展学习活动:**借助课程平台、教材、网络等工具自主学习肺水肿相关知识	让学生提前预习,提高上课效率 了解学生任务完成情况,为课中开展教学设计提供依据 提升学生自主学习、信息处理、独立思考和积极参与的能力
课中学习			
教学环节	教师活动	学生活动	设计意图
导入	**思政微课导入:**通过高原病"零死亡"这一医学奇迹引出思政主题	**签到** **观看思政微课** **思考与讨论:**根据"有一种幸福叫党的关怀"这一思政主题,结合当下,谈谈大学生如何以实际行动回馈党对我们的关怀	以问题为导向,激发学生勤于思考的能力 培养学生的家国情怀和民族自豪感
剖析问题	**任务要领讲解:**详细讲解肺水肿病变观察与识别操作要求、注意事项等 **任务实施:**分组讨论;动手实操观察;巡回指导答疑 **拓展提高:**对相似的病理变化进行鉴别剖析,提高同学们的病理变化鉴别能力	**认真倾听与分析,解决问题** **任务实施:**按分组进行小组讨论;人人动手观察与识别肺水肿病理变化,认真撰写实训报告,绘画出肺水肿镜检变化图	结合临床实际,让同学们感受到学有所用,激发学习兴趣 培养学生分析问题、思考问题的习惯 培养学生的细心、耐心、仁心以及精益求精的工匠精神 培养学生的辩证思维、分析归纳、逻辑推理能力 通过对患病动物的临床观察,培养学生尊重生命、关爱健康的动物福利意识 通过小组讨论,培养学生的独立思考、创新思维、团队协作、交流沟通能力 通过在大体病理变化观察时做好防护措施,培养学生的公共卫生安全意识
解决问题	**点评总结:**对本次授课内容和同学学习情况进行点评、总结,指出任务实施过程中存在的问题,提出后续改进措施,并对优秀成果进行展示和表扬	**学生汇报:**学生小组根据讨论、分析,汇报学习收获和思政感想 **提交报告:**提交实验实训报告 **职业素养养成:**生物显微镜、病理标本归放到位,关闭电脑,垃圾分类投放,养成"工完场清"的职业习惯	培养学生现场应答能力、思辨能力、主动学习能力和积极参与能力,让学生获得学习的成就感 培养学生实事求是、严谨认真的学习态度和工作作风 培养学生良好的工作习惯和职业素养

（续表）

课后提升	
拓展	根据“有一种幸福叫党的关怀”这一思政主题，结合当下，思考大学生如何以实际行动回馈党对我们的关怀，并撰写一篇思政小论文 试着建立小白鼠肺水肿疾病模型 鼓励学生利用业余时间到学院附属教学动物医院进行临床观摩，将所学知识与临床实践结合起来，提高知识的应用能力和解决实际问题的能力
目标达成情况	通过本专题的学习，同学们都认为动物医学行业是一个充满爱的行业，认为在今后的兽医临床工作中，对待工作中存在的困难，要想尽办法去克服，不畏惧、不躲避，努力提升自己、发展自己，用良好的技术和服务反馈社会。通过青藏铁路建设中高原病“零死亡”这一新闻，潜移默化地培养同学们的家国情怀
反思	在整个动物病理教学过程中，以润物细无声的方式将思政教育与病理教学相融合，做到“立德”与“育人”相结合，专业教学与育人教育相结合。将对热爱祖国，关爱生命，爱护动物，遵纪守法，爱岗敬业，精益求精，人文关怀，感恩奉献，崇文化、爱科学等精神的培养贯穿教学过程，潜移默化地培养学生的职业素养和职业技能

三、课程思政案例资源：青藏铁路建设中的高原病“零死亡”

在青藏铁路历时数年的建设中，高原病“零死亡”现象被中外医学专家赞为高原医学的奇迹。青藏铁路海拔 4 000 米以上的地段占全线 85%左右，年平均气温在 0 摄氏度以下，大部分地区空气含氧量只有内地的 50%～60%。该地区高寒缺氧，风沙肆虐，紫外线强，自然疫源多，被称为人类生存极限的“禁区”。如何在严酷的高原环境下确保建设者的生命安全，是摆在中国政府面前的一项世界性难题。

为解决这一难题，党中央多次召开专门会议，最终，确定坚持“以人为本，卫生保障先行”的建设原则。为解决高原缺氧难题，青藏铁路沿线共建立了 17 座制氧站，配置了 25 个高压氧舱，消耗了 12 万瓶瓶装氧气(5 千克)，数万名职工每人每天平均吸氧不低于 2 小时。

在强有力的医疗保障体系下，青藏铁路开工以来，累计接诊病人 453 万多人次，治疗脑水肿 427 例，治疗肺水肿 841 例，无一例死亡，创造了高原医学史上的奇迹。

这一故事深刻地体现了党中央始终把人民的健康放在最重要的位置。党中央对于青年的关怀也是无微不至的。在革命、建设、改革等各个历史时期，中国共产党始终高度重视青年、关怀青年、对青年一代寄予殷切期望。党的十八大以来，以习近平同志为核心的党中央关心青年成长成才，为做好新时代青年工作指明了前进方向、提供了根本遵循，推动青年工作取得历史性成就。

习近平总书记用“学习就必须求真学问，求真理、悟道理、明事理”的语重心长，教育青年丰富学识、增长见识，用“人生的扣子从一开始就要扣好”的生动比喻，引导青年形成正确的价值取向；用“年轻人不要老熬夜”的深切关怀，叮嘱青年关注身体健康。

习总书记领导的党中央如此关怀青年人，爱护青年人，那么我们应该怎样回馈祖国呢？

作为青年学生，现在我们要做的就是努力学习专业知识和技能，学习大国工匠精神，笃行不怠，为早日实现中国梦贡献自己的一分力量。

宠物内科疾病诊疗：关爱动物，精益求精

一、课程教学设计

<table>
<tr><td>项目名称</td><td>宠物的输液治疗</td><td>授课学时</td><td>4 学时</td></tr>
<tr><td>授课专业</td><td>动物医学(中高贯通)</td><td>授课班级</td><td>动医(贯)191</td></tr>
<tr><td>授课年级</td><td>高职二年级</td><td>授课形式</td><td>实训</td></tr>
<tr><td>课程名称</td><td>宠物内科疾病诊疗</td><td>课程负责人</td><td>战晓燕</td></tr>
<tr><td>课程类别</td><td>专业教育课程</td><td>课程组成员</td><td>孙维平、王金福、李天顺</td></tr>
<tr><td colspan="2">教学内容分析</td><td colspan="3">输液治疗是宠物临床消化系统疾病最常应用的治疗方法，尤其是胃肠炎造成严重脱水时，必须采取输液方式及时补液，防止病情恶化。本课程教学使学生掌握宠物补液量的计算、完成宠物的输液治疗操作，培养学生尊重生命、爱护动物的职业道德和安全防护、精益求精的职业素养，为学生以后从事宠物临床诊疗工作奠定理论与技能基础</td></tr>
<tr><td rowspan="3">教学目标</td><td>素质目标</td><td colspan="3">培养学生尊重生命的职业道德
培养学生精益求精的职业素养
培养学生不怕脏、不怕累、安全防护的职业精神</td></tr>
<tr><td>知识目标</td><td colspan="3">掌握宠物输液量的计算方法
掌握宠物输液的规范操作要点</td></tr>
<tr><td>能力目标</td><td colspan="3">能正确计算患宠输液量
能规范进行宠物输液治疗的操作</td></tr>
<tr><td colspan="2">学情分析</td><td colspan="3">授课对象：本课程教学对象是中高贯通动物医学专业高职二年级学生，具备一定的动医专业的知识与技能基础，但对抽象原理的理解能力和知识记忆能力相对较弱，安全规范意识较薄弱，职业责任感有待进一步提高。喜欢实践操作，信息化水平高，喜欢借助网络、手机和视频学习
知识基础：已掌握宠物临床疾病的一般检查、实验室检查和一般治疗的基础知识
技能基础：具有宠物临床疾病的一般检查、实验室检查和一般治疗方法的基本操作技能</td></tr>
<tr><td colspan="2">教学重点</td><td colspan="3">输液量的计算及使用留置针规范进行宠物输液治疗</td></tr>
<tr><td colspan="2">教学难点</td><td colspan="3">输液量的计算和宠物输液操作要点的理解</td></tr>
<tr><td colspan="2">教学资源</td><td colspan="3">微课、多媒体课件、虚拟仿真模型、实验犬</td></tr>
</table>

（续表）

教学环节	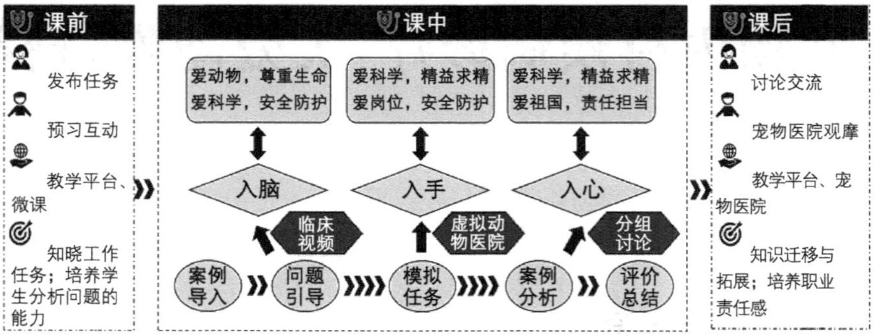

二、课程思政设计

主题	关爱动物，精益求精		
目标	通过多维度、全方位的教学活动，培养学生的道德素养、社会责任感、人文素养和科学素养，促进其全面发展		
特色	本课程思政案例能够有机、自然、贴切地融入专业课的教学环节和教学内容，重点加强对学生的思想引导和方法指导。在课堂教学中，通过创设生动多样的教学情境，从虚到实，从模拟到实践，将思政要素与课堂元素有机融合，既能吸引学生的注意，激发学生的学习兴趣，也让课程思政深入人心		
案例名称	案例简介	思政元素	融入方式
尊重生命，关爱动物	临床输液治疗时，通常使用留置针进行多次输液，以减少对患宠静脉血管的刺激，避免宠物在治疗过程中因反复穿刺导致静脉血管损伤，也减少宠物及宠物主人精神上的痛苦	尊重生命、爱护动物、善待动物的职业道德，兽医人的职业责任感与担当	以宠物临床案例导入教学内容，引起学生的学习兴趣。通过讲解留置针的功用，使学生意识到使用留置针进行输液治疗的必要性，同时培养学生尊重生命、爱护动物、善待动物的职业道德和动物福利意识
精益求精的工匠精神	临床输液治疗时，必须规范、熟练地给犬进行留置针输液，否则可能因不规范或不熟练的操作给宠物带来痛苦与伤害，严重的可因外源性感染导致犬的静脉炎或血栓。使用前肢静脉模型进行反复的模拟训练，达到熟练掌握留置针的操作技能	关爱动物、精益求精的工匠精神，兽医人的职业责任感与担当	通过宠物临床案例导入留置针操作不规范给宠物带来的伤害，提升学生思想上对所学技能的重视。提供前肢静脉模型，最大程度地还原应用留置针进行输液治疗的操作环境，便于学生反复实践，规范地完成留置针操作的每一个细节，熟练掌握留置针的操作技能。反复的模拟训练既减少了对实验犬的静脉损伤，又培养了学生尊重生命、爱护动物、善待动物的动物福利意识，同时培养了学生庖丁解牛、精益求精的职业素养

(续表)

教学过程			
课前准备			
教学环节	教师活动	学生活动	设计意图
预习	**发布课前任务:**宠物输液量计算时主要考虑哪些部分?观看宠物输液治疗的操作视频,归纳输液治疗的要点	**完成课前任务:**利用微课、图书、虚拟宠物医院等资源,观看视频,自主学习宠物输液量的计算及宠物输液治疗规范操作要点	使学生了解将要学习的内容,提高上课效率 培养学生自主学习和信息获取的能力
课中学习			
教学环节	教师活动	学生活动	设计意图
课程导入	**播放案例视频:**3个月的哈士奇吃了放了几天的剩饭,呕吐、腹泻多次,到医院时,精神不振,黏膜干燥。该种情况下,必须及时进行输液治疗,以免机体脱水严重,导致休克,甚至死亡 **提出问题:**宠物输液量是如何计算的?如何进行输液操作 **组织分组讨论:**组织学生结合案例视频及预习知识进行分组讨论 **小结:**结合平台预习及小组讨论结果,对输液量计算公式及输液操作要点进行小结	**回忆知识:**结合临床病例,学生联系回想课前预习的相关内容 **小组讨论:**结合案例及预习知识,进行问题的讨论 **回答问题:**总结输液量计算公式及进行输液操作的要点 **计算输液量:**以案例提供的信息,进行输液量的模拟计算	以宠物临床病例引入,激发学生学习的兴趣,掌握使用留置针进行输液治疗的必要性 通过案例分析,培养学生分析问题、解决问题的能力,结合专业知识与专业技能的教学,融入思政元素,培养学生尊重生命、爱护动物、善待动物的职业道德和动物福利意识
明晰原理	**实物演示:**教师进行留置针的实物演示,讲解其构造及作用 **播放操作视频:**播放应用留置针进行输液治疗的操作视频 **总结要点:**总结留置针的操作要点,对学生提出的疑问进行答疑	**观看演示:**观看留置针的实物演示和留置针操作视频 **提出疑问:**结合实物演示和操作视频,对不理解或不明白的内容进行提问	通过实物演示和操作视频播放,更加形象直观地展示规范的操作细节,便于学生重复学习 以操作不恰当或不熟练造成对动物的伤害的案例,融入思政元素,培养学生精益求精的职业素养、安全防护的职业操守

（续表）

教学环节	教师活动	学生活动	设计意图
模拟训练	**发布任务**：提供仿真模型及使用留置针进行输液治疗的全部材料，让学生分组进行模拟训练 **巡回指导**：学生模拟训练中，进行巡回指导，及时解决模拟操作中遇到的问题，纠正错误操作 **及时评价**：使用技能操作评价表，对学生的操作进行评价，并请学生个人和小组对学生进行评价 **总结要点**：针对学生模拟训练中出现的问题，集中讲解，再一次总结规范操作要点	**模拟操作**：分组进行模拟训练，反复训练 **小组、组间评价**：根据评价表进行自我评价，同时小组对组员的操作进行评价 **提出疑问**：对模拟操作中出现的问题进行思考	通过使用仿真模型进行留置针输液治疗的训练，既给学生提供接近于真实的临床工作环境，又提供给学生反复多次的训练机会 通过教师、自我及小组评价，及时发现操作中的问题，减少认知偏差，便于学生更快更规范地提高专业技能 在专业技能训练中融入课程思政内容，以润物细无声的形式把职业道德、职业素养及职业操守汇入育人过程
临床实践	**发布训练指令**：反复训练留置针输液治疗技能，提供实验犬进行临床实践 **巡回指导操作** **及时评价**：使用技能操作评价表，对学生的操作进行评价，并请学生个人和小组对学生进行评价 **总结要点**：针对学生临床实践中出现的问题，集中讲解，再一次总结规范操作要点	**实践操作**：使用实验犬进行留置针输液治疗的操作，分组进行训练 **小组、组间评价**：根据评价表进行自我评价，同时小组对组员的操作进行评价，并体验模型与实验犬输液操作的差异 **提出疑问**：对模拟操作中出现的问题进行思考	使用实验犬进行留置针输液治疗的操作训练，提供真实的临床工作环境，提升学生的技能操作水平 通过师生互评，及时发现临床操作中的问题，便于学生更快更规范地提高专业实践技能 使用实验犬进行专业技能训练，提升学生的职业素养
课后提升			
拓展	**课堂延伸**：建议学生到校宠物医院观摩，到真实的工作环境体验真实的工作任务，注意工作规范及细节 **设置讨论区**：在课程教学平台的讨论区进行交流讨论，拓展眼界，解决疑惑		
目标达成情况	在教学中引入思政案例，使学生更加深刻地认识到不规范、不熟练的操作可能会对宠物造成严重的伤害，从而重视宠物临床操作技能的训练。在使用前肢静脉模型进行技能模拟操作时，学生们积极练习，模拟技能训练全部通过，使用实验犬进行输液治疗的成功率达 95%		
反思	课程思政教学需要进一步完善教学评价体系。价值观塑造往往是隐性的，隐性教育的成效也并非一日之功，因而需进一步完善教学评价标准，建立健全以产出为导向的考核评价机制，避免“唯量化”的考核评价标准，综合运用量化评价与主观评价、过程评价与结果评价等多样评价方式		

三、案例资源

案例 1：尊重生命，关爱动物

怀有一颗仁爱之心、尊重每一个生命是兽医基本的职业道德，善待动物、重视动物福利、减轻动物痛苦是每一位兽医的职责。临床输液治疗时，通常使用留置针进行多次输液，以减少对患宠静脉血管的刺激，避免宠物在治疗过程中因反复穿刺导致静脉血管损伤，也减少宠物及宠物主人精神上的痛苦。在教学过程中，通过创设多样情境，使学生理解使用留置针进行输液治疗的必要性，培养学生尊重生命、爱护动物、善待动物的职业道德和动物福利意识。

案例 2：精益求精的工匠精神

疾病诊疗需要扎实的知识基础和技能基础，临床实践中存在着专业知识掌握不牢而造成动物疾病的误诊，或技能操作不正确引起动物死亡的情况。临床输液治疗时，必须规范、熟练地给犬进行留置针输液，否则可能因不规范或不熟练的操作给宠物带来痛苦与伤害，严重的可因外源性感染而引发犬的静脉炎或血栓。使用前肢静脉模型进行反复的模拟训练，熟练掌握留置针的操作技能。通过动物仿真模型和动物虚拟仿真资源等教学工具，激发学生的学习动力和热情，强化学生的操作技能，培养学生尊重生命、爱护动物、善待动物的职业道德和精益求精的工匠精神。

农产品安全检测:实验安全无小事

一、课程教学设计

<table>
<tr><td>项目名称</td><td>虚实结合测农残</td><td>授课学时</td><td>2 学时</td></tr>
<tr><td>授课专业</td><td>农产品加工与质量检测
(中高贯通)</td><td>授课班级</td><td>质检(贯)191</td></tr>
<tr><td>授课年级</td><td>高职二年级学生</td><td>授课形式</td><td>理实一体</td></tr>
<tr><td>课程名称</td><td>农产品安全检测</td><td>课程负责人</td><td>陈晶</td></tr>
<tr><td>课程类别</td><td>B类</td><td>课程组成员</td><td>李华、范丽平</td></tr>
<tr><td>教学内容分析</td><td colspan="3">气相色谱法测农残要使用大型分析仪器气相色谱仪。因仪器价格昂贵、数量有限,无法满足一人一机的实操要求,学生需要在仿真实训平台完成气相色谱仪的虚拟练习,通过后方可进入真机实操环节。本课教学涉及两个内容:虚拟仿真和真机实操。
操作中涉及有机试剂、氢气钢瓶的使用和废气的排放,在教学中渗入实验室安全的理念,培养安全防护意识</td></tr>
<tr><td rowspan="3">教学目标</td><td>素质目标</td><td colspan="2">培养实验室安全使用和管理意识
培养精准、精细、敬业的工匠精神</td></tr>
<tr><td>知识目标</td><td colspan="2">掌握气相色谱仪的基本操作流程
掌握气相色谱分析的一般实验方法
熟悉气相色谱各模块参数设置
了解气相色谱仪的日常维护及使用注意事项</td></tr>
<tr><td>能力目标</td><td colspan="2">能熟练操作气相色谱仪
会用气相色谱法测定未知样品
熟练配制所需单标、混标溶液
会使用手动进样针进样</td></tr>
<tr><td>学情分析</td><td colspan="3">授课对象:对大型仪器上机操作兴趣浓厚的学生
知识基础:已掌握气相色谱法测农残的方法、气相色谱仪的原理和结构以及基本操作流程
能力基础:已学会配制标准溶液、开机预热;遇到困难不愿意独立解决,需要加以引导;不擅长分析问题、总结规律</td></tr>
<tr><td>教学重点</td><td colspan="3">气相色谱仪的基本操作流程
自动及手动进样
气相色谱各模块参数设置</td></tr>
<tr><td>教学难点</td><td colspan="3">气相色谱仪的基本操作流程
自动及手动进样</td></tr>
</table>

（续表）

教学资源	信息化平台:“职教云”手机应用、“农产品和食品质量检测”国家教学资源库 教学材料与设备:课件、农产品检测中心一体化实训室、“果蔬中有机磷类农残测定”仿真教学软件
教学环节	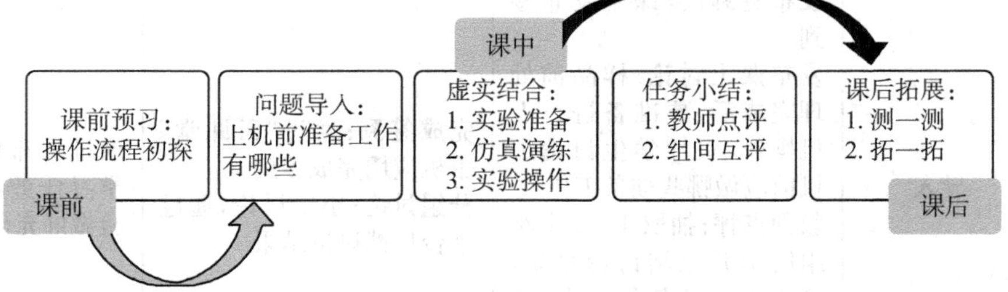

二、课程思政设计

主题	实验安全无小事		
目标	培养学生实验室安全使用和管理意识		
特色	实验室安全事故的案例来源于高校,火灾原因为氢气钢瓶爆炸,与学生实验紧密相关,案例真实生动,能触动同学们的内心,起到良好的思政育人作用		
案例名称	案例简介	思政元素	融入方式
清华大学何添楼氢气钢瓶爆炸导致火灾	近年来,各实验室安全案例集锦	安全	在仿真实训环节,通过个人及实验室安全防护,引入清华大学何添楼氢气钢瓶爆炸导致火灾的案例,提高学生的实验室安全防护意识
海恩法则	每一起严重事故的背后,必然有 29 次轻微事故、300 起未遂先兆以及 1 000 起事故隐患	责任	由实验室安全案例,引入海恩法则,提高学生的责任意识
教学过程			
课前准备			
教学环节	教师活动	学生活动	设计意图
预习	**布置任务**:以小组为单位,观看气相色谱操作视频,完成以下任务,并上传平台。①绘制仪器操作流程图;②列出实验所需物品清单;③熟悉仿真软件 **发起互动**:针对任务完成情况进行点评,要求各小组对流程图及清单不完善处进行调整	**完成任务**:观看视频,小组讨论,完成任务,上传至学习平台 **参与互动**:按照教师要求进行修改	依托“职教云”平台发布视频任务,供学生课前预习,通过学生任务完成情况,教师了解学生学习情况,以便调整教学内容,提高课堂效率

（续表）

课中学习			
教学环节	教师活动	学生活动	设计意图
导入	**发布签到**：云课堂发布签到 **发布课上讨论**：样品前处理完成后，要准备进行上机操作，引导学生讨论上机前应做哪些准备工作 **教师点评**：抽取1～2个小组展示并总结讨论结果，形成实验准备任务卡，明确课程需完成的第一个任务	**完成签到**：通过“云课堂”手机应用完成签到 **分组讨论**：小组讨论，通过平台反馈讨论结果	通过发布课上讨论，引出学习任务，为顺利开展实验做好充分准备
实验准备	**导思探究**：参考仿真软件中的实验准备内容，完成实验准备工作 **教师巡视**：查看准备情况，并对各个小组遇到的问题进行个性化指导	**组内分工合作**：小组根据教师布置的任务，进行实验前准备，包括试剂材料准备与仪器钢瓶准备 **过程记录**：在工作过程记录手册上记录实验准备过程	通过组内分工合作，提高任务完成效率，同时培养学生沟通协作的能力 进行劳动教育，包括轮值耗材管理员、设备运维员、安全员主导的实训耗材、仪器的调配及实训室一日管理等
仿真演练	**布置任务**：组织学生根据操作流程图及仿真指导视频，进行仿真操作练习，熟悉操作步骤 **教师巡视**：课堂巡视，同时通过仿真平台查看操作成绩，查找共性问题，并解答个别化问题 **分析、解决问题**：对学生提出的问题及既往教学中遇到的问题进行演示讲解，包括个人及实验室安全防护与钢瓶开启顺序讲解 **仿真竞赛**：组织学生开展仿真操作比赛	**仿真操作演练**：根据所绘制的操作流程图及指导视频，进行仿真练习，熟悉整个流程及操作步骤 **提出问题**：仿真操作成绩不理想的同学提出仿真过程中遇到的问题	通过仿真软件，第一视角模拟实验操作场景，让学生身临其境地熟悉实验室工作环境及气相色谱仪操作流程，激发学生学习兴趣，降低实际操作过程中的错误率
		讨论问题：听取讲解，师生互动，讨论分析并解决问题 **演练巩固**：认真聆听操作注意事项，结合自身不足，再次演练熟悉操作流程 **仿真比赛**：进行仿真操作比赛	通过教师演示，使学生掌握操作中的注意事项，提高学习效率 通过个人及实验室安全防护，引入思政案例，提高学生的实验室安全防护意识 通过操作竞赛的形式，使学生熟悉整个操作流程，增加学习乐趣和动力
实验操作	**发布微课视频**：手动进样的操作视频 **布置任务**：要求学生按照规范步骤进行上机操作，测定样品	**手动进样练习**：平台上观看手动进样视频，了解手动进样针操作注意事项。小组轮流练习，互相规范操作	通过微课视频结合实际操作，直观展示并自主学习手动进样操作，了解手动进样操作的注意事项，使学生快速掌握此操作

(续表)

教学环节	教师活动	学生活动	设计意图
实验操作	**指导操作**:指导学生操作,发现问题,及时拍照上传平台	**样品测定**:按照教师要求完成样品测定,拍摄操作视频,总结操作关键点及遇到的问题,上传平台 **过程记录**:在工作过程记录手册上记录仪器操作过程	通过样品测定,掌握气相色谱仪的使用,总结操作关键点及遇到的问题,培养动手能力及自主学习能力 通过手动进样操作,引入思政小故事,培养学生爱岗敬业、恪尽职守的职业精神
任务小结	**点评实操**:总结上机操作,点评上机过程中遇到的问题 **实验整理**:整理实验台,回收废弃物,清洗实验用具	**生生互评**:观看其他小组操作视频,并打分 **整理实验室**:整理试验台,清洗实验用品,打扫卫生	通过实验室整理,使学生养成良好的实验习惯,为日后从事食品检测工作打基础 进行劳动教育,全员践行"工完场清",融入劳动教育和职业责任
课后提升			
拓展	**导行拓展**:课后测试;以小组为单位,查找资料,列举3个用到气相色谱仪的食品检测项目,并简单描述测定方法 **批阅课后练习**:及时批阅学生上传到课程平台的课后测试,整理有共性的问题并点评	**完成作业**:完成测试;查阅相关文献,记录项目,并描述测定方法,上传至平台	通过测一测,及时了解学生课上知识的掌握情况 通过查阅资料,让学生进行拓展学习,进一步了解气相色谱法
目标达成情况	学生讨论了实验室可能存在的安全隐患,并列出了应对措施,既深刻理解了实验室安全的重要性,又巩固了安全防护知识		
反思	通过对实验室安全案例的讨论和对海恩法则的讲解,层层递进,让注重实验安全、防患未然的理念深深扎根心中,同学们都能在后续实验过程中自觉做好安全防护,关注仪器设备的使用情况和安全措施是否到位,安全意识明显提升		

三、 案例资源

案例1:清华大学何添楼氢气钢瓶爆炸导致火灾

2015年12月18日,清华大学化学系实验室发生一起爆炸事故,事故造成一名正在做实验的孟姓博士后当场死亡。爆炸的是一个氢气钢瓶,爆炸点位于孟姓博士后的操作台两三米处,钢瓶为底部爆炸。火灾发生后,楼内师生及时组织撤离,周围人员得以有效疏散。

事故直接原因:事发实验室储存的危险化学品叔丁基锂燃烧发生火灾,存放在实验室中的氢气钢瓶在火灾中爆炸。

事故间接原因:违规存放危险化学品,违规使用易燃、易爆压力气瓶。《危险化学品安全管理规定》《实验室气瓶安全管理规定》不落实，实验室安全管理不到位，学生安全意识淡薄。

安全警示：①强化师生大安全意识，牢固树立“安全第一，以人为本，关爱生命”的安全理念，坚决杜绝违规开展实验、冒险作业的现象。②严格落实实验室安全管理制度，实验室安全管理要管到实验的每个细节。

案例 2：海恩法则

海恩法则是航空界关于飞行安全的法则。海恩法则指出：每一起严重事故的背后，必然有 29 次轻微事故、300 起未遂先兆以及 1 000 起事故隐患。

按照海恩法则分析，当一件重大事故发生后，我们在处理事故本身的同时，还要及时对同类问题的“事故征兆”和“事故苗头”进行排查处理，以及时消除再次发生重大事故的隐患，把问题解决在萌芽状态。

海恩法则强调两点：一是事故的发生是量的积累的结果；二是再好的技术、再完美的规章，在实际操作层面，也无法取代人自身的素质和责任心。

微生物检测：坚守细节

一、 课程教学设计

<table>
<tr><td colspan="2">项目名称</td><td>菌落总数的测定</td><td>授课学时</td><td>1 学时</td></tr>
<tr><td colspan="2">授课专业</td><td>农产品加工与质量检测</td><td>授课班级</td><td>质检 201</td></tr>
<tr><td colspan="2">授课年级</td><td>高职二年级</td><td>授课形式</td><td>理实一体</td></tr>
<tr><td colspan="2">课程名称</td><td>微生物检测</td><td>课程负责人</td><td>范丽平</td></tr>
<tr><td colspan="2">课程类别</td><td>B 类</td><td>课程组成员</td><td>代书玲、陈晶、徐莉</td></tr>
<tr><td colspan="2">教学内容分析</td><td colspan="3">菌落总数是衡量生乳质量的核心指标，是生乳用于乳制品加工前的必检项目。菌落总数检测结果的准确性依赖于检测人员对操作细节的辨识和落实
学生完成菌落总数初次检测后诊断操作细节，并在复检中改进提升。这是连接初检和复检的中间环节，是能否实现操作精进、知识深化、细节提升的关键环节</td></tr>
<tr><td colspan="2">学情分析</td><td colspan="3">知识基础及提升方向：学生已掌握菌落总数的概念、菌落总数检测操作流程、制作培养基和制备平板的方法。学生需细化理解菌落总数操作流程，融通菌落总数检测原理、操作和微生物特性
能力基础及培养方向：学生已具备查阅标准、初步解读标准的能力，具备完成常规操作步骤的能力
学生特点：心理上不喜欢被说教，相信看得见摸得着的东西，对新生事物感兴趣；学习上喜欢动手操作，模仿性强，但易忽视细节，学习过程自主性欠佳，不善于思考，浅尝辄止，需重视学习能力的培养</td></tr>
<tr><td rowspan="3">教学目标</td><td>素质目标</td><td colspan="3">善于学习，善于发现问题并在操作中纠正改进、善于总结
坚守细节，于检测操作中考究、落实操作细节</td></tr>
<tr><td>知识目标</td><td colspan="3">熟悉菌落总数检测步骤，熟知操作细节</td></tr>
<tr><td>能力目标</td><td colspan="3">规范而熟练地完成生乳菌落总数复检操作
在检测细节剖析及操作中融通检测原理及微生物特性</td></tr>
<tr><td colspan="2">教学重点</td><td colspan="3">规范地完成菌落总数的检测</td></tr>
<tr><td colspan="2">教学难点</td><td colspan="3">融通菌落总数检测原理、微生物的特性与检测细节</td></tr>
<tr><td colspan="2">教学资源</td><td colspan="3">信息化平台：“学习通”平台
教学材料：“十四五”职业教育国家规划教材《食品微生物检验技术》，微课视频</td></tr>
</table>

（续表）

教学环节	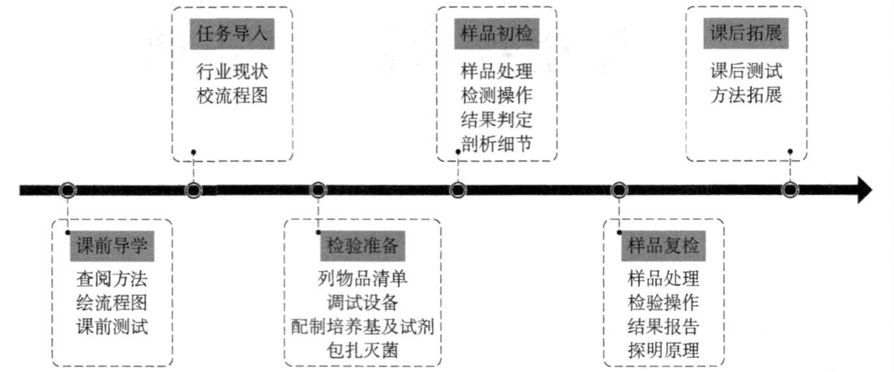

二、课程思政设计

主题	坚守细节		
目标	于检测操作中考究、落实操作细节，提高检测准确性		
特色	**1. 坚持教学内容“内生”思政元素** 学生进行生乳中菌落总数检测的初检体验结果不理想，需要提高操作细节意识和提升操作细节能力，可见坚守细节是微生物检测工作的内涵要求 **2. 嵌入行业劳模，认识“细节”是行业发展的内在需求** 检测生乳中的菌落总数是一道对生乳质量进行把关的环节，菌落总数的高低极大地影响乳制品的质量和行业的发展，好的生乳和乳制品依赖源头的管理。劳模王炎对细节的执着对乳品行业发展有着积极影响 **3. 引入传统文化，增强文化自信，落实细节入行** 引用传统文化“尽小者大，慎微者著”“天下大事必作于细”，涵养学生注重细节的品质，同时增强其文化自信		
案例名称	案例简介	思政元素	融入方式
北京市劳模王炎：不让任何细小的疏漏影响生乳质量	王炎，曾先后获得“北京市技术能手”“首都劳动奖章”“北京市劳模”等荣誉。王炎从事奶牛饲养工作20多年，从一名普通挤奶工成长为牧场场长。日复一日在平凡的岗位上规范每个操作动作，严格对待每一道工序，不让任何细小的疏漏影响奶源质量，保障奶源安全是其平凡的梦想	坚守细节的精神	**坚守细节是微生物检测工作的内涵要求：**在微生物检验中对操作细节的把握决定着结果的准确性和结论的可靠性，关系到舌尖上的安全 **“专题嵌入”劳模事迹，细节品质内化于心：**在诊断操作的过程中嵌入劳模王炎坚守细节的事迹，启发学生认识细节的重要性并聚焦细节开展诊断，明确操作问题点，将细节内化于心，为规范操作奠定基础

（续表）

案例名称	案例简介	思政元素	融入方式
天下大事,必作于细	《资治通鉴》有云:"尽小者大,慎微者著。"《道德经》中亦有言:"天下大事,必作于细。"	传统文化对细节的重视	**借助传统文化"画龙点睛",细节品质外化于行:**分析诊断总结需注意的操作细节后,借用传统文化"画龙点睛"式地提示细节入行,促使学生在复检操作中落实好细节,提高检验准确度
教学过程			
课前准备			
教学环节	教师活动	学生活动	设计意图
初检结果记录与报告	**任务提示:**平板培养 48 h 需进行菌落计数和结果计算;提交平板培养照片和结果记录单 **组织微讨论:**菌落总数结果计算共有几种情况?对应的条件和计算方法是怎样的 **善学引导:**针对结果计算的各种情况,引入林奈的双命名法则和南丁格尔玫瑰图,引导学生将各种情况总结成图表,化繁为简、化乱为序	**菌落计数:**完成初检结果菌落计数,熟悉菌落计数规则,如实填写原始数据 **结果与报告:**完成菌落总数检测结果的计算,填写记录单并得出检测结论 **讨论与完善:**理解菌落总数的各种可能情况及计算方法,分析具体情况,准确应用;根据讨论情况对菌落总数计数、计算结果和结论做必要的修订	掌握学生初检结果及存在的问题,为操作诊断做准备 引入化繁为简、化乱为序的典型实例,促进学生条理化菌落计数的繁杂情况,提高学生的学习能力
课中学习			
教学环节	教师活动	学生活动	设计意图
初检诊断	**组织接龙:**步骤接龙,要求尽可能详细	**参与接龙:**按顺序说出步骤,分享对该步骤的操作体会	寓教于乐,激发兴趣 利于发现细节问题
	抛出问题:相同样品为何结果却不同?请探究原因	**初探问题:**组内头脑风暴,寻找初检操作中的可疑点并及时分享到学习平台	培养学生反思、自诊的意识和能力
	引导学生聚焦细节:针对学生诊断问题时未能深入到细节的问题,引入北京市劳模王炎坚守细节的案例,提示学生分析诊断细节 **导思细节:**结合头脑风暴结果,引导学生依据操作步骤(流程图)逐步排查细节	**形成诊断思路:**按一定逻辑,不放过任何一个操作细节地开展小组讨论 **诊断细节,实时互动:**样品处理需注意无菌操作、均质;梯度稀释需注意无菌操作、更换移液管、放液不接触液面、涡旋混匀;倾注培养需注意 48℃±2℃恒	嵌入劳模王炎的事迹启发学生聚焦细节、明确问题点,为规范检测奠定基础 培养学生分析发现问题、讨论问题、尝试解决问题的能力 激发学生的学习主体意识

（续表）

教学环节	教师活动	学生活动	设计意图
初检诊断	**操作示范**：梯度稀释要点包括边稀释边取样、及时更换、管尖悬空放液；涡旋梯度稀释要点包括充分旋起、不触管塞；倾注操作要点包括托稳平皿、准量倾注（皿高 1/4）、及时混匀、不触皿盖	温、倾注量 15～20 mL、左旋右旋混匀培养基和样液、凝固点判断、倒置培养；全过程无菌操作，且需要在 15 min 内完成 **示范操作要求**：结合操作体验和细节诊断，分析操作盲点主动申请教师进行操作示范	嵌入劳模王炎的事迹启发学生聚焦细节、明确问题点，为规范检测奠定基础 培养学生分析发现问题、讨论问题、尝试解决问题的能力 激发学生的学习主体意识
复检提升	**启动复检**：借用《道德经·第六十三章》中的“天下大事，必作于细”和《资治通鉴.汉纪九》中的“尽小者大，慎微者著”传递复检要求；考究操作细节，完成样品复检，守护舌尖安全 **引入 7S 管理理念**：介绍 7S 管理理念，倡议探索操作过程中的 7S 自我管理，定期分享经验 **巡场评价**：巡视学生操作，特别注意操作细节的落实提升情况，完成复检评价 **因材施教，应邀解惑**：根据学生需要，点对点进行必要的指导和答疑解惑	**复检操作**：明确复检要求；落实操作细节，规范操作；遇到困难，及时求援；全过程 7S 自我管理 **操作评价**：进行操作自评和对组员的操作评价	借用传统文化提示细节入行，涵养学生注重细节的品质，提高操作过程规范性和检测结论可靠性，践行守护舌尖安全的使命，知行合一 7S 理念引领操作过程，提升自我管理能力 个别化指导，因材施教
总结	**点评操作**：对比初检和复检进行操作细节点评，展示操作分数增值情况 **发布预测任务**：预测平板菌落数生长情况	**关联诊断和复检**：通过对比分析关联初检诊断点和复检提升点，认识诊断的重要性和问题的重要性 **预测复检结果**：预测对照平板菌落情况、各梯度平板上菌落数量关系、平板菌落分散情况	通过操作点评和操作评分让学生感受到注重操作细节所带来的成长 通过预测为融通操作与微生物特性奠定基础
拓展	**结果记录**：按时观察记录培养结果，并在学习平台上提交记录单 **生活指导**：水果中含有丰富的维生素和矿物质等营养物，但水果切开后，剩余部分在储藏过程中微生物含量会不断增长，请检验已切开冷藏的水果中不同深度切面菌落总数随储存时间延长的变化情况，为生活提供指导		
目标达成情况	**细节入心**：“专题嵌入”劳模事迹，引导细节入心，学生掌握了操作中应注意的细节，在前后两次知识评测中良好达成率提高 40%，优秀达成率提高 24% **细节入行**：借传统文化“画龙点睛”式助推细节入行，学生操作平均分由 65 分提高到 82 分，学生的操作热情也大大提升		

（续表）

课后提升	
反思	劳动素养和细节品质等思政目标考核单一，需在教学实践中积累和总结课程思政教学效果的评价方法

三、案例资源

案例 1：劳模的坚守

体验操作：完成检验准备、样品处理、倾注培养、结果计数，提交检验报告，体验平板计数法检验生乳中菌落总数的全过程。

结果分析：观察检验结果，检验结果显示菌落数量差异显著，分散在不同的数量级，分析诊断操作上的问题并将分析结果反馈到学习平台。

问题及措施：自诊过程中聚焦操作流程但未能触及操作细节问题。分享乳业劳模坚守细节的案例，启发学生思考。

“乳业劳模王炎从一名普通的挤奶工成长为一名牧场的场长，深刻了解工作的辛劳和意义。她日复一日重复一样的工作，规范每一个操作动作，严格对待每一道工序，不让任何细小的疏漏影响奶源质量。她深知保证奶源健康安全是她义不容辞的责任，更是她平凡的梦想。”

坚守规范、坚守细节就是坚守生乳质量。只有规范好每一个操作细节，才能得到可靠的检测结果。

案例 2：天下大事，必作于细

完成平板计数法检验生乳中菌落总数检测操作细节的剖析。总结如下：①样品处理要无菌操作、充分混匀。②梯度稀释时准确移液、悬着放液、适时换管、充分混匀，全程无菌操作。③倾注培养过程中托稳平皿、培养基温度适宜、准量倾入、及时混匀培养基与样液，凝固后倒置培养，全程无菌。

生乳中菌落总数检测操作细节剖析汇总表

序号	操作步骤	规范细节
1	样品处理	充分混匀、无菌操作
2	梯度稀释	准确移液、悬着放液、适时换管、充分混匀、无菌操作
3	倾注培养	托稳平皿、温度适宜、准量倾入、及时混匀、倒置培养、无菌

《资治通鉴》有云：“尽小者大，慎微者著。”《道德经》中亦有言：“天下大事，必作于细。”让我们带着对细节的考究、对食品安全的责任心完成生乳中菌落总数的复检。

农产品市场营销：文化融入直播带货，激发开拓创新意识

一、教学设计

<table>
<tr><td colspan="2">项目名称</td><td>直播营销</td><td>授课学时</td><td>1 学时</td></tr>
<tr><td colspan="2">授课专业</td><td>现代农业经济管理</td><td>授课班级</td><td>农经 201</td></tr>
<tr><td colspan="2">授课年级</td><td>高职二年级</td><td>授课形式</td><td>理实一体</td></tr>
<tr><td colspan="2">课程名称</td><td>农产品市场营销</td><td>课程负责人</td><td>王海丽</td></tr>
<tr><td colspan="2">课程类别</td><td>B 类</td><td>课程组成员</td><td>路以兴、杨冬梅、赵丹阳</td></tr>
<tr><td colspan="2">教学内容分析</td><td colspan="3">引导学生理解直播营销对于农产品销售的重要作用；帮助学生掌握直播营销的基本流程，并能将其运用于现实助农营销实践活动中</td></tr>
<tr><td rowspan="3">教学目标</td><td>素质目标</td><td colspan="3">培养学生的团队合作精神，启发学生的创新意识</td></tr>
<tr><td>知识目标</td><td colspan="3">理解直播营销的定义和特点
了解直播营销的方式
熟悉开展直播营销的基本流程</td></tr>
<tr><td>能力目标</td><td colspan="3">引导学生结合具体农产品，选择合适的直播平台，为直播进行初步营销策划</td></tr>
<tr><td colspan="2">学情分析</td><td colspan="3">授课对象：现代农业经济管理专业二年级学生，熟悉移动互联网，乐于尝试数字化营销手段
知识基础：已具有“农业经济学”“经济学基础”等前导课程知识，对“市场营销”及产品和定价策略等内容具备一定的基础认知
能力基础：对直播销售的方式比较熟悉，但对直播营销的基本流程还不太了解，对农产品直播策略比较陌生</td></tr>
<tr><td colspan="2">教学重点</td><td colspan="3">直播营销的前期准备、过程技巧和农产品直播策略</td></tr>
<tr><td colspan="2">教学难点</td><td colspan="3">如何结合具体农产品开展直播营销策划</td></tr>
<tr><td colspan="2">教学资源</td><td colspan="3">信息化平台：“学银在线”平台（https://www.xueyinonline.com/detail/222655961）
教学材料与设备：自主拍摄的微课“开展农产品电商”、“直播带货，董宇辉凭什么火爆全网”视频案例、课件、农产品营销实训室</td></tr>
<tr><td colspan="2">教学环节</td><td colspan="3">学 课前平台自学 → 导 任务引导概念植入 → 探 知识探究内化吸收 → 析 案例讨论学以致用 → 评 多维评价目标触达 → 拓 课后拓展训练</td></tr>
</table>

二、 课程思政设计

主题	文化融入直播带货,激发开拓创新意识		
目标	面对挑战,积极转型,不懈努力,发挥自身优势寻找蓝海		
特色	结合新东方在面临行业巨变之时积极转型进入直播带货赛道并探索创新的案例,培养学生积极乐观的人生态度,渗透开拓创新的奋斗精神,达到课程思政的教学目的		
案例名称	案例简介	思政元素	融入方式
直播带货,董宇辉凭什么火爆全网?	“双减”来临,新东方创始人俞敏洪带领团队积极转型,进入直播带货赛道。在默默耕耘了半年之后,凭借另辟蹊径的双语带货,以董宇辉为代表的“新东方式”直播带货在极短的时间内火爆出圈,创造了一个屡败屡战、最终逆袭的传奇	开拓创新的精神	通过案例讨论方式,导入董宇辉的直播带货故事,使学生认识到如何将双语、文化融入直播带货,渗透开拓创新的精神
教学过程			
课前准备			
教学环节	教师活动	学生活动	设计意图
自学	**微课学习任务发布:**在平台发布课程系列微课“开展农产品电商”	自主学习相关微课	通过观看微电影形式的创业微课,激发学生的课程学习兴趣与热情
课中学习			
教学环节	教师活动	学生活动	设计意图
导入	**播放新闻:**湖北秭归脐橙滞销,扬州千名大学生直播带货 **提出问题:**如何为家乡农产品直播带货	**观看新闻:**观看大学生直播带货助农的案例	聚焦地方农业农产品滞销的现实问题,激发学生的学习兴趣,培养学生作为新农人的使命感,引导学生带着问题进入学习
直播营销概述	**内涵解读:**结合各种名人的直播带货现象,介绍直播营销的特点和优势 **提出问题:**网红直播和电视购物、明星广告代言有什么不同 **归纳总结:**用“学习通”词云概括学生回答,归纳总结直播带货的特点	**思考与回答:**分析网红直播和电视购物、明星广告代言的差异	启发学生独立思考

（续表）

教学环节	教师活动	学生活动	设计意图
直播营销的流程	**实务聚焦**：结合各地面临农产品滞销时的名人直播带货现象，介绍直播营销的特点和优势 **提出问题**：你用过直播吗？目前可以通过哪些直播平台带货 **内涵解读**：介绍结合农产品直播带货具体案例和直播营销的具体流程，加深学生的理解	**回答问题**：结合自身使用情况，介绍相关直播平台及其特点 **课外拓展及思考**：自主选择观看一场直播带货，并分析其中存在的问题	分享个人的体会，激发学生学习兴趣
直播带货案例	**视频案例**：播放“直播带货”微课视频 **提出问题**：董宇辉直播带货为什么这么火爆 **总结评价**：根据学生的讨论分析，总结直播营销的要点	**讨论与回答**：分析董宇辉直播带货火爆的原因	通过讨论分析，加深学生对直播营销的认识
总结	总结直播营销的流程和策略	完成直播营销知识点考核测验	师生共同回顾本节课的重要知识点，通过测验及时检验教学效果
课后提升			
拓展	**实训任务**：每组同学选择一种家乡农产品进行直播营销策划 **阅读推荐**：《2023 年中国直播电商行业研究报告》(https://mp.weixin.qq.com/s/vQf9v7l3Kgyz4IFuJbZ-lA)		
目标达成情况	80%以上的学生通过本案例的学习，能够认识到直播营销的重要作用，面对挑战积极转型，不懈努力，发挥自身优势寻找蓝海		
反思	本案例的教学注重价值引领与知识传授，在教授学生直播营销知识的同时，通过董宇辉的直播带货故事，使学生认识到如何在直播带货中开拓蓝海，为国家发展创造社会价值，乡村振兴贡献自己的一分力量 对于课程思政的评价还需要进一步完善和细化，还应该包含短期和长期、显性和隐形的成效		

三、案例资源

案例：直播带货，董宇辉凭什么火爆全网

“听所有人的意见，保留自己的判断。”“遍地是六便士时，我希望你能抬头看看月亮。”这些金句都来自东方甄选董宇辉的直播间，你以为他在卖货，可他真的在教英语；你以为他在教英语，可他又随口讲金句！他在直播间聊文学、聊历史、聊情怀，让人感觉花钱买到的不只是产品，还有让人羡慕的知识和浪漫。

不得不说，这种全新的知识型直播方式，将“双语”和“带货”、“知识”和“文化”融合在一起，将东方甄选玩出圈。买东西还能“蹭”到免费课，谁能不心动呢？

在董宇辉之前，没人能想到直播可以如此具有“文学性”。相较于之前的纯商品解读和口号播报，在这个屏幕前的方寸之地里，苏轼、黑格尔、柏拉图也在成为商品的新注释。

时光回到2021年，“双减”来临，新东方在线黯然退场，创始人俞敏洪带领团队转型，进入直播带货赛道。听到俞敏洪要去直播间里吆喝带货，而且卖的还是毛利率极低的农产品，有人唏嘘，劝他别做直播带货的生意。转型确实不易，2022年上半年销售额惨淡，新东方在线2022财年财报（截至2022年5月31日）显示，其直播电商业务营收仅2 460万元。

然而，在默默耕耘了半年之后，2022年6月9日开始，凭借另辟蹊径的双语带货，“新东方式”直播带货在极短的时间里制造了“刷屏”效应：3天时间，直播间粉丝增加157万，销售额增加1 777万元。其中，最火爆的莫过于8年教过50万学生的英语老师董宇辉。这位“撞脸”兵马俑、长相平平的主播凭什么获得大家的喜爱呢？

例如，他是这样卖大米的：“我没有带你去看过长白山皑皑的白雪，我没有带你去感受过十月田间吹过的微风，我没有带你去看过沉甸甸的弯下腰，犹如智者一般的谷穗。没有带你去见证过这一切，但是亲爱的，我想让你品尝这样的大米。”其实，这是在卖错过陪伴你的遗憾。

“腹有诗书气自华”在董宇辉身上展现得淋漓尽致。因为有才，所以可以慢慢聊，不需要别的直播间里吵闹和催单。在董宇辉这里，产品介绍、英语、故事都听到了，精神上先享受了，那就顺便在物质上支持一把吧。根据抖音直播电商数据分析平台“蝉妈妈”的数据，东方甄选的直播间在2022年6至8月，销售额都排在榜首，营收22.491亿元，盈利超3亿元。

以董宇辉为代表的“新东方主播”的这股清流也给直播带货行业带来新的启示。直播间的主角是主播，他们身兼经营者、发布者、代言人等多重角色，然而，由于行业最初发展没有门槛，主播本身良莠不齐，且不说网红主播频频爆出偷税漏税问题，仅从内容上来看，不少直播间内容低俗，虚假夸大宣传成风，主播由于缺乏相关知识而翻车的事件也屡见不鲜。

作为网红经济的直播带货行业正从野蛮生长迈向规范运营。其依托互联网平台发展，除了商业特质外，其实也有文化、娱乐、传播的属性。直播的尽头是文化和传播，带货的更高境界是谈理想、抱负，改变命运。“新东方式”直播带货火出圈，正是因为主播扎实的知识功底、不俗的才华谈吐。如何为直播间注入文化内涵？主播如何提升自己？如何以独特的个人魅力吸粉？“新东方老师”也为众多主播上了一课。

董宇辉背后的东方甄选也火了，俞敏洪成功突围直播赛道，他和团队直播带货，把个人的才华、商品的流通、供应链的缩短以及客户的购物喜好等融合在一起，带货主播的能说会道构成了商业链接点。知识性内容成为核心竞争力，质朴、口语化的介绍，加上数字供应链、全网渠道、自有品牌等，形成了东方甄选差异化的直播特色。

应该说，最贵的从来不是商品，而是文化。当头脑里的内涵、骨子里的底蕴灌注在物质中时，无论是一个桃子，还是一本书，都能让每一次下单变成一次心灵的愉悦之旅。没有人能随随便便成功，也没有人能不经沉淀就秀口一吐，成就今天的东方甄选。为直播间注入文化内涵的董宇辉出圈了，东方甄选的"带货＋教学"式直播，正是利用了教育机构的长项，让"亲，快点链接"的销售平台开出了绚丽的知识之花，也让新东方在直播带货这片风口中意外找到了自身的定位，创造了一个屡败屡战、最终逆袭的传奇。

科技报国：农产品安全检测

一、 教学设计

<table>
<tr><td colspan="2">项目名称</td><td>认识原子吸收光谱仪</td><td>授课学时</td><td>2 学时</td></tr>
<tr><td colspan="2">授课专业</td><td>农产品加工与质量检测
（中高贯通）</td><td>授课班级</td><td>质检（贯）191</td></tr>
<tr><td colspan="2">授课年级</td><td>高职二年级</td><td>授课形式</td><td>理实一体</td></tr>
<tr><td colspan="2">课程名称</td><td>农产品安全检测</td><td>课程负责人</td><td>陈晶</td></tr>
<tr><td colspan="2">课程类别</td><td>B类</td><td>课程组成员</td><td>范丽平、王紫蓉</td></tr>
<tr><td colspan="2">教学内容分析</td><td colspan="3">重金属残留检测是农产品安全检测的重要内容，原子吸收光谱法是目前重金属检测最常用的方法之一。了解该方法的检测原理以及学会仪器的规范操作是实施检测任务必需的知识储备。本课主要学习原子吸收光谱法的建立及其检测原理，以及原子吸收光谱仪的使用
近年来，随着光谱分析研发力度的加大，国产原子吸收光谱仪逐渐在重金属残留检测中占有一席之地。通过黄本立老先生在原子吸收光谱领域的贡献，引导学生树立科技强国的理念，为中华崛起而读书，努力学习科学文化知识，激发同学们科技报国的情怀</td></tr>
<tr><td rowspan="3">教学目标</td><td>素质目标</td><td colspan="3">培养科技报国的情怀</td></tr>
<tr><td>知识目标</td><td colspan="3">了解原子吸收光谱法的检测原理
掌握原子吸收光谱仪的规范操作</td></tr>
<tr><td>能力目标</td><td colspan="3">能说出原子吸收光谱法的检测原理
能正确使用原子吸收光谱仪开展重金属检测</td></tr>
<tr><td colspan="2">学情分析</td><td colspan="3">授课对象：能熟练在仿真平台开展大型检测仪器的仿真操作
知识基础：对原子吸收光谱法很感兴趣，但之前未学习过光谱分析法；没有使用过原子吸收光谱仪
能力基础：会试剂的配制，有一定化学分析基础</td></tr>
<tr><td colspan="2">教学重点</td><td colspan="3">原子吸收光谱法的检测原理
原子吸收光谱仪的规范操作</td></tr>
<tr><td colspan="2">教学难点</td><td colspan="3">原子吸收光谱仪的规范操作</td></tr>
<tr><td colspan="2">教学资源</td><td colspan="3">信息化平台：“职教云”手机应用、“农产品和食品质量检测”国家教学资源库
教学材料与设备：课件、农产品检测中心一体化实训室</td></tr>
</table>

（续表）

教学环节	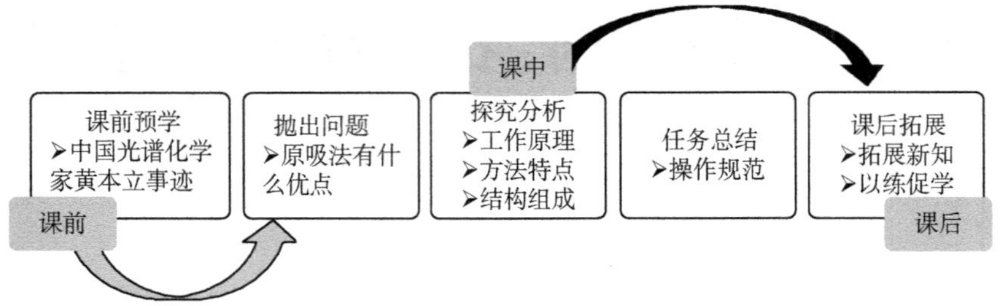

二、课程思政设计

主题	科技报国		
目标	通过黄本立老先生的事迹和国产原子吸收光谱仪的崛起，激发同学们科技报国的情怀		
特色	**1. 坚持教学内容“内生”思政元素** 由重金属残留检测的方法——原子吸收光谱法入手，介绍我国原子吸收光谱先驱黄本立先生，将科技报国的思政元素潜移默化地融入教学内容 **2. 因时而进，紧跟时代发展步伐** 围绕本课主题，在了解原子吸收光谱仪的基础上，有机融入我国仪器设备产业的发展，看清当前仪器产业的现状，将个人进步与国家发展紧密结合起来，引导学生树立个人目标，制定职业发展规划		
案例名称	案例简介	思政元素	融入方式
光谱化学家黄本立	黄本立，中国科学院院士、厦门大学教授，国内外知名的原子光谱分析学术带头人。60 多年来，黄本立院士一如既往，一直奉献于原子光谱分析的研究，为中国原子光谱事业的开创、发展以及多层次人才的培养做出了重大的贡献	科技报国的精神	在介绍原子吸收光谱仪法时引入光谱化学家黄本立的经历，引导学生将其作为立德之源、立身之本和成才之基，使爱国主义化为自身坚定信念、提高科研能力的内在动力，积极追寻先辈们舍家报国的脚步，用好科学知识，为中华民族开辟美好的未来
国产原子吸收光谱仪的崛起	目前我国已经成功掌握了原子吸收光谱仪的设计、生产技术。在火焰分析方面，国产仪器在一些主要技术指标（分辨率、基线稳定性、检出限等）上已经和国外同档次产品非常接近，有的甚至超过国外，不再依赖进口。但是其他的高端仪器设备仍然被西方国家“卡脖子”	科技报国的精神	在介绍原子吸收光谱仪的使用时，以实验室配备的仪器为引，介绍国产原吸仪的崛起，通过案例讨论，让学生认识到中国在高端科研仪器领域的暂时落后，如果欧美断供，将造成的巨大危害等。从具体的例子展示高科技产品自主可控对国家安全的重要意义，激发学生科技报国的情怀

（续表）

教学过程			
课前准备			
教学环节	教师活动	学生活动	设计意图
预习	**导学引入：**发布微课帮助学生了解原子光谱分析法的创立 **发布课前讨论：**原子吸收光谱法和分光光度法的异同点有哪些 **布置课前作业：**画出原子吸收分光光度计的结构并展示	**课前预习：**观看原子光谱分析法微课；了解光谱化学家黄本立的先进事迹 **完成课前任务：**完成课前测试题	课前观看思政资源——《中国光谱化学家黄本立》，积极追寻先辈们舍家报国的脚步，加强新时代爱国主义教育，用好科学知识，为中华民族开辟美好的未来
课中学习			
教学环节	教师活动	学生活动	设计意图
导入	**抛出问题：**列举重金属检测的常见方法并提问，原子吸收光谱法的优点有哪些 **剖析问题：**从检测速度、检出限、精密度方面入手引导学生思考	**讨论分析问题：**根据预学的微课内容，参与互动，回答老师提问	课堂设问内容与课前微课学习联通，有效回顾课前预学
新知学习	**新知讲解：**原子吸收光谱分析（播放动画、板书） **课前讨论解答：**展示课前讨论情况（原子吸收光谱法和分光光度法的异同点），引导分析讨论并总结	**听取新知：**观看动画了解原子吸收光谱法的测定原理 **头脑风暴：**互动回答老师提问并在老师引导下总结，将结论记录在工作过程记录手册上	学生课前对问题进行思考，带着问题进入课堂，做学习的主导者，提升学习效果
	组织讨论：引导学生思考并讨论原子吸收分光光度法的特点	**讨论展示：**在老师的引导下从灵敏度、测定范围、操作便利性、准确度等方面开展头脑风暴 **总结记录：**汇总讨论情况，在工作过程记录手册上记录其特点	始终坚持教师引导下的学生自主思考，允许犯错和偏差，通过教师的及时纠偏帮助学生得出结论
	新知讲授：通过图片、动画与板书讲解共振线和吸收线	**听取新知：**通过动画、图片和老师讲解了解原子吸收光谱中的共振线和吸收线	
	组织展示：组织学生展示课前所绘原子吸收分光光度计的结构图 **点评：**点评课前学习成果	**个人展示：**展示课前所做原子吸收分光光度计的结构图 **自评与互评：**对展示内容开	先让学生在完成课前写作业的过程中学习新知，课堂展示后，教师根据学生展示内容开展新知补充讲

（续表）

教学环节	教师活动	学生活动	设计意图
新知学习	**补充讲解**：从锐线光源、原子化系统、单色器、检测系统四个部分补充新知	展自评与互评	解，有效利用课堂时间，收获较好的学习效果
	设备介绍：介绍国产原吸仪的崛起以及高端仪器设备被西方国家垄断的现状 **教师示范**：教师带领学生到原吸室并示范规范操作	**聆听讲解**：听教师介绍原子吸收光谱仪 **观看示范**：观看教师示范，并将操作要点总结记录在工作过程记录手册上	教师示范时介绍实验室设备，由国产原子吸收光谱仪的崛起和高端仪器设备被欧美仪器厂商垄断的现状，引出当代大学生要担当青年责任，学好专业技能，朝着国家的需求方向努力
总结	**课程总结**：引导学生总结本课内容	**总结思考**：在教师带领下总结火焰原子吸收光谱法和石墨炉原子吸收光谱法原子化器的不同	
课后提升			
拓展	**布置拓展内容**：在学习平台布置拓展学习内容。学习原子吸收光谱法的应用以及原子吸收光谱仪的仪器进展	**完成拓展学习**：完成老师发布在学习平台的作业并提交	拓宽专业视野，了解最新检测设备以及该技术在相关行业中的应用
目标达成情况	学生通过听取黄本立老先生开创中国原子光谱事业的案例，深化了对科技强国这一理念的认识，个人的职业选择要符合国家的需求，要为中华崛起而读书，努力学习科学文化知识。改革开放以来，我国的经济取得了巨大发展，科学研究条件也取得了巨大突破，从仪器设备条件落后发展为具备各种先进仪器，目前我国的科研条件已不输欧美发达国家。通过科研条件的展示，同学们对社会主义中国建设的巨大成就产生自豪感和幸福感。然而，目前高端仪器设备仍然被西方国家“卡脖子”这一情形令同学们了解到国家对高端仪器设备具有巨大的需求。国家的需求就是青年大学生努力的目标，同学们表示，要朝着国家的需求方向努力，为中华民族复兴做贡献。从课上讨论来看，本课程基本达成思政育人目标		
反思	尝试通过在课后布置无标准答案的开放性试题，进行思政考查，以考促学、以考促教，使学生的情感、态度和价值观得到真正意义上的升华，提高学生的综合素质，达到立德树人的目的		

三、 案例资源

案例 1：拳拳爱国心，勤勉科研路

黄本立，中国科学院院士、厦门大学教授，国内外知名的原子光谱分析学术带头人。60 多年来，黄本立院士一如既往，一直奉献于原子光谱分析的研究，在原子发射、原子荧光和激光光谱分析的理论、方法、应用和仪器装置等方面为中国原子光谱事业的开创、发展以及多层次人才的培养做出了重大贡献。

“科学家也是社会的一分子，做科学家首先要做一个大写的人。”黄本立时常这样说。他对自己的学生严爱相济，以对学生好而出名，也以让学生“害怕”而出名。他主张写论文一定要以实验结果为基础，切忌自我吹嘘、夸大其词。学生文章中使用的浮夸词汇，他发现后会毫不客气地统统删掉。黄本立送给青年学生的四句话，完美地概括了他的人生追求：“踏踏实实做人，认认真真做事，勇于挑战权威，勇于追求真理。”

成长故事：毅然放弃出国机会，服从国家需求

父母在幼年时相继因病离世，黄本立从小在战乱中随着亲属在香港、广东、广西多地之间来回迁移艰难求学……黄本立在幼年和青年时期的曲折经历，磨砺出其坚毅不屈的性格。1945 年，他考上了广州岭南大学物理系，面对宝贵的求学机会，他在刻苦学习之余坚持勤工俭学。经过不懈的艰苦努力，黄本立获得了岭南大学当年物理系成绩最优奖和华盛顿州立大学捐赠的国际学生奖学金。原本，他可以顺理成章地到华盛顿州立大学继续深造，可当时中国正处于国民经济恢复时期，急需大量理工科人才。在爱国热忱的感召下，黄本立毅然放弃出国机会。1950 年 3 月，他不待毕业就和同学一起匆匆北上，来到了长春东北科学研究所（中国科学院长春应用化学研究所前身），开始了自己的学术生涯。

献身科研：百废待兴中开展新中国光谱分析研究

黄本立一生致力于原子光谱分析的研究，这是一种通过光谱来分析物质成分的方法。他的很多成果都在实际的工业生产和环境监测领域中得到应用。

其实，黄本立还有一个更大的爱好是摄影。他说自己当初去长春“动机不纯”，因为长春有个电影制片厂，他是奔着这个去的，不过后来目睹了东北作为当时国民经济恢复的大基地急需大量科研人员的状况，他想：“看来现在不是搞摄影的时候，国家需要比个人兴趣重要得多。”

在新中国建立初期，东北的钢铁冶炼、地质勘探等产业急需快速、准确的原子光谱分析技术，而这种技术领域在百废待兴的国内基本上是空白。黄本立立刻决定投身原子光谱分析技术研究。没有专业设备，没有研究场所，他在地下室翻出一台废弃的小型摄谱仪，修理调试之后，使用过期很久的感光板，配合研究所建立了电解锌、电炭刷石墨等的光谱分析法。就这样，新中国的光谱分析研究在一片废墟上开展起来了。

1952 年起，黄本立先后研究建立了球墨铸铁、黄铜等的定量分析方法，把光谱分析推广到工厂中去。他为抚顺钢厂试制了一台电花激发光源，这可能是我国第一台自制光谱分析用的电花光源。1957 年，他创立了一种可测定粉末样品中包括卤素在内的微量易挥发元素的双电弧光谱分析光源，被国外专家誉为“最完美的双电弧光源”。

黄本立的研究在坚持中日渐深入。20 世纪 80 年代以来，黄本立和同事承担了多项国家“六五”科技攻关项目和中国科学院重点科研项目，建立了多种环境污染物的标准分析方法。1993 年，凭借在光谱分析领域的卓越贡献，黄本立当选为中国科学院院士。

投身教学：白手起家建国内一流原子光谱实验室

1986 年，为了响应中国科学院关于支援特区建设的号召，黄本立应厦门大学时任校长田昭武院士和吴存亚教授之邀来到厦门大学任教。在厦门大学，黄本立带领他的团队从零开始，建成了一个仪器设备水平和研究工作水平都堪称国内一流的原子光谱实验室。

在抗战的炮火中艰难求学，在新中国的曙光中投身科研，又在花甲之年来厦任教，白手起家在厦门大学建立起国内一流的原子光谱实验室，黄本立六十多年的职业生涯都献给了我国科研与教育事业。

案例 2：科学仪器自主创新

原子吸收光谱仪又称原子吸收分光光度计，是 20 世纪 50 年代中期出现并逐渐发展起来的一种新型仪器，这种方法根据蒸气相中被测元素的基态原子对其原子共振辐射的吸收强度来测定试样中被测元素的含量。它主要进行金属元素分析，可以测定元素周期表中约 70 种元素，能够灵敏可靠地测定微量或痕量元素，在地质、冶金、机械、化工、农业、食品、轻工、生物医药、环境保护、材料科学等各个领域有广泛的应用。

以前我们需要使用原子吸收光谱仪的时候都会引进进口设备，但是现在，经过一代科学技术工作者的努力，我国已经成功掌握了原子吸收光谱仪的设计、生产技术。在火焰分析方面，国产仪器在一些主要技术指标（如分辨率、基线稳定性、检出限等）上已经和国外同档次产品非常接近，有的甚至超过国外，而且具有价格便宜、售后服务好等优点。

事实上，科学仪器也是我国被西方“卡脖子”的一个领域，只不过它不像芯片一样为公众所熟知罢了。目前，我国约 73％的分析测试仪器需要进口，某些高档精密仪器的进口比例更高，个别特种专用仪器则完全依赖进口。例如，国内的电子显微镜市场就有 99％的份额被全球五家公司瓜分。由于高端科学仪器对进口过于依赖，在关键项目尤其是重大项目的研发中，我国很容易在关键设备和部件上被“卡脖子”。

例如，2018 年，北大核磁共振中心一台布鲁克核磁共振仪出了故障。校方向仪器生产方的国外厂商发出售后要求，得到的回复却是要先付 23 万元人工费，才能做修理准备。换句话说，即使没能修好，这笔钱也不会退还。听到这种无理要求，北大核磁共振中心愤而终止合作。可强硬的态度解决不了实际的无奈，集齐了国内该领域多名工程师之力，依然无法修好这台仪器。

从这个例子当中可以看到，我国一旦被西方国家在高端科研仪器上“卡脖子”，前沿的科技工作有可能瘫痪，企业研发和创新也会受到影响。所以，作为当代大学生，我们要担当青年责任。国家的需要就是青年人的需要，满足国家需要的青年人才是大有作为的青年人。现阶段，我们尤其要扎实学习好专业技能，朝着国家的需求方面努力，只有这样才能在中华民族复兴的历史进程中获得更为广阔的舞台，实现人生的真正价值。

微生物检测:知其所以然

一、 课程教学设计

项目名称	金黄色葡萄球菌检验	授课学时	1 学时
授课专业	农产品加工与质量检测	授课班级	质检 201
授课年级	高职二年级	授课形式	理实一体
课程名称	微生物检测	课程负责人	范丽平
课程类别	B 类	课程组成员	代书玲、陈晶、徐莉
教学内容分析	金黄色葡萄球菌检验是“微生物检测”学习的第一致病菌检验项目,要帮助学生建立致病菌检验思路就要将致病菌的生物学特性融通于检验操作步骤的解析之中 基于教学做合一思想再检验操作过程中识别特征菌落、分析菌体形态、判别凝固现象同时融入金黄色葡萄球菌的生物学特性,知其然知其所以然		
学情分析	**知识基础及提升方向:**学生已掌握梯度稀释、倾注培养,需学习增菌培养、分离培养和鉴定试验 **能力基础及培养方向:**学生具备常规微生物检测思路和微生物检测方法解读能力,需培养致病菌检测工作思路和融通致病菌检测方法与致病菌生物学特性的能力 **学生特点:**学生心理上不喜欢被说教,相信看得见摸得着的东西,对新生事物感兴趣。学生在学习上喜欢动手操作,不善于探究现象背后的原因,不善于归纳总结		
教学目标 素质目标	理实融通,知其然知其所以然		
教学目标 知识目标	认识血平板和 BP 平板上金黄色葡萄球菌的菌落特征 理解血浆凝固酶试验原理		
教学目标 能力目标	规范地完成发酵酒中金黄色葡萄球菌的检验,包括增菌、分离、初步鉴定和确证鉴定		
教学重点	采用增菌法规范地完成发酵酒中金黄色葡萄球菌的检验		
教学难点	融通检验操作和金黄色葡萄球菌的生物学特性,知其所以然		
解决措施	鉴于以往学生对菌落形态辨别认识不够,特别是没能融通微生物特性与检验现象,通过课程思政案例赋能课堂,知其然知其所以然		
教学资源	**信息化平台:**“学习通”平台 **教学材料:**“十四五”职业教育国家规划教材《食品微生物检验技术》、微课视频		
教学环节	课前:增菌培养 分离培养 操作诊断 → 课中:鉴定试验 融通原理 总结 → 课后:方法拓展 快检方法 毒素检验		

二、课程思政设计

主题	知其所以然		
目标	在金黄色葡萄球菌检验操作过程中熟悉步骤，认识金黄色葡萄球菌的生物学特性，做学合一、理实融通，知其然知其所以然		
特色	坚持教学内容“内生”思政元素 嵌入列子学射典故，认知“所以然”的力量 引入传统文化，增强文化自信		
案例名称	案例简介	思政元素	融入方式
列子学射	列子跟关尹子学习射箭，有一次，列子射中了靶心，去请教关尹子。关尹子问他是否知道自己射中靶心的原因，列子回答不知。关尹子说，不知道不能算是学会了。列子回去再练习。过了三年，列子又来向关尹子求教。关尹子又问他是否知道自己射中靶心的原因，列子说他知道了。关尹子说，现在可以了。	传统文化	**知其所以然是金黄色葡萄球菌检验工作的内涵要求：**金黄色葡萄球菌检验步骤繁杂，只有清楚每一步操作的目的和金黄色葡萄球菌生物学特性之间的关系，才能准确地检验和鉴别目标菌 **“专题嵌入”列子学射的典故，启发学生知行合一：**金黄色葡萄球菌检验不但要能完成操作，还要理解操作步骤和金黄色葡萄球菌生物学特性内在的逻辑
知其然，知其所以然	《朱子语类》卷九《论知行》有言：“不可去名上理会，须求其所以然。”这句话提示了我们学习上不仅要知道所学是这样的，还要知道为何是这样的	传统文化	借助传统文化“不可去名上理会，须求其所以然”，启动操作步骤和生物学特性融通的探究之旅
教学过程			
课前准备			
教学环节	教师活动	学生活动	设计意图
分析诊断	**布置任务：**分析诊断增菌培养和分离培养 **线上答疑：**操作规范、方法解读	**观看示范视频：**观看增菌培养、分离培养示范视频 **操作分析：**对照视频回顾并分析诊断前期操作问题，为后续操作改进做准备	巩固前期操作，为后续操作奠定基础

（续表）

<table>
<tr><th colspan="4">课中学习</th></tr>
<tr><th>教学环节</th><th>教师活动</th><th>学生活动</th><th>设计意图</th></tr>
<tr><td>检验操作</td><td>**安排鉴定试验**:提供物品、安全警示
巡视答疑:指导操作、示范操作、纠正问题、展示现象</td><td>**识别疑似菌落**:圈出可疑菌落,做好标记和记录
染色鉴定:完成初染、媒染、洗脱好复染操作;显微镜镜检;判断形态和颜色;得出鉴定结论;做好记录
血浆凝固酶试验:试验操作;结果观察与判定;记录</td><td>培养鉴定试验操作能力</td></tr>
<tr><td rowspan="2">操作剖析</td><td>**引导回顾**:利用流程图,引导学生结合实操回顾步骤
聚焦问题:完成了操作,看到了过程中的现象,需解释其中的原因
引入典故:列子学射,不但要射中靶心,还要知道背后的原因,才能每发必中</td><td>**提出问题**:增菌培养时采用氯化钠含量高达 7.5% 的肉汤的原因;血平板和 BP 平板上为何能鉴别金黄色葡萄球菌;金黄色葡萄球菌凝固兔血浆的原因</td><td>培养学生问题意识</td></tr>
<tr><td>**善学引导**:《朱子语类》卷九《论知行》有言:“不可去名上理会,须求其所以然。”
介绍金黄色葡萄球菌的生物学特性:耐盐;代谢特点(产生溶血素、卵磷脂酶、还原亚碲酸钾);凝血特性(产生血浆凝固酶)</td><td>**融通操作**:耐盐特性与高盐选择性增菌;溶血特性与血平板分离;凝血特性与血浆凝固酶试验</td><td>**学习方法引导**:学习上不仅要知道所学是这样的,还要知道为何是这样的,这是学习的落点;以检验操作为载体推动理实融通</td></tr>
<tr><td rowspan="2">总结</td><td>**引导总结**:引导学生完善总结</td><td>**学习总结**:总结检验操作与金黄色葡萄球菌生物学特性之间的关系,以图或表的形式呈现</td><td>培养学生及时总结的习惯和能力</td></tr>
<tr><td colspan="3">金黄色葡萄球菌检验操作与生物学特性之间的关系汇总
<table>
<tr><th>操作步骤</th><th>金黄色葡萄球菌的生物学特性</th></tr>
<tr><td>选择性增菌</td><td>耐盐</td></tr>
<tr><td>血平板分离</td><td>产生溶血素使红细胞破裂;菌落周围形成溶血环</td></tr>
<tr><td>BP 平板分离</td><td>还原亚碲酸钾生成单质碲(黑色)
降解卵黄使菌落产生透明圈</td></tr>
<tr><td>鉴定:革兰氏染色试验和血浆凝固酶试验</td><td>形态:革兰氏染色紫色葡萄串状
生化:产生血浆凝固酶凝固兔血浆等</td></tr>
</table></td></tr>
<tr><th colspan="4">课后提升</th></tr>
<tr><td>拓展</td><td colspan="3">方法拓展:GB 4789.10—2016 食品安全国家标准食品微生物检验葡萄球菌肠毒素检验(ELISA 法)
SN/T 1870—2016 中华人民共和国出入境检验检疫行业标准出口食品中食源性致病菌检测方法实时荧光 PCR 法</td></tr>
</table>

（续表）

课后提升	
目标达成情况	学生全面地理解了金黄色葡萄球菌检验的方法步骤，认识了金黄色葡萄球球菌菌落特征、凝血能力与其生物学特性的关系，领悟了金黄色葡萄球菌检验操作步骤与其生物学特性之间的关系
反思	原有数字资源以知识传授、操作示范为主，缺少课程思政的融入，需升级课程资源，实现课程思政在课前、课中、课后的全过程融入

三、案例资源

案例1：知其所以然

（一）检验操作回顾（知其然）

完成发酵酒金黄色葡萄球菌检验增菌处理、分离培养和鉴定操作。

增菌培养时采用了氯化钠含量高达7.5%的肉汤增菌液，在血平板和BP平板上看到了特征性的菌落，革兰氏染色呈阳性且能凝固兔血浆，判定25 mL被检样品中检出了金黄色葡萄球菌。

典故：列子学射

列子跟关尹子学习射箭，有一次，列子射中了靶心，去请教关尹子，说："我学得差不多了吧。"关尹子说："你知道你能射中靶心的原因吗？"列子回答："不知道。"关尹子说："不知道不能算是学会了。"列子回去再练习。过了三年，列子又来向关尹子求教。关尹子又问："你知道你射中靶心的原因吗？"列子说："知道了。"关尹子说："现在可以了。"掌握了之所以能射中的规律，严格要求自己，就能每发必中。

（二）理解步骤，融通生物学特性（知其所以然）

《朱子语类》卷九《论知行》有言："不可去名上理会，须求其所以然。"这句话提示学习上不仅要知道所学是这样的，还要知道为何是这样的。

探究步骤和背后的原因：

(1) 氯化钠肉汤培养的目的是什么？

选择性增菌，金黄色葡萄球菌耐盐性强，利用高盐培养基抑制其他微生物的生长。

(2) 血平板和BP平板培养的目的是什么？

分离目标微生物金黄色葡萄球菌，金黄色葡萄球菌产生溶血素，使红细胞破裂，菌落周围形成溶血环。

血平板上的菌落特征：菌落周围形成不透明的溶血环，有时也为白色，大而凸起，圆形表面光滑。

BP平板上的菌落特征：菌落呈圆形，光滑凸起，湿润，颜色呈灰色到黑色，边缘为淡色，周围为一浑浊带，在其外层有一透明圈。

BP 培养基成分	作用
胰蛋白胨、牛肉浸粉、酵母膏	碳氮源、维生素和生长因子
丙酮酸钠和甘氨酸	刺激葡萄球菌生长
氯化锂和亚碲酸钾	抑制非葡萄球菌,金黄色葡萄球菌还原亚碲酸钾生成单质碲(黑色)
卵黄	葡萄球菌产生卵磷脂酶,降解卵黄,使菌落产生透明圈

(3) 革兰氏染色和血浆凝固酶试验的目的是什么?

金黄色葡萄球菌为革兰氏染色阳性菌,葡萄串状,可用于金黄色葡萄球菌的鉴别。

致病性葡萄球菌能产生血浆凝固酶,可凝固新鲜的具有肝素等抗凝剂的人血浆或兔血浆。此种酶的试验常用于鉴定葡萄球菌的致病力,以区别非致病性葡萄球菌。

金黄色葡萄球菌引起的感染易于局限化和形成血栓,不常发生全身性感染,这与凝固酶密切相关。

农产品市场营销：时刻关注时局，积极面对挑战

一、教学设计

<table>
<tr><td colspan="2">项目名称</td><td>SWOT 分析法</td><td>授课学时</td><td>1 学时</td></tr>
<tr><td colspan="2">授课专业</td><td>现代农业经济管理</td><td>授课班级</td><td>农经 201</td></tr>
<tr><td colspan="2">授课年级</td><td>高职二年级</td><td>授课形式</td><td>理实一体</td></tr>
<tr><td colspan="2">课程名称</td><td>农产品市场营销</td><td>课程负责人</td><td>王海丽</td></tr>
<tr><td colspan="2">课程类别</td><td>B类</td><td>课程组成员</td><td>路以兴、杨冬梅、赵丹阳</td></tr>
<tr><td colspan="2">教学内容分析</td><td colspan="3">要理解 SWOT 分析法不难，但是要结合不同的市场营销环境为企业制定具体的 SWOT 战略，挑战性较大。一方面要结合国内典型企业案例进行分析，另一方面可以运用此方法结合个人发展进行职业生涯规划</td></tr>
<tr><td rowspan="3">教学目标</td><td>知识目标</td><td colspan="3">理解 SWOT 分析法的内涵
掌握机会和威胁分析矩阵
熟悉 SWOT 分析的具体步骤</td></tr>
<tr><td>能力目标</td><td colspan="3">能运用 SWOT 分析法对企业营销环境展开分析
能为企业发展制定相应的 SO、WO、ST、WT 战略</td></tr>
<tr><td>素质目标</td><td colspan="3">引导学生关注时局，养成积极面对挑战的心态</td></tr>
<tr><td colspan="2">学情分析</td><td colspan="3">授课对象：现代农业经济管理专业二年级学生，熟悉移动互联网，乐于尝试数字化营销手段
知识基础：已学习“农业经济学”“经济学基础”等前导课程，具备市场营销的基础认知，对于市场营销环境有一定的了解，但是不太全面
能力基础：57%的学生来自农村，40%的同学有过产品销售或市场推广活动的经历，80%的同学看好农业行业未来发展前景。学生已经能够对具体产品进行营销环境分析，但分析的内容和角度还不够全面</td></tr>
<tr><td colspan="2">教学重点</td><td colspan="3">机会威胁的综合分析矩阵和企业发展战略的制定</td></tr>
<tr><td colspan="2">教学难点</td><td colspan="3">运用 SWOT 分析法制定企业发展战略的科学性</td></tr>
<tr><td colspan="2">教学资源</td><td colspan="3">信息化平台：“学银在线”平台(https://www.xueyinonline.com/detail/222655961)
教学材料与设备：自主拍摄的乐实创业微课“分析农产品营销环境”、“在北纬 38.5 度，种葡萄补贺兰山缺”思政案例、课件、农产品营销实训室</td></tr>
</table>

（续表）

教学资源	
教学环节	学 课前平台自学 → 导 任务引导概念植入 → 探 知识探究内化吸收 → 析 案例讨论学以致用 → 评 多维评价目标触达 → 拓 课后拓展训练

二、课程思政设计

主题	时刻关注时局，积极面对挑战		
目标	培养学生百折不挠的精神		
特色	结合福建商人陈德启在戈壁滩种植葡萄，带领当地农民共同富裕的创业故事进行SWOT分析，激发学生服务“三农”的责任感和使命感，渗透能吃苦、敢拼敢做的精神，达到课程思政的教学目的		
案例名称	案例简介	思政元素	融入方式
在北纬38.5度，种葡萄补贺兰山缺	陈德启用10年时间把荒无人烟的戈壁滩变成了一片富有生机的绿洲，这位曾经的葡萄酒“门外汉”在贺兰山东麓打造出了中国的“波尔多”，解决了当地3000多名移民的就业问题，带动了西部贫困地区的经济发展	百折不挠的精神	通过案例讨论，导入陈德启的创业故事，使学生认识到SWOT分析法的重要性，渗透能吃苦、敢拼敢做的精神
教学过程			
课前准备			
教学环节	教师活动	学生活动	设计意图
自学	**任务发布**：在学习平台布置课前任务，请同学们自学课程系列微课第2集“分析农产品营销环境”	自主完成微课的学习，预习SWOT分析相关知识点	通过观看微电影形式的创业微课，激发学生的课程学习兴趣与热情

（续表）

课中学习			
教学环节	教师活动	学生活动	设计意图
导入	**复习提问**：台风对农业企业经营的影响属于营销环境的哪个因素 **引出任务**：通过上海会兴农合作社大米销售情况，提出问题——如何对乐实大米销售业务进行SWOT分析	**思考与回答**：通过复习相关知识点，回答相关问题	聚焦现实农业企业的现实问题，引导学生独立思考，使得学生带着问题进入学习，激发学习兴趣
企业内部环境分析	**内涵解读**：结合课前微课学习，请学生介绍SWOT分析法的内涵 **提出问题**：乐实大米销售业务的优势和劣势有哪些 **归纳总结**：运用学习平台词云功能概括学生回答的关键词，归纳总结企业内部环境分析的要点	**学生介绍**：根据课前微课学习，介绍SWOT分析法的内涵 **思考与回答**：每位学生通过移动端回答老师的问题	通过对现实企业问题的实务解析，引导学生理论联系实践
企业外部环境分析	**提出问题**：经济下行给餐饮行业带来较大影响，相关企业该如何应对 **内涵解读**：根据学生的回答，结合盒马、叮咚买菜等生鲜类电商企业在不同时期的对策，总结应对威胁的策略，并引导学生理解竞争中孕育的机会 **提出问题**：请学生判断中石化的卖菜业务属于哪类业务，深化学生对机会威胁的综合分析矩阵的理解	**思考与回答**：结合现实情况回答教师的相关问题 **课外拓展**：课下选择一家农业企业，运用机会威胁矩阵对其业务展开分析，判断其业务类型	通过具体案例分析，培养学生独立思考的能力，渗透责任意识
制定企业发展战略	**内涵解读**：介绍4种企业发展战略内涵 **新闻分析**：阅读新闻“新零售牵手老字号创新发展，盒马助力中国品牌崛起”，请学生分析盒马上述战略属于哪种营销战略	**思考与回答**：通过盒马案例分析，加深学生对4种企业发展战略的理解 **课下拓展**：以乐实公司的大米销售业务为例，该采用何种发展战略	通过聚焦实务，为乐实公司的大米销售建言献策，锻炼学生的创新思维，引导学生学以致用

（续表）

教学环节	教师活动	学生活动	设计意图
课堂讨论	**案例介绍**：在北纬 38.5 度，种葡萄补贺兰山缺 **提出问题**：陈德启为什么要到贺兰山种葡萄？请对其企业营销环境展开 SWOT 分析 **归纳总结**：结合学生的回答，总结陈德启创业成功的原因	**讨论与回答**：对案例中企业的营销环境展开 SWOT 分析，并对陈德启创业成功的原因进行分析	通过案例分析，引导学生认识到市场竞争的激烈，以及变化中带来的机会和威胁，激发学生学农的热情
总结	总结 SWOT 分析法的要点	完成 SWOT 分析法知识点考核测验	师生共同回顾本节课的重要知识点，通过测验及时检验效果
课后提升			
拓展	结合乐实大米销售业务的 SWOT 分析，为其制定发展对策 思考此次疫情过后，哪些行业将面临巨大机遇，对个人的未来职业选择又有什么影响 运用 SWOT 分析法规划个人未来职业发展		
目标达成情况	通过本案例的学习，80%以上的学生能够认识到 SWOT 分析法对于企业的重要性，从而学会时刻关注时局，积极面对挑战		
反思	本案例的教学注重知识传授与价值引领。通过陈德启的创业故事，使学生在学习 SWOT 分析法的同时，认识到如何在农业行业发现并抓住市场机会，渗透能吃苦、敢拼敢做的精神，为国家发展创造社会价值，为乡村振兴贡献自己的一分力量		

三、案例资源：在北纬 38.5 度，种葡萄补贺兰山缺

是怎样的一个人，只用了 15 分钟的时间便当场签下中国西部 10 万亩荒无人烟的戈壁滩？是怎样的一个人，作为集地产、食品加工等多元化、综合性跨国集团的老总，却愿意隐身于荒漠戈壁中埋头苦干？是怎样的一个人，投资十几亿元追逐自己“紫色梦”的同时，也把西部的生态与民生揽入了自己的事业中？

他就是来自福建晋江的商人陈德启。2007 年，响应中央的西部大开发战略决策，陈德启作为闽商代表到宁夏考察。彼时的贺兰山东麓是一望无际的戈壁滩，目之所及一片荒凉，没有人会想到在这样一片不毛之地上投资。但陈德启却用 2 亿元买下了这 10 万亩荒滩。这一举措震惊了无数人，因为那片戈壁滩荒芜了上亿年，土壤为淡灰钙土，含有大量的砾石，土里面满是大大小小的石块，连雨水都存不住，这种土壤种庄稼肯定不行，陈德启到底看中了什么？

陈德启看中的贺兰山东麓这片荒原，与世界葡萄酒圣地——法国波尔多同处于北纬 38.5 度，海拔 1 100 米，土地含有丰富的矿物质，通透性好，日照时间长，昼夜温差大，各种种植指标均优于法国波尔多地区。陈德启说，这样独特环境生长出的酿酒葡萄皮厚、糖分

充足、单宁饱满。

为了能把10万亩荒地开发出来，陈德启放下身后巨大的生意，直接扎在这一片荒滩上，住着彩钢房，吃着泡面。“我一定要在这土地上种出葡萄酿出酒来。”这是陈德启对自己许下的诺言。

有人说，陈德启就是兜里揣着钱去受苦的。这10万亩风沙极大、没有水源的戈壁滩给了陈德启极大的阻力。“我们这里是风口，风沙大，要想种出葡萄，就得先造林。在这戈壁滩上种一棵树不是一般难，是非常难，没有滴灌都种不活树木。”陈德启用了几年的时间，花了近3亿元，让500万棵树木牢牢地扎根在这一戈壁滩上。

“其实，一开始我只会品酒，不会种葡萄也不会酿酒，是一个地地道道的门外汉，”陈德启笑着说，“既然什么都不会做，那就从头开始学。”几年的时间，陈德启潜心研究，他将传统酿酒葡萄“扇形架”管理模式改为倒“L”架形，让葡萄倾斜生长，挂果枝条横走，保持整齐划一，解决了葡萄树越冬埋根的难题。为了保证葡萄品质的优良，陈德启葡萄产业园内的所有苗都是来自法国、意大利的嫁接苗，同时陈德启还特地从以色列引进了滴灌系统，用矿泉水标准的贺兰山水源进行灌溉，严格控制葡萄灌溉时间。“葡萄不是产量越高越好，葡萄每亩限酿350瓶红酒，其他多余的葡萄毫不吝惜地摘除。”

经过多年沉淀，陈德启终于开始迎来收获期。2012年，贺兰神酒庄成立，酿造出的葡萄酒屡获国际权威奖项，惊艳世界。2017年，其葡萄酒喜获意大利五星葡萄酒称号。最近又传来好消息：在帕耳国际有机葡萄酒大赛上，贺兰神酒庄选送的5款葡萄酒斩获2金3银。

更让陈德启感到骄傲与欣慰的事是，近年来，贺兰神酒庄有机葡萄产业园为当地3 000多名老百姓，尤其是移民解决了就业问题，闽宁镇原隆村全家都在酒庄就业的农户不在少数。据不完全统计，贺兰山东麓葡萄酒产业每年带动约12万人次就业，贺兰神酒庄作为闽宁合作的代表企业、产业扶贫的典型广受瞩目。

而这只是开始。走进贺兰神酒庄，巨大的沙盘上栖息着陈德启更大的蓝图：一个集酒庄、葡萄园、项目博物馆、高度还原的西夏古都、度假村、学校、幼儿园、旅游为一体的葡萄小镇。陈德启在向做出全世界最好的有机葡萄酒的目标迈进。“我要让世界的酒庄都聚集到产业园，要让来到宁夏旅游的人一走进产业园就能感受到全世界的红酒文化。我想让全世界认可中国的红酒，对中国的红酒刮目相看，我很有信心。”

岳飞在《满江红》中说：“驾长车，踏破贺兰山缺。”陈德启是“种葡萄补贺兰山缺”。在陈德启眼中，一个版图更大、实力更强的葡萄王国已然屹立在那里，那是他即将破土的更大的“紫色梦想”。

物联网工程设计与实施：深入探究，防患未然

一、教学设计

<table>
<tr><td>项目名称</td><td colspan="2">MQ 系列燃气传感器</td><td>学时</td><td>1 学时</td></tr>
<tr><td>授课专业</td><td colspan="2">物联网应用技术专业</td><td>授课班级</td><td>物联网 201、202</td></tr>
<tr><td>授课年级</td><td colspan="2">高职二年级</td><td>授课形式</td><td>理实一体</td></tr>
<tr><td>课程名称</td><td colspan="2">物联网工程设计与实施</td><td>课程负责人</td><td>赵文旻</td></tr>
<tr><td>课程类别</td><td colspan="2">B 类</td><td>课程组成员</td><td>耿铭慈、张金晶</td></tr>
<tr><td colspan="2">教学内容分析</td><td colspan="3">燃气报警模块是物联网智能家居的重要组成部分，本任务之前，学生已经学习了多种智能家居产品的配置，掌握了燃气报警模块的装调，但是并不知道燃气报警产品背后具体是如何开发的。本课程从 MQ135 燃气传感器入手，让学生进一步掌握传感器工作的具体过程，为后续产品的开发及设备的故障排查奠定基础，同时通过课程的学习提升学生的逻辑思维能力，培养学生查阅器件数据手册的能力与习惯</td></tr>
<tr><td colspan="2">学情分析</td><td colspan="3">知识基础：了解气敏传感器的工作原理，掌握 STM32 开发板的使用方法，但是对气敏传感器的分类需进一步细化，需要进一步掌握 MQ 燃气传感器的工作原理
能力基础：具有对不同类型气敏传感器分类的能力，但是针对具体传感器（MQ135）的电路分析能力需进一步提升，对 STM32 开发板外接器件进行连接的规范意识需进一步加强
素质基础：对燃气报警模块兴趣较高，但针对 MQ 燃气传感器进行接口和电路分析的逻辑思维能力需进一步提升，分析过程中，对积极查询 MQ 燃气传感器数据手册及 STM32 开发板引脚图的习惯需进一步加强</td></tr>
<tr><td rowspan="3">教学目标</td><td>素养目标</td><td colspan="3">具备对物理器件传感器进行接口和电路分析的逻辑思维素养
具备查阅器件数据手册（MQ135 手册、STM32 引脚）的习惯
增强对产品、客户负责的敬业精神</td></tr>
<tr><td>知识目标</td><td colspan="3">认识 MQ 系列传感器
掌握 MQ135 传感器的工作原理</td></tr>
<tr><td>能力目标</td><td colspan="3">掌握学生对 MQ 燃气传感器模块接口、电路原理的分析能力
掌握连接 STM32 开发板与外部器件的能力</td></tr>
<tr><td colspan="2">教学重点</td><td colspan="3">MQ 系列燃气传感器的模块引脚及电路分析
MQ 系列燃气传感器与 STM32 开发板的连线
学生敢于探究、认真严谨的逻辑思维能力培养</td></tr>
<tr><td colspan="2">教学难点</td><td colspan="3">MQ 系列燃气传感器的工作原理分析
使用自主开发的交互动画将抽象的原理具象化，符合学生认知特点，加深学生对教学难点的理解和掌握</td></tr>
</table>

<table>
<tr><td>教学资源</td><td>多媒体资源:将抽象的原理用具象的图片、动画等方式展现出来,加强学生对抽象概念的理解
在线学习平台:利用在线学习平台实现课前、课中、课后一体化,课前预习任务发布、预习效果测试及反馈,课后任务发布及知识拓展,延伸学习的宽度和广度
实验实训设备:利用实训室中的实验器件,让学生自己动手完成任务,将理论内化于实践、提升学生的成就感</td></tr>
<tr><td>教学环节</td><td>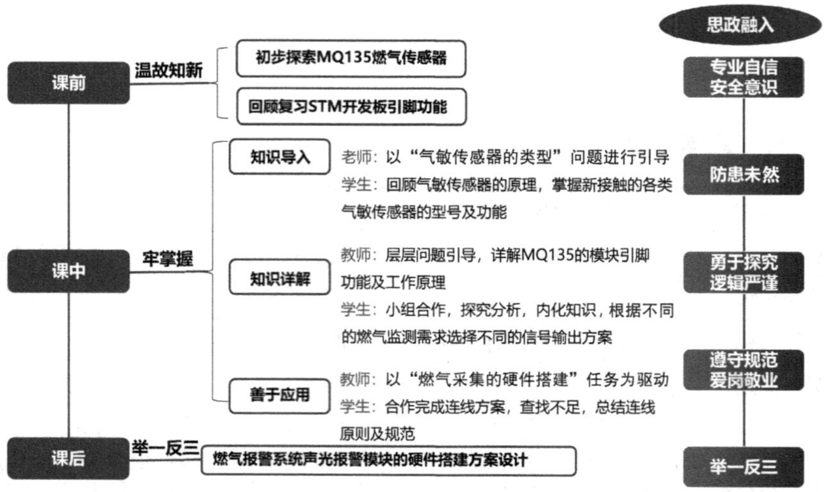
</td></tr>
</table>

二、 课程思政设计

<table>
<tr><td>主题</td><td colspan="3">深入探究,防患未然</td></tr>
<tr><td>目标</td><td colspan="3">提升学生的安全意识,让学生学习用自己的知识技能防患未然
培养学生深入探究的精神、举一反三的能力</td></tr>
<tr><td>特色</td><td colspan="3">本案例将和学生生活息息相关的燃气安全热点问题作为切入点,激发学生的学习兴趣,引入课程教学主题,提升学生的安全意识;在掌握基础知识的基础上,提升教学深度和广度,分析电路原理及多场景的拓展应用,培养学生的探究精神和举一反三的能力</td></tr>
<tr><td>案例名称</td><td>案例简介</td><td>思政元素</td><td>融入方式</td></tr>
<tr><td>燃气泄漏引发的安全事故案例</td><td>燃气给我们的生活和生产带来极大的便利,但燃气安全事故也频频发生,燃气爆炸已经成为继交通事故、工伤事故之后的第三大安全事故。政府对此高度重视,积极探索城市燃气安全的管理办法,其中造成爆炸事故的主要原因就是燃气的泄漏,因此燃气监测设备在城市燃气管道、智能家居、餐饮厨房等多个场景中均有应用</td><td>安全意识
防患未然</td><td>通过观看多项燃气安全事故新闻,提升学生的用气安全意识,同时激发学生作为物联网工程技术人员的责任感,引申出燃气监测设备的开发,引导学生进一步了解燃气监测设备,引出 MQ 系列的燃气传感器,并通过观察,分析燃气传感器的不同引脚的功能,学会传感器的应用</td></tr>
</table>

(续表)

教学过程			
课前准备			
教学环节	教师活动	学生活动	设计意图
预习	**教师发布预习任务**:MQ-135燃气传感器用户手册;STM32开发板接口连线图	**学生组成学习小组,课前完成预习任务**:学习小组围绕MQ-135燃气传感器用户手册,查询学习、讨论交流,初步了解MQ-135燃气传感器的产品特性、接口说明、操作与现象等相关内容;围绕STM32开发板接口图,进行知识回顾;小组成员间互帮互助,加强交流研讨,并记录存在歧义及不能理解的知识点	通过预习任务,让学生了解MQ燃气传感器,积极思考燃气传感器的应用场景及其带来的便利 小组记录学习过程中存在的歧义内容,带着问题进课堂,提升学习效率
课中学习			
教学内容	MQ系列传感器的型号及功能 MQ135传感器模块接口功能 MQ135传感器的工作原理 STM32与外接器件的接线原则		
教学环节	教师活动	学生活动	设计意图
导入	**播放导入视频**:展示智能家居中燃气报警器的使用过程 **提出问题**:从视频中归纳总结燃气报警系统的组成及信号的传输流向 **引出教学内容**:根据学生总结的答案提炼出燃气传感器部分,引出本节课教学内容	观看视频,同时总结燃气报警系统的组成及信号传输流向	通过视频导入,让学生直观地了解本项目的整体内容,明确学习目标 学生通过导入视频对燃气报警系统组成及信号流向进行总结,提升学生归纳总结的能力
MQ系列燃气传感器	**提出问题**:在以往传感器课程中所学习的气敏电阻的工作原理是什么;气敏传感器有哪些分类 **补充说明**:教师对学生的答案进行总结补充	**小组讨论与汇报**:气敏传感器通过气体敏感材料电导率的变化,得到变化的电信号;对气体敏感的传感可划分为多种传感器类型	学生以小组为单位对教师提出的问题进行研讨交流,培养学生交流、表达的能力 教师通过问题引导,既让学生回顾已学习的知识,又在已学习知识的基础上,自主地进行内容拓展的学习,培养学生主动学习的能力

（续表）

教学环节	教师活动	学生活动	设计意图
MQ135 传感器模块	衔接上一环节，挑出具有代表性且便于教学实验的气敏传感器 MQ135 传感器为例 发布 MQ135 的模块，抛出任务，对模块及引脚功能进行分析 不适合测量 PM2.5 和 PM10 污染物 适合于可燃气体的测量（氨气、氮氧化合物、醇类、芳族化合物、硫化物、烟雾）	学生接收任务，以小组为单位，通过组内成员调研、研讨交流，形成最终的模块功能说明，由小组代表进行答案汇报	通过任务驱动，让学生以小组为单位，团队协作，互帮互助，帮助组内成员共同完成 MQ135 功能模块的分析，培养学生自主学习的能力 学生掌握 MQ135 模块及引脚的功能，为下一步燃气数据的采集实训中硬件的搭建奠定基础
MQ135 传感器的电路分析	**提出问题：**MQ135 在整个燃气报警系统中是如何发挥作用的 **衔接上一问题学生的答案，继续引导，提出问题：**如果燃气报警系统需要实时显示燃气浓度，传感器是如何实现燃气浓度值输出的（教师给出 MQ135 使用手册作为参考资料） **继续引导，抛出问题：**如果燃气报警系统只需要进行燃气报警，不需要浓度显示，那么传感器是如何实现燃气浓度值的呢	**根据教师提问，学生抢答：**MQ135 主要用于燃气浓度的采集；通过 DO 引脚采集开关量信号，与设定好的燃气浓度阈值比较来决定是否报警，但无法获取具体燃气浓度值；通过 AO 引脚采集模拟量信号，可以实时观测具体的燃气浓度 **交流讨论：**根据教师问题，以小组为单位，结合 MQ135 的参考资料，认真进行查阅，相互交流讨论，给出小组的分析结果 **深入探讨：**继续跟随教师引导问题，以小组为单位，结合上一问题的结论，小组继续深入探讨研究，分析数字信号的输出原理	教师通过问题引导的方式，层层递进，由浅入深，让学生通过小组合作、交流讨论完成知识的学习，培养学生主动学习的能力 教师通过提供参考资料、引导分析思路的方式，让学生逐步完成对 MQ135 工作原理的分析，培养学生的逻辑思维能力，并为后续燃气报警系统的整体实现奠定基础 教学过程中，引导学生积极主动地查阅器件官方说明手册，获得有效准确的信息，培养学生查阅器件数据手册的能力
MQ135 传感器与 STM32 开发板的连接	**抛出任务：**了解了 MQ135 传感器的模块引脚功能和工作原理，如何将传感器模块和处理器（STM32 开发板）进行连接 **总结与提问：**教师对各小组的连线方案进行总结点评，并请同学们完成连线原则的总结	接收教师任务，小组合作、讨论连线方案，小组代表进行方案汇报，汇报过程中重点突出连线方案设计的职业规范 针对教师的点评结果，总结归纳 STM32 与外接设备的连线原则	任务驱动，让学生用已学的知识进行硬件搭建，同时教师对各小组的硬件连接方案进行点评，各小组查找不足，深化知识的理解与掌握 让学生对教师的点评进行归纳总结，加强对知识点的掌握，培养学生归纳总结的能力，同时培养学生在学习、工作过程中及时总结经验的习惯

（续表）

教学环节	教师活动	学生活动	设计意图
总结	对燃气报警系列项目进行整体描述，划分出本课程内容在整个系统中的作用 总结 MQ135 传感器模块引脚功能 总结 STM32 开发板与外围设备的连线原则及规范		
课后提升			
拓展	在燃气报警系统中，声光报警设备如何进行连线 燃气报警器声光报警的设计：蜂鸣器鸣叫、LED 闪烁 声光报警的器件公元原理：蜂鸣器的引脚功能、LED 的引脚功能，两种输出信号的类型是什么 对照 STM32 开发板引脚图，找出可用的 I/O 引脚 结合连线原则，给出连线方案并提交		
目标达成情况	学生通过本案例的学习，基本能够对燃气安全隐患高度重视，并能够积极讨论探索如何防患未然，利用自己的知识和技能，团队协作完成燃气报警器物联网硬件的设计和开发，用自己所学解决社会热点问题 对传感器工作原理的探究激发了学生的探究精神，让学生能够知其然更知其所以然，将电路应用在不同类型传感器中，并能根据场景的需求选择不同的输出信号类型		
反思	本案例结合学生生活实际激发其学习兴趣，提升学生的专业责任感，通过加深教学的深度和广度培养学生的探究精神和应用能力；但是在探究精神培养方面，还缺少个性化的设计，对于基础比较薄弱的学生而言理解消化有些难度		

三、案例资源：燃气安全事故

近几年来，燃气安全事故在各地时有发生，引起了社会的广泛关注和重视。例如，2021 年，上海青浦发生燃气管道泄漏爆炸事故，致 6 人受伤；沈阳发生燃气爆炸事故，致多人伤亡。这些事故暴露出燃气使用和管理中的诸多问题。用科技手段预测燃气安全事故的发生，用科技的温度守护人们的生活安全，为家庭和公共场所铸造安全防线十分必要。

无人机植保：助力乡村振兴，培养学生岗位作业规范

一、教学设计

<table>
<tr><td colspan="2">项目名称</td><td>多旋翼植保无人机
作业风险控制</td><td>授课学时</td><td>1学时</td></tr>
<tr><td colspan="2">授课专业</td><td>设施农业与装备</td><td>授课班级</td><td>设施201</td></tr>
<tr><td colspan="2">授课年级</td><td>高职二年级</td><td>授课形式</td><td>理实一体</td></tr>
<tr><td colspan="2">课程名称</td><td>无人机植保</td><td>课程负责人</td><td>李林</td></tr>
<tr><td colspan="2">课程类型</td><td>B类</td><td>课程组成员</td><td>李珈慧、巩腾飞</td></tr>
<tr><td colspan="2">教学内容分析</td><td colspan="3">植保无人机飞防作业不当会造成药害、毒害、伤人、摔机等各种事故，为避免飞防作业产生意外损失，对植保作业进行风险控制非常重要</td></tr>
<tr><td rowspan="3">教学目标</td><td>素质目标</td><td colspan="3">提升利用植保无人机进行专业化统防统治的水平，以科技创新助推现代农业发展的专业认知
具备哪怕一点职责失误都会导致农民受损失的职业意识
培养学生岗位工作的规范性、严肃性以及处理作物病虫草害用药安全防护的专业能力</td></tr>
<tr><td>知识目标</td><td colspan="3">掌握植保无人机飞防作业发生药害、毒害的原因
掌握植保无人机飞防作业的风险控制</td></tr>
<tr><td>能力目标</td><td colspan="3">会识别植保飞防作业中常见的作物药害毒害表现症状
能对植保无人机飞防作业进行漂移风险评估
能有效避免植保无人机飞防作业造成伤人事故</td></tr>
<tr><td colspan="2">学情分析</td><td colspan="3">授课对象：高职设施农业与装备专业二年级学生，动手操作能力强，喜欢做中学、做中练的教学方式，较喜欢使用智能信息化工具
知识基础：已具有“病虫害防治”“农业机械使用技术”“植保无人机的构造原理”“植保无人机作业规范”等前导课程基础，具备一定的植保无人机飞防作业的基础认知；可以根据基础认知进一步判断如何利用植保无人机进行常见病虫害识别与化学防治
能力基础：已经初步建立起植保无人机作业的飞手模式，但在植保无人机作业风险的控制关键点方面还有待继续训练和提升</td></tr>
<tr><td colspan="2">教学重点</td><td colspan="3">植保无人机飞防作业发生药害、毒害的原因</td></tr>
<tr><td colspan="2">教学难点</td><td colspan="3">植保无人机飞防作业风险控制</td></tr>
<tr><td colspan="2">教学资源</td><td colspan="3">信息化平台：无人机网、“智慧职教”在线平台
材料与设备：课件、展播台、大疆植保无人机多架、无人机场景模拟实训室、校企植保无人机实训基地</td></tr>
</table>

（续表）

教学环节	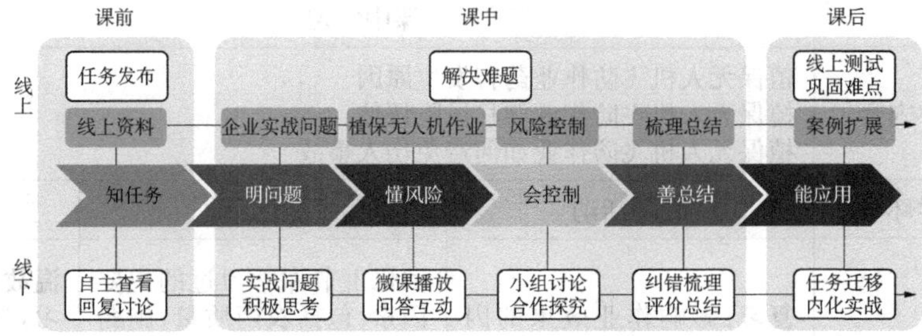

二、课程思政设计

主题	助力乡村振兴，培养学生岗位作业规范		
目标	提升利用植保无人机进行专业化统防统治的水平，以科技创新助推现代农业发展的专业认知 养成哪怕一点职责失误都会导致农民受损失的职业意识 培养学生岗位工作的规范性、严肃性以及处理作物病虫草害用药安全防护的专业能力		
特色	结合企业需求、国家乡村振兴战略、无人机植保行业现状，在教学和实践中因势利导、润物细无声地对学生进行思政熏陶，坚定为农初心，助力乡村振兴的责任感、忧患感和信念感		
案例名称	案例简介	思政元素	融入方式
江苏金湖县无人机喷洒农药引发的侵权案例	江苏省农垦农业发展股份有限公司宝应湖分公司在使用植保无人机喷洒农药时，农药多次发生漂移，导致隔壁的荷塘受损，而赔偿荷藕损失 299 800 元	乡村振兴	通过师生问答的专业案例讨论方式，导入江苏金湖县无人机喷洒农药引发的侵权案例，并引导学生带着问题，采用课前微课“一探”、课上理论“二探”、课中实训任务“三探”、课后线上自测完成“四探”的方式进行教学实施，随着问题的不断探究，进一步开阔学生专业知识的思路，坚定学生的为农初心，助力乡村振兴，培养专业精神，为我国农业现代化发展提供一份力量
教学过程			
课前准备			
教学环节	教师活动	学生活动	设计意图
预习	**布置任务：**将本次课前学习任务发布到“智慧职教”学习平台	**完成任务：**在学习平台、资源库借助图片、文字等教学资料进行学习	**掌握学生情况，为异质分组做好准备：**针对任务完成情况，课前对学生做评价，掌握学生熟悉情况，进行异质分组 **提升自主学习能力：**查阅资料，自主学习
	发布主题讨论：植保无人机作业病害发生的原因有哪些；植保无人机飞防作业过程中存在哪些风险	**回复讨论：**课前回复主题讨论	

（续表）

课中学习			
教学内容	植保无人机飞防作业药害发生原因 植保无人机飞防作业漂移风险评估 植保无人机飞防作业如何避免伤人事故		
教学环节	教师活动	学生活动	设计意图
导入	**复习：**影响作业效果的因素有哪些	回忆上节课学习过的主要因素，包括农药质量、施药时间、飞行参数、气象因素等	**温故而知新：**引导学生复习，帮助学生有效回忆上节课的关键知识点，有助于学生快速进入状态
	提出问题：企业植保无人机在不同场景作业中会存在很多风险，如何避免风险，减少不必要的经济损失	思考	**聚焦企业问题：**通过企业问题导入课程主题，带着问题进入学习
懂风险	**查看主题讨论：**探讨江苏省金湖县无人机喷洒农药侵权案例		**提升自我认识：**师生共同查看预习情况，带着问题走进课堂，有助于学生提高自我认识
	发布微课视频：“植保无人机作业的风险控制”	观看微课	**提升筛选信息的能力：**通过微课中的关键信息，提升学生筛选有效信息的能力
	提问：从视频中提取了什么关键信息	根据提问回答问题	
	总结：植保无人机作业风险包括作业药害、毒害、漂移风险、伤人风险这4个方面	**温故知新：**仔细回顾前导课程作物病害、毒害特征，记录下来，对比植保作业病害、毒害特征	**提升观察、总结能力：**突出知识点，加深识别要点记忆；提升观察与总结能力
	提问：结合专业案例，探讨植保无人机作业产生药害的原因 **补充答案：**要以此无人机植保侵权案例为鉴，遵纪守法。飞行安全无小事，必须按章操作，养成质量红线意识，坚定为农初心，提升助力乡村振兴的责任感和使命感	回答问题	**助力乡村振兴，培养专业能力：**通过学生提问、教师回答的方式，进一步开阔学生的思路，使学生牢记农业根本，提升利用植保无人机进行专业化统防统治的水平，以科技创新助推现代农业发展的专业认知，坚定为农初心，培养学生助力乡村振兴的责任感、忧患感和信念感 **规范作业，培养严谨的专业态度：**养成哪怕一点职责失误都会导致农民受损失的职业意识

(续表)

教学环节	教师活动	学生活动	设计意图
会控制	**分组任务**:要求小组结合专业案例,参照前一环节和课前预习,探讨如何有效进行植保无人机作业风险控制	**分工合作**:小组成员仔细观看教材及视频材料,并进行组内讨论	**提升团队协作能力**:分工合作,仔细查找纸质资料及上网搜索相关知识点内容,培养学生的团队协作、配合能力 **提升严谨细致的能力**:让学生分组运用前一环节和课前预习的知识,结合专业案例来归纳总结,培养严谨细致、知识迁移的能力
	个别指导:教师在学生观察期间查看每组的讨论填写情况,进行个别指导	**分组讨论**:结合前导课程中影响植保无人机作业效果的知识点和专业案例,总结归纳风险控制	
	查看答案:在"智慧职教"平台上查看每组最后确定的植保无人机飞防风险控制有效途径。根据学生的填写情况,利用平台点评总结	**小组、组间讨论**:每组派代表陈述小组结果,并进行组间讨论	**提升问题探究能力**:通过组间讨论,**培养探究无人机植保作业需要注意的风险控制规律性的能力**
	抛出问题:结合无人机药液漂移致死百亩小龙虾专业案例,探讨如何对其进行风险控制	**思考问题**:带着问题学习	**培养学生的专业能力**:设置问题,让学生带着问题去搜索其他关键信息,具有针对性;通过 PPT 图片和文字巩固所学知识点,抛出问题,培养学生岗位工作的规范性、严肃性以及处理作物病虫草害用药安全防护的专业能力
	讲授与提问:提问,学生回答后,通过图片讲解无人机药液漂移致死百亩小龙虾专业案例,分析如何对其进行风险控制	**聆听并作答**:学生进行连线,回答问题。深入理解植保无人机作业风险控制的重要性,在进行风险控制时还要综合考虑多方面信息点	
总结	**归纳总结整理**:对课程内植保无人机作业风险控制进行梳理,形成记忆	**纠错梳理**:通过对课程内植保无人机作业风险控制的梳理,建立相关作业规范和职业警惕	**提升逻辑思维能力**:通过专业案例学习植保无人机作业风险控制,构建"懂风险,会控制"的植保作业安全模式,减少农民的经济损失
	提示教室整理:提醒学生下课后打扫卫生、归还教学用具,保持整洁	**教室整理**:打扫卫生、归还教学用具	**劳动教育**:养成"工完场清"的习惯

（续表）

课后提升	
拓展	**考核**：植保无人机作业风险控制知识点和能力点考核 **查资料**：搜索植保无人机飞防作业风险控制的其他案例，并上传至平台主题讨论区 **观摩**：观看行业专家分析案例及视频，发布评论到作业区 **案例拓展**：运用课上学会的风险控制方法拓展完成其他植保作业场景的学习，包括水稻田的植保作业、玉米的植保作业等
目标达成情况	90%的学生通过本案例的学习，能够感受到在我国农业现代化的发展速度，同时也了解到农业现代化的进程中，高素质、高技艺劳动力短缺，农业向高端晋级遭遇劳动力技艺障碍。激励学生作为未来高素质新农民的使命担当，坚定为农初心，培养学生助力乡村振兴的责任感、忧患感和信念感，具体学习效果则通过课前预习作业是否完成、在分组任务中是否能够团结协作而非由某个人独立进行、是否能够进行课后的自主探究拓展学习、课堂学习结束后是否能够认真完成实验室打扫等劳动任务等多方面进行考核。从课程实施效果来看，大多数学生在课程思政教育的影响下，相对于课程开展之初在以上各方面表现均有所提升
反思	本案例的教学注重价值引领与知识传授并重，教授学生在对植保无人机作业风险控制的同时，提升利用植保无人机专业化统防统治，以科技创新助推现代农业发展的专业认知，是课程教学的思政主要目标之一。选择江苏金湖县无人机喷洒农药引发的侵权案例，正是要引导学生不仅要懂得我国农业现代化发展不仅需要科技创新的现代设施设备，还要牢记农业根本，在作业中要树立哪怕一点职责失误都会导致农民受损失的职业警惕，农业为大，农民为大，在懂得植保无人机作业的基础上学会风险控制，避免不必要的经济损失，助力乡村的基础上继续坚守为农初心 同时，本案例教学注重学生的探究问题能力，采用“五步三入四探”课程思政，通过内容切入、资源导入、实施融入的五步法将课程思政元素与理论知识融为一体，有效解决了专业教师开展课程思政难、教学成效不足的问题达到润物无声的教学效果。例如讲到无人机植保作业风险控制，切入 2022 年江苏省金湖县法院通报的无人机喷洒农药侵权典型案例，强调无人机植保作业规范性，树立哪怕一点职责失误都会导致农民受损失的职业警惕，达到润物无声的育人效果。进一步培养学生探究植保无人机作业风险控制的专业精神

三、 案例资源：无人机药液漂移致死百亩小龙虾，安全培训惹争议

进入夏季，全国各地也进入了品尝美味小龙虾的季节。不过，养小龙虾可不是一件容易的事情，甚至要警惕在附近高速作业的植保无人机。2019 年 5 月初，在湖北潜江市洪庙村附近，就发生了一起因极飞植保无人机打药致小龙虾死亡的事件。

据湖北广播电视台垄上频道《垄上行》报道，5 月 1 号下午，洪庙村一藕塘承包业主雇用了当地极飞无人机植保队进行作业。随后不到 6 小时，距藕塘 200 米外的 300 亩虾池便出现了小龙虾大面积中毒的现象，虾农损失超过 30 万元。

事发后，小龙虾承包主聂先生了解到，藕塘喷洒的农药主要为高氯・啶虫脒，而该款农药说明书上明确标注了在水产养殖区等水体附近禁用。潜江市泰丰办事处农技推广中心亦表示，该聚酯类药物对小龙虾有剧毒，仅些许用量甚至闻到气味都足以致小龙虾死亡。

潜江素有“中国小龙虾之乡”“中国虾稻之乡”等美誉。小龙虾对于拉动当地经济、打造城市名片有着重要作用。洪庙村的小龙虾事件第一时间引起了潜江市政府的高度重视,也引发了较大的社会影响。事发后,虾农与记者一直无法联系上当时作业的极飞植保队,赔偿问题难以得到协调。

(资料来源:https://www.sohu.com/a/320021558_120098390)

无人机植保：飞防科学安全用药，践行农业生态环保理念

一、教学设计

<table>
<tr><td colspan="2">项目名称</td><td>多旋翼植保无人机飞防药剂的选择与配置</td><td>学时</td><td>2 学时</td></tr>
<tr><td colspan="2">授课专业</td><td>设施农业与装备</td><td>授课班级</td><td>设施农业与装备 191 班</td></tr>
<tr><td colspan="2">授课年级</td><td>高职二年级</td><td>授课形式</td><td>理实一体</td></tr>
<tr><td colspan="2">课程名称</td><td>无人机植保</td><td>课程负责人</td><td>李林</td></tr>
<tr><td colspan="2">课程类型</td><td>B类</td><td>课程组成员</td><td>李珈慧、巩腾飞</td></tr>
<tr><td rowspan="3">学情分析</td><td>知识基础</td><td colspan="3">已学习水稻病虫害防治，但未根据实际任务选择并配备飞防药剂</td></tr>
<tr><td>能力基础</td><td colspan="3">动手能力较强，但不了解配置飞防药剂的原料性状、制备原则及方法</td></tr>
<tr><td>素养基础</td><td colspan="3">学生较粗心，精准防控意识薄弱</td></tr>
<tr><td rowspan="3">教学目标</td><td>知识目标</td><td colspan="3">飞防药剂的品种的选择
“二次稀释法”飞防药剂的配置</td></tr>
<tr><td>能力目标</td><td colspan="3">能运用所学选择合适的飞防药剂
能够计算药量，并使用二次稀释法配备飞防药剂</td></tr>
<tr><td>素养目标</td><td colspan="3">在对药剂的选择过程中，培育学生节本增效与精准防控的意识，增强学生爱护“青山绿山”的生态意识和环保信念
在配置药剂过程中，培养学生严谨的态度和精益求精的工匠精神</td></tr>
<tr><td colspan="2">教学重点</td><td colspan="3">合理的药剂选择
药液的调配</td></tr>
<tr><td colspan="2">教学难点</td><td colspan="3">利用二次稀释法进行药剂配置</td></tr>
<tr><td colspan="2">教学资源</td><td colspan="3">生物实训室：通过实际飞防任务，进行飞防药剂的配置，沉浸式体验药剂配置的方法和步骤，将知识点融入现场任务中，直观操作和练习，突破教学难点
网络教学平台：手机签到、头脑风暴、互动评分、讨论，及时发布作业及问题反馈，达到线上—线下混合教学，课前—课中—课后融通，突破师生互动不全面等困难
网络课程：教学微课、实训操作视频、动画反复看反复学，突破指导不全面、安全细节易忽视等困难</td></tr>
</table>

（续表）

教学环节	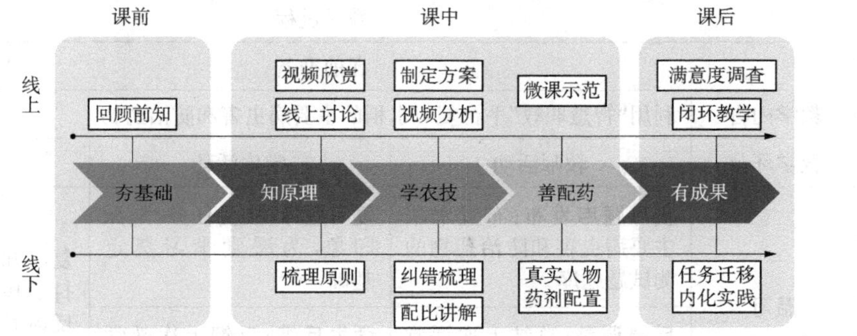

二、课程思政设计

主题	助力乡村振兴，培养科学用药专业精神		
目标	提升植保无人机专业化统防统治水平，科学安全使用农药，践行农业生态环保理念 培养学生岗位工作规范、严谨的态度和精益求精的工匠精神		
特色	结合企业需求、国家乡村振兴战略、无人机植保行业现状，在教学和实践中因势利导、润物细无声地对学生进行思政熏陶，坚定为农初心，助力乡村振兴的责任感、忧患感和信念感		
案例名称	案例简介	思政元素	融入方式
水稻飞防作业植保方案	以上海地区主要种植作物水稻为例，开展水稻飞防作业植保方案的确定及用药选择	乡村振兴	通过播放水稻典型药害相关图片及新闻报道，引导学生关注近年来的农田生态环境问题 进一步利用植保无人机施药特点，不仅雾化效果好，大幅提高了农药利用效率，还减少了环境污染，节约了水资源；提出科学安全使用农药是脚踏实地践行"绿水青山就是金山银山"的发展理念、推进农业绿色高质量发展的重要措施，对农业增产增收与保障农产品优质安全具有重要意义 在此基础上不断探究飞防选用药剂的基本原则，坚持飞防科学安全用药 进行飞防药液调配，秉持科学的态度和严谨规范的操作，在保证作物安全施药的同时，也要保证作业人员的安全，不断提升无人机药剂配制规范，提升认真负责、为农服务的职业素养

（续表）

教学过程			
课前准备			
教学内容	利用“智慧职教”平台复习水稻的主要病虫害和防治药物		
教学环节	教师活动	学生活动	设计意图
温习	**复习题库发布：**布置水稻主要病虫害和防治药物的测试题题库	**复习题库：**接受任务，加深印象，为课堂学习奠定基础	复习知识点，为教学内容打下基础 反馈教学效果，加强学生操作过程的练习
	反馈调整：总结上次课堂教学的效果，及时调整本次教学方法	**学生反馈：**反馈上次教学过程的教学效果，提出建议与看法	
课中学习			
教学内容	农药的使用原则 水稻后期虫害农药药剂策略 二次稀释法		
教学环节	教师活动	学生活动	设计意图
课程导入	播放视频，提出问题，农药使用的原则	观看视频，思考农药使用的原则的有哪些	从动画视频引出问题，引导学生自我思考
农药使用的原则	**发布讨论任务：**农药使用的原则	**分组讨论：**根据视频内容以及线上调研，梳理农药使用原则	搭建学习共同体，锻炼语言表达能力，以视频及调研为基础导出知识点，增强新知识记忆 农药使用应遵循“安全、有效、经济、简便”的原则，树立节本增效、精准防控意识 科学安全使用农药，践行“绿水青山就是金山银山”的发展理念 正确识别病虫草害，合理选择农药与剂量，确定施药方法，进行科学防治
	梳理知识点：梳理学生的讨论结果，并提出农药的选用原则	**知识点强化：**通过讨论与教师梳理，强化知识点的理解	
水稻飞防药剂的选用	**小组头脑风暴：**在水稻生长后期主要需要预防哪些病虫害防治对象，又有哪些防治药物	**小组头脑风暴：**在水稻生产后期预防的病虫害种类和可选防治药物	检验课前复习情况，思维碰撞，学生尝试小组合作选型，教师梳理，完善药剂方案
	梳理学生答案：展示学生的选用结果，以某组为例，分析病虫害种类是否齐全、药物选用是否合理	**确定选用药剂：**根据教师分析，完善选用的药剂方案	

（续表）

教学环节	教师活动	学生活动	设计意图
药剂配置	为学生播放药剂配置错误的视频案例，并设定思考问题，引导学生逐一找出错误点	观看视频，思考操作的错误点	在求异过程中，增加学生的主动参与感，引出药剂混配的顺序和混配方法 通过教师讲解，将实际与理论贯通，得到正确的混配方法 观看微课，动手实践，反复看反复学，突破指导不全面、安全细节易忽视等问题
	教师梳理学生答案，并提出农药正确混配顺序、混配的方法和混配药量的计算	学生根据前期选用的药剂，准备好药剂、配药桶、母液桶、1000 mL 量杯、100 mL 量筒、记号笔、玻璃棒、手套和口罩若干	
	布置水稻后期飞防药剂配置任务，引导学生观看操作视频，并在各小组间巡视，指出问题	反复观看操作视频，并按步骤观察药剂的特性，配置药剂	
课后提升			
拓展	发布拓展任务，为 10 亩小麦后期的飞防作业选择合适的飞防药剂剂量、配置用具、配药步骤，明悉学生对药剂配置的掌握情况，针对学生课堂知识掌握度、教学进度、教学方式等发布满意度调查，得到教学反馈，为后续课程的开展提供经验		
目标达成情况	学生通过本案例的学习，能够感受到我国农业现代化的发展速度，能够掌握影响农作物病虫草害科学防治的因素，并能够正确意识到合理选择农药与剂量进行科学防治的重要性。激发学生作为未来高素质新农民的使命担当，坚定为农初心，培养学生助力乡村振兴的责任感、忧患感和信念感，具体学习效果则通过学生“走进乡村”无人机植保助农活动的参与情况、植保作业完成度、在团队任务中是否能够团结协作而非由某个人独立进行、是否能够进行课后的自主探究拓展学习、课堂学习结束后是否能够认真完成实验室打扫等劳动任务进行多方面考核，学生参与无人机植保助农热情提升		
反思	本案例的教学注重价值引领与知识传授。教授学生在进行植保无人机作业风险控制的同时，提升利用植保无人机进行专业化统防统治的水平，以科技创新助推现代农业发展的专业认知，是课程教学的主要思政目标之一。选择无人机植保作业中的实战任务，引导学生懂得植保无人机作业中的农药选择和科学用药问题，避免不必要的经济损失，坚守为农初心 同时，本案例教学注重学生探究问题的能力。通过内容切入、资源导入、实施融入的方法，将课程思政元素与理论知识有机融合在一起，有效解决了专业教师开展课程思政难、教学成效不足的问题，达到润物细无声的教学效果		

三、 案例资源：水稻飞防作业植保方案

水稻整个生育期的主要病虫害包括纹枯病、稻曲病、稻瘟病、稻飞虱、二化螟和稻纵卷叶螟。

应选用的药剂包括32.5%苯甲·嘧菌酯SC、25%吡蚜酮SC、20%氯虫苯甲酰胺、75%三环唑、2.3%甲氨基阿维菌素苯甲酸盐、30%苯甲·丙环唑、40%稻瘟灵、30%阿维·茚虫威、航空助剂(植物油性)。根据水稻品种在江淮流域的生育周期(150天左右)，水稻病虫害防治适用四次施药方案，具体规范如下图：

水稻时期	施药时间	防治对象	防治药剂/亩	作业参数
分蘖后期（封行期）	7月15号左右	稻飞虱	25%吡蚜酮30mL	飞行高度2m 飞行速度5m/s 喷幅6m 载荷20L 亩用水量300mL/亩～600mL/亩（水+药）
		二化螟	20%氯虫苯甲酰胺10mL	
		稻瘟病	40%稻瘟灵100mL	
		纹枯病	32.5%苯甲·嘧菌酯50g	

水稻时期	施药时间	防治对象	防治药剂/亩	作业参数
破口前（5-7天）	8月12号左右	稻飞虱	25%吡蚜酮30mL	飞行高度2m 飞行速度5m/s 喷幅6m 载荷20L 亩用水量800mL/亩（水+药）
		二化螟	20%氯虫苯甲酰胺10mL+30%阿维·茚虫威40mL	
		稻瘟病	75%三环唑40g	
		纹枯病	32.5%苯甲·嘧菌酯50g	

水稻时期	施药时间	防治对象	防治药剂/亩	作业参数
破口期	8月25号左右	稻飞虱	25%吡蚜酮30mL	飞行高度2m 飞行速度5m/s 喷幅6m 载荷20L 亩用水量800mL/亩（水+药）
		大螟 稻纵卷叶螟	2.3%甲维盐 80mL	
		稻瘟病	40%稻瘟灵100mL	
		纹枯病 稻曲病	30%苯甲·丙环唑 30g	

水稻时期	施药时间	防治对象	防治药剂/亩	作业参数
齐穗期	9月10号左右	稻飞虱	25%吡蚜酮40mL	飞行高度2m 飞行速度5m/s 喷幅6m 载荷20L 亩用水量900mL/亩（水+药）
		稻瘟病	75%三环唑40g	
		大螟、稻纵卷叶螟	20%氯虫苯甲酰胺10mL+30%阿维·茚虫威40mL	
		纹枯病 稻曲病	30%苯甲·丙环唑 40g	

备注：①1 亩＝666.67 m^2；②每个时期施药，添加专用航空助剂 5 g；③后期可以施用一些叶面钾肥。

体育（舞龙）：重视精神引领，增强团队意识

一、 教学设计

<table>
<tr><td>项目名称</td><td>非遗舞草龙行云求雨技术</td><td>授课学时</td><td>36 学时</td></tr>
<tr><td>授课专业</td><td>园艺技术</td><td>授课班级</td><td>风景 211</td></tr>
<tr><td>授课年级</td><td>高职二年级</td><td>授课形式</td><td>理实一体</td></tr>
<tr><td>课程名称</td><td>体育 3</td><td>课程负责人</td><td>孔黄生</td></tr>
<tr><td>课程类型</td><td>公共基础课</td><td>课程组成员</td><td>李杰、宋常英、吴超、徐忠鸣</td></tr>
<tr><td colspan="2">教学内容分析</td><td colspan="3">本门课选用《高职体育与健康》“十三五”规划教材与自编教材。自编教材依托非遗舞草龙（省市级科研项目）和非遗传承基地的优势，同时由体育、龙狮协会、园艺等方面的专家和非遗舞草龙传承人共同编写，符合学生的实际锻炼需求
舞草龙“行云”“求雨”技术是非遗舞草龙运动展示中的重要技术，它既能发展学生的小臂协调能力，又有良好的综合健身作用，还有非遗文化属性，因此深受学生欢迎
舞草龙“行云”“求雨”表达了民众祈祷国泰民安、风调雨顺以及来年五谷丰登的美好愿望，属于非遗舞草龙“祈祷”“行云”“求雨”“滚龙”“翻尾”“取水”“返宫”套路动作，因此“行云”“求雨”技术学习直接影响非遗舞草龙套路展示的连贯、流畅。本任务对接课程标准、岗位需求、全国舞龙竞赛规则以及非遗文化传承相关规范和要求。通过舞草龙技术学习，引导学生理解、运用舞草龙“行云”“求雨”技术，培养团队协作意识和吃苦耐劳精神，同时培养学生规范操作的意识</td></tr>
<tr><td rowspan="3">教学目标</td><td>素质目标</td><td colspan="3">提高学生的审美情趣，提升体育锻炼安全意识，增强中华民族文化认同感、自豪感
培养吃苦耐劳、团队合作、精益求精的职业精神，养成良好的健康生活方式和社会适应能力</td></tr>
<tr><td>知识目标</td><td colspan="3">能说出非遗舞草龙文化背景、“行云”“求雨”表达的意境
了解舞草龙“行云”“求雨”技术理论知识
掌握舞草龙“行云”“求雨”技术动作原理</td></tr>
<tr><td>能力目标</td><td colspan="3">掌握舞草龙“行云”“求雨”技术动作要领
熟练掌握舞草龙“行云”“求雨”技术动作练习方法及专项素质训练方法，能在 5 分钟内容完成 3 组“行云”“求雨”技术动作演练
剖析园林技术专业职业体能，各自在 20 分钟内有针对性地完成 5 组上肢力量练习
运用多媒体智慧显示屏动态捕捉，各小组总结出至少 3 条“行云”“求雨”的注意事项</td></tr>
<tr><td colspan="2">学情分析</td><td colspan="3">授课对象：高职二年级学生，已初学非遗舞草龙
知识与能力基础：已初步掌握舞龙技术原理和体育锻炼方法，具备参与舞草龙运动的</td></tr>
</table>

(续表)

	能力,对非遗松江舞草龙的起源、发展及表演形式充满好奇。喜欢动手操作,但对舞草龙的技术原理和技艺的传承偏弱
教学重点	非遗舞草龙“行云”“求雨”技术动作的原理 非遗舞草龙“行云”“求雨”技术动作的规范操作
教学难点	行云快腾进的跳跃时机
教学资源	**信息化平台:**“学银在线”平台 **教学材料与设备:**微课视频
教学环节	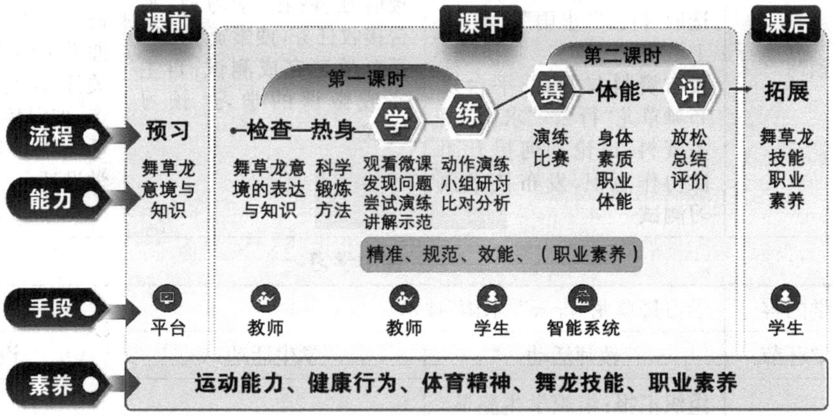

二、课程思政设计

主题	重视精神引领,增强团队意识		
目标	培养学生吃苦耐劳、团队合作的精神,增强学生对中华民族文化的认同感、自豪感		
特色	通过舞龙精神与女排精神的完美融合,有效地激发学生团队协作意识,增强当代大学生的民族自豪感 借助“超星学习通”平台,发布“行云”“求雨”技术微课视频,并以团队协作为主题展开讨论		
案例名称	案例简介	思政元素	融入方式
舞龙的团结协作意识——女排精神	女排精神是中国女子排球队顽强战斗、团队协作、勇敢拼搏精神的总概括。它具体表现为:扎扎实实、勤学苦练、无所畏惧、顽强拼搏、同甘共苦、团结战斗、刻苦钻研、勇攀高峰	团队协作	体育(舞龙)是一项团队协作意识要求比较强的集体项目,团队配合得好不好直接影响到舞龙演练效果,为了更好地提升学生的团队协作意识,教师不仅需要进行集体项目的技术分享,还需要成功案例的分享。本任务教学通过分享“女排精神”,在增强学生团队协作意识的同时,提高团队的舞草龙技术水平

（续表）

教学过程			
课前准备			
教学内容	理解优秀民族传统舞草龙技术特点		
教学环节	教师活动	学生活动	设计意图
预习	**在“学习通”平台发布教学任务**:资料搜索,了解优秀民族传统舞草龙技术特点,并选取“行云”“求雨”技术,课上汇报 **发布资料与测试**:平台发布舞草龙“行云”“求雨”相关资料,讨论如何提升团队协作意识,发布技术预习测试	**接收任务**:在“学习通”平台接收任务,搜索资料 **平台学习完成测试**:自主完成微课的学习,预习测试	发布任务,激发学生探索舞草龙技术的积极性 根据学生预习反馈精准把握学生的知识薄弱点 关注学生线上的讨论焦点,加深传统情境、非遗传承人指导等,调整相关教学设计
课中学习			
教学内容	学习舞草龙“行云”“求雨”技术		
教学环节	教师活动	学生活动	设计意图
常规热身	**组织汇报**:组织学生整队,了解出勤情况,安排见习生,宣布课的内容 **预习反馈**:评价学生课前预习情况,引导学生使用信息化技术参与研讨 **提出要求**:讲解游戏规则,进行分组活动,引导学生在游戏中理解团队意识 **归纳总结**:在教师指导下总结热身的重要性 **示范引领**:① 头部运动4×8;② 扩胸运动 4×8;③ 体转运动 4×8;④ 体侧运动 4×8;⑤ 腹背运动4×8;⑥ 弓步压腿 4×8;⑦ 开合跳 4×8	**汇报展示**:体育委员组织队列队形,汇报出勤情况 **总结发言**:学生回答非遗舞草龙技术特点及“行云”“求雨”技术动作的原理 **明确要求**:明确游戏规则,完成游戏任务 **实操练习**:跟随教师进行热身操练习	通过课前预习反馈,了解学生课前对“行云”“求雨”技术动作原理的掌握情况,引导学生关注非遗舞草龙文化,明白非遗舞草龙对中华文明的影响 利用 7 分钟游戏时间,实现学生热身效果 利用 3 分钟热身操时间,提升关节活动度,降低肌肉粘滞性
舞草龙“行云”技术动作	**播放视频**:播放舞草龙“行云”技术的微课视频 **示范讲解**:示范舞草龙“行云”握杆姿势、演练方法,并讲解注意事项 **巡视指导**:教师巡视指导学生操作,及时纠正学生实操中不规范的操作,并示范正确操作方法	**观看视频**:再次直观地学习舞草龙“行云”技术,总结注意事项 **观察示范**:总结教师示范要点,聆听注意事项 **实操练习**:演练“行云”技术;根据教师纠错、示范及动态捕捉,规范演练技术,完成实操任务	通过微课视频、教师示范、动态捕捉技术帮助学生明确“行云”技术的要点和注意事项,解决教学的重点 通过舞草龙“行云”动态捕捉技术解决教学难点,提升学生运用数字化技术的能力,舞草龙小组练习让学

(续表)

教学环节	教师活动	学生活动	设计意图
	小结:讲解舞草龙"行云"技术动作要点	**聆听小结**:梳理舞草龙"行云"技术演练要点和注意事项	生理解团队意识的重要性
舞草龙"求雨"技术动作	**播放视频**:播放舞草龙"求雨"技术的微课视频 **示范讲解**:示范舞草龙"求雨"握杆姿势、演练方法,并讲解注意事项 **巡视指导**:教师巡视指导学生操作,及时纠正学生实操中不规范的操作,并示范正确操作方法 **小结**:讲解舞草龙"求雨"技术动作要点	**观看视频**:再次直观地学习舞草龙"求雨"技术,总结注意事项 **观察示范**:总结教师示范要点,聆听注意事项 **实操练习**:演练"求雨"技术;根据教师纠错、示范及动态捕捉,分组讨论,完成实操任务 **聆听小结**:梳理舞草龙"求雨"技术演练要点和注意事项	通过微课视频、教师示范、动态捕捉技术帮助学生明确舞草龙"求雨"技术的要点和注意事项,解决教学的重点 通过舞草龙"求雨"动态捕捉技术、分组演练解决教学难点 通过舞草龙分组研讨,培养学生的自主探究能力、团队协作意识 通过"女排精神"案例导入,进行吃苦耐劳和团队协作精神的培养
舞龙专项素质	**播放视频**:播放园林技术专业职业体能的微课视频 **示范引领**:示范平板支撑、举把杆单脚跳练习方法,并讲解注意事项 **小结**:讲解平板支撑、举把杆单脚跳练习要点	**观看视频**:直观地了解园林技术专业职业体能,理解素质练习对职业发展的重要性 **实操练习**:跟随教师进行素质练习。平板支撑5组,每组1分钟,间歇1分钟;举把杆单脚跳5组,每组1分钟,间歇1分钟 **聆听小结**:掌握平板支撑、举把杆单脚跳练习要点和注意事项	通过微课视频帮助学生树立工匠精神,同时明确园艺技术专业对上肢握力、肩胛肌力量和下肢股四头肌训练的重要性 通过上、下肢力量练习,培养学生吃苦耐劳的精神
放松与总结	**巡视指导**:进行整理放松运动巡视指导 **布置任务**:以小组为单位分配任务,收回器材 **评优点评**:教师根据学生的表现对各组演练进行点评	**强化练习**:利用放松音乐,进行放松练习 **明确任务**:以小组为单位,明确任务 **总结**:分析本次练习过程中存在的问题,及时改进	学生技术演练和身体素质练习后,通过放松练习为学生蓄能
课后提升			
拓展	鼓励学生参加舞龙社团活动,巩固提升舞草龙技术;积极参加社会实践舞草龙展示活动。通过课后拓展课堂教学,巩固学生的舞龙技术动作,同时弘扬民族优秀传统文化,培养学生的社会责任意识		
目标达成情况	结合"女排精神,当代中国人的精神"开展课程思政教学,有效激发学生的团队协作意识,增强当代大学生的民族自豪感		
反思	在"学习通"平台课程资源库中,推送舞龙微课视频资源,但还需丰富课程思政教学资源,同时还需督促学生完成线上自主学习		

三、 案例资源：舞龙的团结协作意识——女排精神

中国女排姑娘们留给球迷的是光鲜亮丽的一面，但是她们背后经历的痛苦是很多球迷都无法理解的。能够拿到奥运会冠军，成为球迷心目中的英雄，她们付出了很多难以想象的努力。而中国女排的胜利靠的是全集体的力量。团队的协调和配合、团结的精神是这支队伍的武器。

女排精神是“人心齐、泰山移”的团结。“团结就是力量，这力量是铁，这力量是钢。”无论过去，还是现在，一股股钢铁般的力量始终激荡人心、振奋人心，带领、鼓舞着我们奋进。中国女排能在重重“围剿”下杀进决赛、赢得比赛，离不开任何一名队员的努力、拼搏和贡献。

女排精神是“打不倒、压不垮”的拼搏。1981 年，在起步晚、物质条件欠缺、训练环境恶劣的情况下，中国女排首次参加世界杯比赛便以 7 战全胜的成绩夺得世界杯冠军。取胜的秘诀只有一个字：拼。取胜的关键是她们不惧困难、同甘共苦的团队精神。30 年来，中国女排曾数次坠入低谷，甚至有人认为女排精神已经随着时代而烟消云散，但是女排姑娘们靠着拼劲和韧劲，打赢了一场又一场硬仗，来证明女排精神一直存在。

郎平总教练说：“女排精神不是赢得冠军，而是有时候知道不会赢，也竭尽全力。”在困境中不信命、不服输，永远坚守希望、团结一致。我们作为当代大学生，应该积极参与集体项目，通过集体项目提升自己团队协作的能力，实现自我价值。

生物化学:致敬生化前辈,培养工匠精神

一、 教学设计

<table>
<tr><td colspan="2">项目名称</td><td>生化基本技能训练</td><td>授课学时</td><td>4 学时</td></tr>
<tr><td colspan="2">授课专业</td><td>药品生物技术</td><td>授课班级</td><td>生物 211</td></tr>
<tr><td colspan="2">授课年级</td><td>高职二年级</td><td>授课形式</td><td>理实一体</td></tr>
<tr><td colspan="2">课程名称</td><td>生物化学</td><td>课程负责人</td><td>张永霞</td></tr>
<tr><td colspan="2">课程类型</td><td>专业基础课</td><td>课程组成员</td><td>徐莉、代书玲</td></tr>
<tr><td colspan="2">教学内容分析</td><td colspan="3">生化基本技能训练包含移液枪使用、溶液配制与稀释</td></tr>
<tr><td rowspan="3">教学目标</td><td>素质目标</td><td colspan="3">深化学生的爱国情怀,培养工匠精神,增强学生学好专业的自信心</td></tr>
<tr><td>知识目标</td><td colspan="3">掌握生物化学的发展阶段和研究内容</td></tr>
<tr><td>能力目标</td><td colspan="3">会进行溶液的配制及稀释
能够分组设计溶液配制与稀释的工作计划,协商决策,并按计划完成工作任务
会使用移液枪</td></tr>
<tr><td colspan="2">学情分析</td><td colspan="3">授课对象:高职药品生物技术专业二年级学生,喜欢通过动手操作来获取知识和技能
知识基础:具备微生物、动物解剖生理和病理的常识
能力基础:具备基础化学操作的知识和技能,但对移液枪等生物化学器材的操作有待训练和提升</td></tr>
<tr><td colspan="2">教学重点</td><td colspan="3">学会溶液配制与稀释和移液枪的使用,深化学生的爱国情怀,培养工匠精神</td></tr>
<tr><td colspan="2">教学难点</td><td colspan="3">移液枪的使用技巧</td></tr>
<tr><td colspan="2">教学资源</td><td colspan="3">信息化平台:“智慧职教”的慕课学院
材料与设备:微课视频</td></tr>
<tr><td colspan="2">教学环节</td><td colspan="3">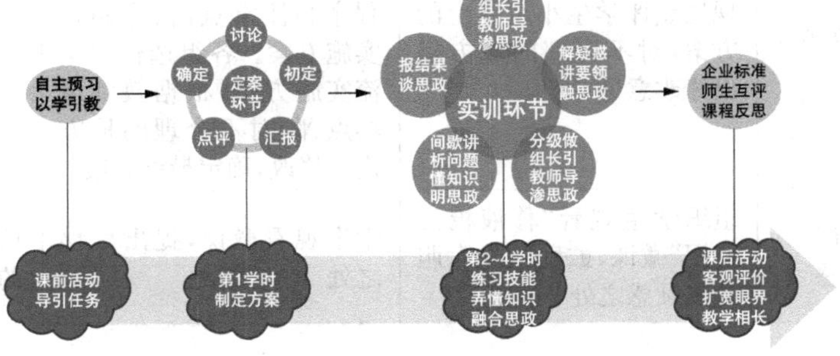
</td></tr>
</table>

二、课程思政设计

主题	致敬生化前辈，培养工匠精神		
目标	深化学生的爱国情怀，培养工匠精神 增强学生学好专业的自信心		
特色	通过介绍屠呦呦的事例，深化爱国情怀，培养工匠精神		
案例名称	**案例简介**	**思政元素**	**融入方式**
毕生专研青蒿素的屠呦呦	第一位获得科学类诺贝尔奖的中国籍女科学家屠呦呦，带领团队研制出的青蒿素救治了无数生命，改变了世界。她的身上体现出了专心科研、爱岗敬业的工匠精神，非常值得我们学习	工匠精神	教师在上课前一个星期，将“致敬生化前辈，培养工匠精神”微课等上传至“职教云”。要求学生完成微课的预习任务，总结感受
教学过程			
课前准备			
教学环节	**教师活动**	**学生活动**	**设计意图**
预习	教师在上课前 3 天，将“生化实训室规则”“移液枪的使用”“致敬生化前辈，培养工匠精神”思政微课上传至“职教云”。要求学生完成预习，提出问题	预习思政微课，完成课前测试	任务引领，为课堂教学做好准备 培养自学能力
课中学习			
教学环节	**教师活动**	**学生活动**	**设计意图**
教学组织	学生考勤 检查白大褂穿着情况	分组，在“职教云”上扫码签到考勤	培养团队协作能力
制定方案	鼓励小组分享实施方案，现场点评学生小组制定的方案，对不合理的地方提出修改意见	各小组讨论对生化基本技能训练工作任务的认识。根据预习情况、任务操作程序和注意点，初步制订实施方案。各组选代表交流实施方案，根据教师现场点评，对不合理的地方进行修改，确定最终方案	
看微课 提疑惑	组织学生观看“移液枪的使用”微课，鼓励学生大胆提出疑惑之处	学生观看微课，提出疑惑之处	培养学生勤于观察和思考的习惯

(续表)

教学环节	教师活动	学生活动	设计意图
解疑惑 讲要领 融思政	解答学生提问,生物化学说课,组织学生观看“致敬生化前辈,培养工匠精神”的微课	观看微课	深化爱国情怀,培养工匠精神
分组做 组长引 教师导 渗思政	教师穿插指导示范	按照实施方案,由组长引领各组分组操作	培养学生的团队协作能力
间歇讲 析问题 懂知识 明思政	实操反应等待间歇,结合微课和动画讲解移液枪的使用方法,解析实训中发现的问题,提问学生作为高职生在生物技术发展中能做什么?强调将实训产生的废液倒入废液桶,废物放入医废桶	倾听讲解,提出问题。探讨问题——什么是工匠精神 按照规定将实训产生的废液倒入废液桶,废物放入医废桶	增强学生对于工匠精神的理解,提升学生的生态环保意识
报结果 谈思政	总结任务完成情况及本次课的重难点,通过规范实训完成收尾工作	小组汇报任务完成情况和思政收获,实训结束后,做到试剂和仪器摆放整齐,桌面整洁,地面整洁	巩固思政成果,培养学生善始善终的工作素养
课后提升			
拓展	完成任务报告(任务报告中需包含思政收获) 查询生物技术的最新进展并将资料上传“职教云”		
目标达成情况	通过案例深化了爱国情怀,培养了工匠精神 课前在“职教云”上提出预习任务,提升了学生的自学能力 学生小组讨论和制定工作计划,训练了学生的计划设计能力和团队协作能力 小组代表汇报结果和思政收获,训练了学生的口头表达能力 最后整理,做到桌面整洁、地面整洁,培养学生善始善终的良好工作素养		
反思	在实训活动过程中全方位、全过程、润物细无声地融入课程思政元素,才能收到良好的思政效果		

三、 案例资源:毕生专研青蒿素的屠呦呦

疟疾是经按蚊叮咬或输入带疟原虫者的血液而感染疟原虫所引起的虫媒性传染病。病人高烧不退、浑身发抖,长期多次发作后,可引起贫血和脾肿大,重者几天内死亡。中国军方从1964年起开始抗疟药研究。1967年,代号为“523”项目的大规模抗疟药物筛选研究工作在全国7省开展。1969年1月底,39岁的研究实习员屠呦呦接到一项秘密任务:以课题组组长身份,研发抗疟疾的中草药。起初,屠呦呦团队通过阅读中医典籍、查阅群众献方、请教老中医专家等方法,用3个月时间,收集了2000多个方药,编辑成《疟疾单秘验

方集》，送交“523”办公室。之后，屠呦呦团队对包括青蒿在内的100多种中药水煎煮提物和200余个乙醇提取物样品进行了实验，但结果并不乐观，对疟原虫抑制率最高的也只有40%左右。屠呦呦又重新埋头看医书，终于，她从东晋葛洪的《肘后备急方》里的“青蒿一握，以水二升渍，绞取汁，尽服之”中获得了灵感。屠呦呦重新设计了提取方案，夜以继日进行实验，终于发现：青蒿乙醚提取物去掉其酸性部分，剩下的中性部分抗疟效果是最好的！1971年10月，屠呦呦团队用实验证实，191号青蒿乙醚中性提取物对鼠疟原虫的抑制率达到了100%。

1972年7月，屠呦呦等3名科研人员成为首批人体试验的志愿者，未发现该提取物对人体有明显毒副作用。经过多年反复试验和临床试用，1986年10月，青蒿素获得卫生部（现卫健委）颁发的《新药证书》。更令人欣喜的是，1973年9月，屠呦呦团队还首次发现了“双氢青蒿素”这个疗效更好的青蒿素衍生物。1992年，青蒿素类新药——双氢青蒿素片获得《新药证书》，并转让投产。2000年至2015年期间，世界卫生组织推荐将基于青蒿素的复合疗法作为一线抗疟治疗方案，拯救了数百万人的生命，使非洲疟疾致死率下降66%，5岁以下儿童患疟疾死亡率下降71%。

屠呦呦分别获得2011年拉斯克临床医学奖、2015年诺贝尔生理学或医学奖，实现了中国本土科学家在国际奖项上“零的突破”。但她公开表示，中医中药走向世界，荣誉属于科研团队中的每一个人，属于中国科学家群体。

我们可以从屠呦呦身上看到很多闪光点：专心科研、爱岗敬业、淡泊名利。作为高职的同学，要想学好我们的专业，将来成为一名生物技术领域的大国工匠，就要认真学习屠呦呦同志刻苦钻研、爱岗敬业的精神，努力培养自己的工匠精神。

（资料来源：https://www.neac.gov.cn/seac/c103105/202103/1144636.shtml）